JN227642

心の謎を解く150のキーワード

現代人の心の不思議がわかる！

小林 司 著

ブルーバックス

カバー装幀／芦澤泰偉事務所
カバーイラスト／中山尚子
目次デザイン／WORKS（若菜 啓）

はじめに

小中学生の三三・一%は学校でいじめを受けた経験者だという。経済的繁栄のかげに心の不在が叫ばれ、文部省が「心の教育」について中央教育審議会に諮問したのは、神戸の少年による児童頭部切断事件（一九九七年五月二七日）の約五週間後であった。一九九八年三月には、中教審の「新しい時代を拓く心を育てるために――次世代を育てる心を失う危機」（中間報告）が、また六月には答申「幼児期からの心の教育の在り方」が出た。

その「中間報告」の中の「家庭を見直そう」という章には、「家庭の在り方を問い直そう」「悪いことは悪いとしっかりしつけよう」「思いやりのある子どもを育てよう」「子どもの個性を大切にし、未来への夢を持たせよう」「家庭で守るべきルールをつくろう」「遊びの重要性を再認識しよう」「異年齢集団で切磋琢磨する機会に積極的に参加させよう」という七項目が挙げられている。しかし、七四ページにわたるこの章で、子どもの心の成長にとって一番大事な「愛」について触れているのは、「自分は愛され守られているという安らぎの感情を得る事は、乳児期に最も大切なことである」というたった一行にすぎない。そこには、親中心の、いかに子どもをしつけるかというコントロール法ばかりが並んでいるような気がする。

例えば、愛情を一切与えないで、きびしく枠にはめようとすれば、枠どおりの子どもが育つかどうかを考えれば、この報告が非常に不十分なものであることがすぐにわかろう。古くから「愛情を与えないと、子どもは死んでしまう」ということは広く知られている。中央教育審議会の報告が出た背景には、現在の精神科学で心というものがよくわかっていないという事情がある。

なるほど、教育心理学や児童心理学、青年心理学などの発達には目を見張るものがある。けれども、ネズミの迷路走行実験の結果をすぐに人間に当てはめていいかどうかといった問題が残るし、「愛情」「生きがい」「人間らしさ」「たましい」など、いずれの心理学でも扱っていない重要な心理現象がたくさんある。

現在の日本は敗戦後の貧しさから見事に立ち直って物質的繁栄のただ中にあるが、人々の心の貧しさがしばしば指摘される。では、「心の豊かさ」とは何であろうか。それは愛し愛される気持ち、価値を正しく評価する感性、生きがいと精神的ゆとりなどに満たされた充足感に他なるまい。ここでは「心の豊かさ」を一例として取り上げたけれども、この他にも「すなおさ」とか「思いやり」「優しさ」「感情的しこり」など、よくわからないにもかかわらず重要な、人間に特有の心理的要素がたくさんからみ合って独特の人間らしさを形づくっている。人間らしさを失っては、動物に転落するだけである。人間らしさを支えるこの複雑な「心」を明らかにするのには、この本で書いているように、多方面からのスポットライトをあてるしかあるまい。「二一世紀は心の時代だ」、とよく言われるが、民衆の一人一人が複雑な心の実態を理解することなしに、政府による単なるスローガンだけで新しい時代を乗り切ることは難しいのではないか。

学生時代に本書を通読してから、社会に出たり、子育てを始めたりする人は、人生航路で随分楽をするに違いない。カウンセラー、臨床心理士、精神保健福祉士、社会福祉士、介護福祉士、ケアマネージャーなど、心を扱う職種が急激に増えてきて、その資格をとりたいという学生も少なくない。しかし、心に関する用語にはわかりにくいものが多く、心理学関係の教科書や辞典をひもといても載っていない術語もたくさんあるので適当な用語集の出現が要望されていた。精神科医でさえも「アダルト・チルドレン」などの新しい用語には戸惑うこともまれでない。この本が、こうした人達にも役立つとよいと思う。

なお、本書の内容は日本経済新聞と信濃毎日新聞の連載および上智大学保健委員会編『キャンパスのメンタル・ヘルス』収録原稿に加筆したものが大部分である。転載を許して下さった関係各位に感謝したい。本書の内容のうち、二二一項目には大幅な加筆をして『カウンセリング事典改訂版』(新曜社より二〇〇〇年末刊行予定)にも収録した。より詳しい専門的解説については、そちらを参照されたい。両方とも事典なので、まったく別のことを書くわけにもいかず、一部内容の重複はご了承をいただきたい。

制作には講談社科学図書出版部の篠木和久、高月順一さんにお世話になった。新聞連載時の編集者、三島利徳、増田正昭、水越渉、丸山訓生、高木靭生さんに併せて厚く御礼申し上げたい。校正助言に労を惜しまなかった妻洋子にも感謝している。

二〇〇〇年九月

小林　司

目次

はじめに
1 愛
2 愛着
3 愛着の影響
4 愛着の波
5 アイデンティティ
6 アイデンティティの危機
7 アダルト・チルドレン
8 アルコール症
9 アルコールに依存する心理
10 アルツハイマー病
11 ＥＱ（情動指数）
12 生きがい
13 いじめ
14 異性の選択
15 癒す力
16 インナー・チャイルド
17 インナー・チャイルドの癒しかた
18 うつ状態
19 右脳と左脳
20 エイズ痴呆症
21 ＬＳＤ-25
22 演劇的パーソナリティ障害
23 エンドルフィン
24 男の脳、女の脳
25 回避型人格障害
26 解離性障害
27 カウンセリング
28 覚醒剤
29 影
30 過敏性（大）腸症候群
31 ガン患者の心理
32 感性
33 ガンと性格
34 気功
35 ＱＯＬ（生活の質《クオリティー・オブ・ライフ》）
36 共依存
37 境界人格障害（境界例）
38 共時性

39 恐怖症
40 グリーフ・ワーク
41 月経前症候群
42 権威主義的性格
43 幻覚
44 健忘
45 行為障害
46 甲状腺機能低下症
47 行動療法
48 更年期うつ状態
49 交流分析
50 高齢者痴呆（ボケ）
51 高齢者痴呆への対策
52 コカイン
53 五月病
54 心の治療薬
55 心の治療薬の働きかた
56 心の治療薬の副作用
57 個性化
58 催眠術
59 サディズム
60 自我
61 至高体験
62 時差ボケ
63 自死
64 自死予防
65 しそこない
66 失恋と離婚
67 自閉的障害（旧称では自閉症）
68 自閉的障害と脳
69 自閉的障害の治療
70 十二指腸かいよう
71 主張（断行）訓練法
72 象徴化
73 神経症
74 心身症
75 人生の意味
76 心臓発作（心筋梗塞）

77 心理的外傷後のストレス性障害（PTSD）
78 心理療法
79 頭痛
80 ストレス
81 ストレスの避けかた
82 ストローク
83 性格改造
84 性差
85 成熟した人柄
86 青春期食欲不振症
87 精神分析
88 精神分析療法
89 精神分裂症
90 精神分裂症の原因
91 精神免疫学
92 性同一性障害
93 セルフ・イメージ（自己像）
94 全般性不安障害
95 早期教育
96 退行
97 大食症（ブリミア）
98 対人恐怖症
99 体内時計
100 多重人格
101 注意欠如症
102 注意欠如症の治療
103 超感覚
104 出会い
105 テクノストレス
106 テクノストレスへの対策
107 同性愛
108 トラウマ
109 トランスパーソナル心理学
110 内向性
111 ナルシシズム
112 ニュー・サイエンス
113 眠気
114 眠り

115 脳が壊れたとき
116 脳卒中
117 脳の栄養
118 パーキンソン病
119 パニック障害（恐慌障害）
120 悲哀感
121 ヒステリー
122 肥満
123 肥満を防ぐ
124 父性原理
125 物質依存
126 不登校
127 不眠症
128 プラス思考
129 ペット・ロス・クライシス
130 防衛機制
131 マインド・コントロール
132 マゾヒズム
133 マタニティー・ブルーズ

134 無意識
135 無気力
136 無気力症候群（退却症）
137 メラトニン
138 メンタル・ヘルス
139 森田療法
140 薬物乱用
141 夢の解釈
142 夢の仕事
143 ユング心理学
144 幼児虐待
145 欲望
146 ライフ・イベンツ
147 ライフ・サイクル
148 臨界期
149 臨死体験
150 笑い

付録　心の健康を保つための50ヵ条

1

愛——相手を理解し、ともに成長

映画界で話題をさらった「タイタニック号」は四万六三二九トンの豪華客船で、一九一二年四月一〇日に英国からニューヨークに向けて処女航海に出た。四月一四日夜、ニューファンドランド島沖で氷山に衝突して沈没し、救命ボートが不足したので、乗っていた二二二四人のうち、一五一三人の犠牲者を出した。たとえば、『思考機械』(ハヤカワ・ミステリ文庫)を書いた推理作家ジャック・フットレルもその一人で、ボートの席を妻と子どもに譲って、沈み行く船と運命をともにした。新約聖書のヨハネによる福音書は「友のために自分の命を捨てること、これ以上に大きな愛はない」と記している。

最近の日本を見ると、一〇代の少年による児童殺傷事件やバス・ジャック殺人事件などの凶悪事件が続発している。女性中学教師刺殺事件が起きた中学校では、事件後、生徒のナイフの購入や所持を禁止したが、そんなことで効果があるとは思えない。そもそも、子どもたちに十分な「愛」が注がれていれば、こうした事件は絶対におきなかったに違いない。自分が愛されていれば、他人を愛するようになり、他人を殺すはずがないからである。一〇歳ぐらいの年齢に達するまでの子どもにとって、重要なことはありのままの自分を愛されることである。親が愛情を示せば、赤ちゃんでさえも喜んでそれに反応して笑ったりするではないか。愛されることによって、「自分自身の活動によって愛を生み出す」という新しい感覚が生まれる。

愛されて育った子どもは、他人を愛することを身につけていくものである。それは、おいしい食べ物に似ている。上等のフランス料理を食べた人は、同じ味の料理を作ることができるだろうが、生まれてからパンだけしか食べたことのない人がおいしい料理を作れないのと同じだ。愛の味を知らない、愛されたことのない子どもが、どうして他人を愛することができようか。

ところで、子どもを愛するには、どうすればよいのかと戸惑う親や教師も多いだろう。頭をなでたりしていれば愛したことになるのか。悪いことをしても、叱らずにいるべきか。愛とは、甘やかして、いつも子どもの要求を満たしてやることではない。愛とは、個人もしくは複数の人に対して、相手の幸せと成長に心づかいをし、共感的に相手を理解し、優しく扱って、親密感と愛着を抱き、すべてをありのままに受け入れて許し、無条件で自分を与え、ともに成長することだ。

ドイツから米国に亡命した精神分析学者エーリッヒ・フロム（一九〇〇〜八〇）は、愛の要素として、理解、尊敬、責任、気づかい、忍耐、関心などを挙げている。「もしも愛がなければ、どんな言葉も行動もすべてはむなしいものになる」という新約聖書「コリント人への手紙」の一の一三にある言葉は真理であろう。元英国皇太子妃ダイアナさんの葬儀のおりに、英国のブレア首相が読み上げ、全世界に報道されたこのくだりは、結婚式でもしばしば読まれる個所であるが、「愛がなければ」の「愛」の意味を何人が理解して聴いていたであろうか。

☞
2 愛着　4 愛着の波　14 異性の選択
3 愛着の影響　7 アダルト・チルドレン　66 失恋と離婚

2

愛着

——愛着の不足は自信のない一生に

長野県の蓼科《たてしな》湖畔にあるマリー・ローランサン美術館には、マリー・ローランサン（一八八三～一九五六）が描いた淡いピンクと薄い青色を主体にした夢のような絵が数百点も集められている。これらのメルヘン・タッチの絵を見ているかぎりでは、彼女は幸福な人生を送った画家のように思われるが、実は幼いときに両親への愛着が満たされずに育った薄幸の女性であった。

愛着とは、他人と感情的に結び付きたいという、本能的な要求をもつ状態のことである。それが満たされなかったから、彼女は愛を求めて一生涯さまよい歩くことになった。

幼時の愛情欠如は終生の不幸をもたらす。父は別に家庭をもっていた税務署の監査長で、のちに代議士になった人であり、母は田舎からパリに出てきて、お針子をしていた。貧しい女性が身分の高い男性と結婚することは許されない時代だったから、娘のマリーは「未婚の母の子」にとどまった。父は不在がちで、マリーは母を熱愛したが、母は彼女を産んだことを一生の過ちだと考えていたので、マリーをあまり可愛がってくれなかった。

「母が自分を愛してくれないのは、あの男のせいだ」と思って、マリーが父を憎んだのも無理はない。こうして、彼女は男性全体に対する不信感を抱《いだ》いた。反面では、満たされなかった父の愛を求めて、一生の間求愛遍歴を繰り返す。彼女が二四歳のときに詩人のギョーム・アポリネールと恋仲になったが、マリーは男性を憎んでいたためか不感症であり、そのせいか、アポリネールとしっくりいかず、六年後に彼と別れ、この年に母も失った。その寂しさから、パリで絵を学んでいたドイツ人オットー・フォン・ヴェッチェン男爵と恋愛して結婚した。この男は同性愛者でアルコール症だった。彼をドイツに残してパリに戻ったマリーは作家ジャン・コクトーや詩人ヴァレリー・ラルボーに恋したが、片思いに終わった。

愛着は、生後八〜一二週間で現れ始め、生後六ヵ月から一二ヵ月の期間に愛着する相手が確定する。普通は母親であるが、父親、家族、保母なども対象者になることがある。これは、愛着要求にどれだけ応えてやったかによる。

赤ちゃんが泣く、しがみつくなどの行動によって、周りの人、特に母親を自分のほうへ近寄らせようとするのが、愛着行動の典型的な例であり、温かい反応が返されれば、人間への愛着が形づくられ始める。生後二〜三年目になると、最初の愛着対象（母親）から自分に似ている人（他の幼児）に向けて愛着対象を広げていくようになる。

愛着によって、人間は、人から愛されること、他人を愛すること、他人を信じること、自分に自信をもつことを学び取る。したがって、もし愛着が満たされない場合には、これらが欠けた人間が形成される恐れが濃い。

1 愛
3 愛着の影響
4 愛着の波
7 アダルト・チルドレン
16 インナー・チャイルド
66 失恋と離婚

3 愛着の影響
——愛着は恋愛の行方を左右する

乳幼児期の愛着が大切だということは早くから言われていたものの、それが成人後の思考や行動に影響するかどうかまでは確定できなかった。米国の心理学者フィリップ・シェイヴァーらは一九八五年に、デンヴァー市に住んでいる六二〇人の市民と一〇八人の大学生とに対して、他人との親しさについてアンケート調査を行った（スターンバーグとバルネス『愛の心理学』）。その結果、幼児期における愛着のタイプが一生涯続いていき、思春期になるとその人の恋愛を左右するらしいことがわかったのである。そのあらましを次に紹介しよう。

アンケートによれば「他人と親しくなりやすく、頼ったり、頼られたりするのが好きだ。見捨てられるかもしれないなどとは思わない」（安全タイプ）が市民も大学生もそれぞれの五六％いた。「他人は親しくしてくれない。パートナーも愛してくれない。他人に溶け込みたいが、他人が逃げてしまう」（不安・反対感情共存タイプ）が市民の二五％と大学生の二三％。「他人と親しくなりたくない。他人を完全には信頼できない」（回避タイプ）が一九％と二〇％だった。

ところで、ここで幼児期における愛着のタイプを調べてみよう。成人してから「あなたの幼児期はどうでしたか」などと尋ねても、覚えていないから、その人の母が子どもにどんな態度をとったかの思い出によって、間接的に愛着を推定した。子どもが愛着したいという信号を送ったときに、すぐに要求に応えた「安全タイプの母」が約六割、なかなか反応しなかった「不安・反対感情共存タイプの母」が約二割、要求を拒否した「回避タイプの母」が約二割だった。先に示したパーセンテージとほぼ同じ割合ではないか。

安全タイプの母親の子は、母がすぐに反応するのを知っているので、不安にならず、他人を信頼する。不安・反対感情共存タイプの母の子は、不安におびえており、他人を信用できない。回避タイプの母の子は、自分の殻に閉じこもってしまう。この三種類の愛着が成人後にもそのまま残って、恋人に対する態度に現れ、恋愛がうまくいくかどうかを決める要素になるのだろう、とシェイヴァーらは推論している。

愛情という単語から連想することを書かせると、「安全タイプ」の人は幸福感、親しさ、信頼、受容、支持を挙げた。「不安・反対感情共存タイプ」の人は強迫、相互性、合体、感情的な波、性的魅力、嫉妬を、「回避タイプ」の人は親密さへの恐れ、嫉妬などを挙げている。同じ「愛情」についてなのに、いかに異なったイメージを、抱《いだ》いているかがわかる。

「安全タイプ」の人は、恋愛はけっして衰えない、と考えている。「不安・反対感情共存タイプ」の人は自分の恋愛が本物の恋愛だとは思えない。「回避タイプ」の人は、恋愛は実在しない、恋愛は長続きしない、本物の恋愛に陥る人はまれだ、と考えている。

「三つ子の魂百まで」とはよく言ったもので、幼時の愛着が成人後の愛情を左右するのである。

1 愛　4 愛着の波　14 異性の選択
2 愛着　7 アダルト・チルドレン　66 失恋と離婚

4 愛着の波
——愛着の高まりは人生で三回繰り返される

評論家の大宅壮一《おおやそういち》（一九〇〇～七〇）が亡くなるときに、夫人に「抱いてくれ」と頼んだのは有名なエピソードである。なぜこんな子どもっぽいことがおきたのだろうか。

愛着に関して、動物学者のデズモンド・モリス（一九二八～）がおもしろいことを言っている。「愛着の高まりは人生で三回繰り返される」というのだ。

人間が愛着を示す方法には三種類あり、それは、①体を近づけたり接触させたりしたい　②相手との結び付きを確認したい（見る、笑う、話しかけるなど）　③心の支え（承認）を求めたい、である。幼児は①と②を、成人は③を、というふうに、成長段階によって行動様式が異なる。しかし、異ならない場合もある。たとえば、赤ちゃんがお母さんに甘えてしがみつく、恋人が相手に甘えてしがみつく、高齢者が配偶者に甘えてしがみつく。この三つは、本質的に同じものの繰り返しだ、とモリスは言うのだ。

愛着は赤ちゃんだけに見られる現象だと誤解されがちであるが、実は人間が一生涯もちつづける欲求であり、成長するとともに、愛着する相手や、愛着の表現の仕方が変化するので、同じものが続いていることに気づかずにいるにすぎない。

モリスに指摘されてみれば、なるほど、恋人どうしが抱き合う、しがみつく、吸いつく（キスする）、泣きつく、なでるなどの行動をするのは、赤ちゃんの行動そっくりではないか。失恋したときの悲嘆は、幼児の「離別不安」（分離不安とも呼ぶ）によく似ている。一生のうちで、幼児期、青春期、老年期と、三回にわたって対象者に甘える行動が強く現れるように見えるが、実はそれ以外のときでも「甘えたい」という気持ちを人間は持続的に抱《いだ》いているものである。病気や、更年期の到来、近親者の死などの大きなストレスにさらされると、「可愛がってほしい」という気持ちが強く現れることを誰でもが経験しているであろう。

幼い時期に、母親が入院とか旅行、離婚などでいなくなると、子どもは母を求めて泣きわめく、あきらめる、感情的に無反応になる、という三段階の離別不安反応を示す。不在期間の長さや、その期間に面会があったかどうかなどにより一定しないが、母親が戻ってきても、かなり長期間にわたって母にまとわりつく、母の跡を追う、不眠などの不安症状が続く。あきらめの時期を過ぎると、子どもは無反応になる。母が戻っても、自分を捨てた母を認めようとせず、一生涯感情を失うような場合さえある。離別不安は、人間にとって愛着がいかに大切かを物語るものだ。

愛着が満たされた子どもは、公園で遊ばせても母親から離れて探索に出かけるが、満たされない子は母親にしがみついている。自分が愛されているという自信がないから、愛情を失うのが不安で、母の側を離れることができないのだ。このような子は、自信のない成人に育つことが多い。

1 愛　3 愛着の影響　145 欲望
2 愛着　16 インナー・チャイルド　148 臨界期

5 アイデンティティ——一貫した自分自身という自己感覚

日本の大学生の三〇％は留年するそうだ。その大部分は大学生無気力症（二八二頁参照）が原因だと言われている。これは、「アイデンティティの危機の解決を先延ばしにするモラトリアム現象の現れだ」と説明されている。アイデンティティとはいったい何であろうか。

アイデンティティ（自己同一性）とは、「自分とは何か」という感覚である（私の場合、東京に住む精神科医の小林司）。「これこそが自分である」（自己確定感）、「この自分でよい」（自己肯定感）、「今後もこの自分でやっていける」（自信）、「自分は社会にとって意義のある存在だ」（自己有用感）という感覚である。これは、それまで育ってきた期間のアイデンティティ全部と、自己イメージとを統合したものだ。

この個人としての全体感、一貫性、かけがえのなさ、についての主観的体験、つまり「自分に関する感覚」を明らかにしたのは、一生涯にわたる自我の発達を研究した米国の精神分析学者エリク・エリクソン（一九〇二〜九四）であった。アイデンティティは自我の発達のうちでいちばん重要なものである。アイデンティティの発達は、幼児期から始まる。そして、身体的・精神的成熟や社会的責任感が備わる思春期・青年期になってから、人は初めてそれまでの体験を統合してアイデンティティを作り上げようとする。

アイデンティティは、①自分が同じだという感覚 ②時間的な一貫性 ③社会への帰属性、の三つからなる。つまり、①は環境が変わったり、自分が成長したりしても変わることがない、紛れもなく独自で固有な自分であり、同じその人である、と他者も自分も認める ②以前の自分も、今の自分も、一貫して同じ自分である、と認める ③はある社会集団に属し、その集団に一体感をもつとともに、他の成員からもそう認められている、という三つの要素である。これら三つを統合した「一貫した自分自身という自己感覚」がアイデンティティなのである。それは、自分が社会の中で、ある役割をこなしているという価値観に支えられており、自分は存在する意味があるのだと考える自己像でもある。これが確立して初めて、人は過去の記憶や、未来の希望をもちうる。

思春期には、アイデンティティに対して役割の拡散による葛藤《かっとう》がおきて心理的危機に陥る。思春期における役割が外部の力で決められているような社会では、民主的な社会よりもアイデンティティ危機が目立たない。民主的社会では選択の自由度が大きくて、本人にとってプラスにもマイナスにもなる解決法を選べるものの、危機は急性の様相を呈する。

アイデンティティは自我を発達させるための基本的な要素の一つであるから、アイデンティティ危機の解決をしそこなうと社会に適応しにくくなる。エリクソンによれば、アイデンティティ危機と精神分裂症の発症数との間には比例関係がある。いったん思春期危機を解決しても、あとに人生の劇的な変化があると、危機が再燃する。

6 アイデンティティの危機　26 解離性障害　60 自我　136 無気力症候群　147 ライノ・サイクル

6

アイデンティティの危機

――本当の自分がわからない

思春期の主なジレンマとしてエリク・エリクソン（一九〇二～九四）が挙げているのが、アイデンティティの拡散（「本当の自分がわからない」という不確実感）による苦悩である。急に成長し、乳房や性器が発達し、性衝動が現れると、自分の身体イメージがあいまいになり、過去の経験との断絶がおきる。「以前の自分とは違う私とは誰だろう?」という新しい疑問が湧いてきて、自分がわからなくなる。

思春期でなくても、自分のアイデンティティが主に仕事にあった人が退職した場合とか、失業した人、子どもが成人して巣立ったあとに「空《から》の巣症候群」を示す人、思わぬ障害によって将来の計画を変えざるを得なくなった人などでもアイデンティティの危機がおきる場合がある。この危機をうまく乗り越えないと、心理的発達が困難になったり、病的になったりする。

もしアイデンティティの拡散がおきると、アイデンティティの喪失、自意識過剰、時間的見通しを失う、すべてが一時的なものに見える、現実が自分にふさわしくないと思う、決定困難、混乱、孤立、満足な関係をもてない、親しくなれない、組織に屈するのをおそれる、何もしない、既存社会に呑み込まれるのを恐れる、役割をこなしてみようとしない、仕事ができない、理想をもてないなどの症状が現れる。

これをうまく解決できないと、それまで自分の抱《いだ》いていた人種、性役割、宗教、社会経済的地位などについての考えを捨てたりする。つまり、価値、信仰、希望などについて決定をすべき場合に、危機があらわになるのだ。これを乗り越えるには、将来の職業とか、宗教などの個人的選択を通して、悩みに直面して対決し、闘わなければならない。

子どもがアイデンティティ危機を避けて、心が健康に発達するように助けるいくつかの方法を次に述べておこう（D・モチット『アイデンティティ危機』による）。①両親や周囲の大人は、子どもに期待しすぎてはならず、高望みをしない ②子どもがしようと思ってもいないにもかかわらず「……してはいけない」とうるさく警告しない。力による押さえ込みをしない ③子どもの努力をほめてやり、興味があることを遂行するように励ます ④困難にぶつかったときに励ましてやる ⑤自分の力を試したり発達させようとしているときには援助する ⑥自分のとった行動の結果に直面するときに責任をとることを教えてあげる ⑦大人の期待に応えようとして失敗したときには、軽蔑しないで、人間として尊敬を示す ⑧社会によく適応する行動をとるように導いてくれる人に応えようとしたら、援助する ⑨受け入れ可能な役割を試す機会を与える ⑩彼らが育った文化が提供する力や選択、また彼ら自身についての知識を与える ⑪プラス人の生き方の見本とか、負けまいと努める小説の主人公などのモデルを提供する。

☞ 5 アイデンティティ

26 解離性障害60 自我100 多重人格147 ライフ・サイクル

7 アダルト・チルドレン
——機能不全の家族が与えるトラウマの後遺症

松本市でメンタル・クリニックを開いている精神科医、加藤信によれば、黒澤明監督の映画にはいつもアダルト・チルドレン（＝ＡＣ）が登場し、日本映画としては珍しく共依存関係からの回復が描かれているという。黒澤映画に対するこの新しい見方に私は感心した。

アダルト・チルドレンというのは、三〇年ほど前から現れた言葉で、初めは「アルコール依存症の問題を抱えた家族の中で子どもが成長して大人になった人」を指していた。しかし、最近ではもっと広い意味に使われるようになり「親との関係の中で情緒的な傷を負いながら大人になった人」「家族によって与えられたトラウマ（心理的外傷）の後遺症に悩む成人」「虐待する親のもとで育った成人」「機能不全家族の中で育った成人」を指すようになった（斎藤学『アダルト・チルドレンと家族』〈学陽書房〉による）。

このような環境で育てば、心理的影響が出るのが当然で、精神医学の分類では、「心理的外傷によるＰＴＳＤ（心理的外傷後のストレス性障害　一六四頁参照）」に含まれよう。ＰＴＳＤは阪神・淡路大震災以来有名になった症状で、大きなストレスを受けたあと、かなり時間がたってから（ときには何十年もあとで）突然現れる精神障害であり、パニック状態の不安、ストレスを受けた当時の現場が再現されているように感じる。具体的な症状としては、心理的外傷を受けたときに関する話題に加われない、不眠などがおきる。

　機能不全家族とは、ワーカホリック（仕事中毒）で家族をかえりみない父親、むやみに厳しくて冷たい母親、アルコール依存症で酒乱の父親、けんかの絶えない夫婦、子どもを虐待する親などがいる家族である。

　機能不全家族の中で育つ子どもは、静かでいい子であることが多く、親に期待された英雄、だめな子といわれるスケープ・ゴート（犠牲の山羊）、目立たない忘れ去られた子、慰め役、おどけ役、親代りの世話焼き、などの役割を背負って成長する。彼らは、父母の顔色や機嫌をうかがい、自分の都合をあとまわしにし、自分の感情を抑えこんでしまう。自分の世話を待っているような人が現れれば、その人の世話に熱中して共依存者（依存を続けさせる人）になる。

　アダルト・チルドレンは、共依存者になるか、アルコール依存症などの嗜癖《しへき》者になるか、その両方になるか、または精神障害者になることが多く、境界人格障害、自己破壊型人格障害が見られる。その性格特徴は次のようだ。疑り深い、物事をやり遂げることができない、嘘つき、厳しい自己批判、楽しめない、深刻に考えすぎる、親密になれない、他人にほめてもらいたがる、他人は自分と同じだと思えない、責任を取りすぎる（あるいは取らなすぎる）、忠実すぎる、衝動的、孤独感、失敗恐怖、支配したがる、頑固、一貫性のなさ。自分はアダルト・チルドレンだ、と自覚した人がいたら、一人で苦しんでいないで、精神科医などの専門家に相談するほうがよい。

☞ 1 愛　14 異性の選択　36 共依存
8 アルコール症　16 インナー・チャイルド　108 トラウマ

8 アルコール症
——まず心理的原因をなくせ

「あらゆる冒険は酒に始まる。そして女に終わる」と書いたのは夏目漱石（一八六七〜一九一六）だ。「酒は、ある人を愚かにし、ある人を獣にし、ある人を悪魔にする」という英国の諺もあるから、冒険を始めても悪魔にならぬように用心するにこしたことはない。長年飲酒を続けると、以下に述べるような①〜⑬のアルコール症（俗称「アル中」）が現れる。

①アルコール乱用：飲酒を繰り返す結果、職場・学校・家庭での役割を果たせなくなる、車を運転する最中など危険を伴うときでも飲酒をやめない、飲酒で法律違反を繰り返し、社会問題や対人トラブルをしばしばおこす。こういう人は、場をわきまえずに酒を飲むアルコール乱用者であり、依存症とは異なる　②アルコール依存症：耐性上昇（酒に強くなり、飲酒量が増える）、退薬症状（飲酒をやめたときに、ふるえ、けいれん、発熱、違和感などが出るが、酒を飲むと治る）が現れる。大量のアルコールを長期間飲み続ける、禁酒や減酒をしようと思ってもできない、酒を手に入れるためには盗みでも何でもする、飲酒によって社会的、職業的な活動ができなくなる、たとえば、胃かいようが悪化するなど、身体的・心理的異常があっても飲酒をやめることができない。アルコール依存症の患者は、米国に一九二六万人（人口の七・一％）、日本には一二

○万人（人口の約一％）いる。もともと、ゆううつ・不安な気分になる、被害妄想傾向、攻撃的、自尊心が弱い、責任感が弱い、自分をコントロールできないなどの特徴をもった人がアルコールに溺れるようだ　③記憶障害：飲んだあとのことを覚えていない。飲むピッチが速いほど記憶の欠損がひどく、数日前のことにまで欠損が広がる。これを「失われた週末」などと呼ぶ。飲むと自分がわからなくなって遠いところまで旅をしてしまう飲酒後遁走《とんそう》がおきることもある　④栄養失調：飲酒で栄養失調になると、ウェルニッケ脳症（錯乱、眼球の揺れ）、よろめき、下肢の神経痛、コルサコフ精神病（記憶障害と出まかせの嘘）、筋肉痛などがおきる　⑤振戦《しんせん》せん妄：長年飲み続けると（ふるえ、幻覚）で死ぬこともある　⑥妊婦では奇形児が生まれることもある　⑦急性アルコール中毒：一息で大量のアルコールを飲みほす「イッキ飲み」などをすると、急性アルコール中毒に陥って死ぬこともある（「アル中」は厳密にはこれを指す）⑧アルコール性痴呆（ボケ）：大酒飲みの高齢者のうち、二〇〜四〇％が痴呆になることは注目してよい。飲まない人では五％といわれるから、その差は明らかである　⑨嫉妬妄想（配偶者などが不倫をしているという妄想）⑩アルコール性幻覚（窓に虎が見えるなど）⑪不安、躁うつの気分の波　⑫不眠　⑬インポテンスなどを長年の飲酒が引き起こすこともまれではない。

　このようなアルコール症に陥る人は、たとえば不安を消そうとして飲酒するなどの心理的原因をもっていることが多い。したがって飲酒をやめるには、その心理的原因をまずなくす必要がある。

☞ 7 アダルト・チルドレン　9 アルコールに依存する心理　36 共依存　125 物質依存　140 薬物乱用

9 アルコールに依存する心理
——心に潜む不安を酒で紛らわす

酒を飲んでいるうちは問題がないのだが、酒に飲まれるようになると、家庭や職場でトラブルをおこす。この酒に飲まれている人、つまりアルコール依存症の人は日本に一二〇万人、米国に一九二六万人といわれ、その何倍もの家族を泣かせている。

なぜ酒を飲むようになるのだろう。なぜ一部の人だけが依存症に陥ってしまうのだろう。「酒を飲むと気分が楽になるからだ」とか、「精神的緊張を取り除いてくれるからだ」という説がある。緊張が恐怖と欲求不満とを意味すると考えるなら、この説に当てはまるという人が多い。

ミズーリ大学コロンビア校の心理学者、M・G・クシュナーたちは、不安があるとそれを消そうとして酒を飲むのではないかと考え、文献を調べてみた。『米国精神医学雑誌』一九九〇年六月号に載った彼らの調査によると、驚いたことに一九七二年まで誰も不安と飲酒との関係に気づかなかったらしい。この年に一〇人の不安をもっている恐怖症患者が全員アルコールを乱用していることが報告されている。一九七九年には、飲酒問題で入院中の患者一〇二人のうち、約三分の二が空間恐怖症と社会恐怖症だった。空間恐怖症というのは、逃れることが難しいとか、恐怖発作がおきたときに助けを求めることができないような場所や状況にいることに対する恐怖で、エレベーター、列車、外出などを怖がるなどの症状がある。社会恐怖は、他人に注目されていて、自分が恥をかいたり困ったりするかもしれないことへの恐怖で、食堂で食べることができなかったり、公衆トイレで放尿ができず、他人の前で話したり字を書いたりできない。

多くの文献を調べると、恐怖症患者がアルコール乱用に陥っている率は一六〜二五%だった。ところが、逆にアルコール乱用で入院している患者が不安を併発している率は二二・六〜六八・七%と高かった。では、一般的な恐怖症とアルコール乱用者との関係をその患者数で比べてみよう（研究者により差がある）。空間恐怖症の患者は、一般社会では五・九%、アルコール乱用者では、二・四〜四二・二%、社会恐怖症は、同一・五%に対し同二・四〜五六・八%、全般性不安障害、つまり心配しすぎは同五・八%に対し同八・三〜五二・六%。不安恐怖をもつ乱用者の九一%は、不安を取り除こうとして飲酒するのだという。三九・五%は、不安がおきると飲むのだと答えた。

心身ともに健康だった大学生一八一四人を追跡調査してみると、五〇歳のときに一四%、二五四人がアルコール乱用に陥り、その中の二一人が精神科を受診していた。乱用した人には、仕事のし過ぎと、家庭不和が多かったという。このような背景が不安をおこし、それが乱用の引き金になることは十分予想できる。ひと口に不安といっても、漠然とした不安から、失業不安のように明確なものまであるから、ひとからげにするには問題があろうが、アルコール依存症を解決するには、不安の解決が必要なようだ。

☞
7 アダルト・チルドレン 36 共依存 140 薬物乱用
8 アルコール症 94 全般性不安障害

10 アルツハイマー病——高齢者ボケの半数に

自分の名前、今いる場所の名、今日の日付、昨日の夕食のおかずなどを忘れる。普通の知能の持ち主が、こんな記憶障害を示すのを痴呆（ボケ）と呼ぶ。これが高齢者におきるのがいわゆる「高齢者ボケ」だ。

有吉佐和子の小説『恍惚《こうこつ》の人』（新潮社）で有名になったこの高齢者ボケは、重い症状が六五歳以上の人の五％に、中等度症状が一〇％の人に見られる。米国では、高齢者ボケの半数がアルツハイマー病であり、七五歳以上の死因の第四位だから恐ろしい。『ニューズウィーク』誌（一九八八年一二月一八日号）がこの病気の特集号を出したほど、八〇年代から大問題になっている。

同誌によると、現在の米国では、六五歳以上の人の一〇％、八五歳以上の人の四七％、合計四〇〇万人がこの病気にかかっている。しかし、あと六〇年たつと一四〇〇万人に増えるというから、そうなると米国の人口（二億七五二〇万人、一九九九年現在）の五％位になる。

日本の高齢者ボケは、脳内の小血管が破れたためにおきる脳血管性のボケが多く、アルツハイマー病は高齢者ボケの三割程度だが、それでも一八万人もいるから一大脅威である。米国のレーガン元大統領もこの患者だ。この病気は六五歳以上の人、またはその少し前の四五歳以上の人にいつともなく始まる。記憶障害が現れ、抽象能力、計画立案能力、組織を作る能力などがなくなる。初めは行動に問題ないが、まずひきこもりがちとなり、痴呆がどんどん悪化する。

そして、妄想、抑うつ、せん妄（夢か現実かわからぬ状態）、落ち着かぬ、感情爆発、暴れる、反抗的、夜中にうなされてとび起きて暴れる、幻覚、食欲異常などで家族を悩ます。失語などの言語障害を伴うことが多く、目を閉じて部屋の入り口を指させなくなる「視空間失認」が早期に現れる。失行（マッチを擦れない）、失認（マッチを見ても何をするものだかわからない）もあり、発病から平均七年で死亡する。

この病気は、死後に脳を顕微鏡で調べる以外に診断の決め手がないので誤診が多い。事実、アルツハイマーといわれたケースの三〇〜五〇％は別の病気だし、逆に、別の病名をつけられる人も多い。一般に、ボケの原因としては飲酒、水銀中毒、エイズなどたくさんあるが、アルツハイマー病の原因はナゾのままだ。ウイルス説から、（母親の）高年出産説、金属（アルミニウム）中毒説までいろいろある。二一番目の染色体に異常があるというから遺伝も一役買っているらしい。患者の一〇〜三〇％は近親者に同病者をもつ。

患者の脳病変にある、複合タンパク質のアミロイドや免疫グロブリンを見ると、脳の自己免疫病だとも考えられる。抗原・抗体の変化により、血管と脳の境界を作る網の目（血液脳関門）が壊れて、アルミニウムなどの毒物が脳に侵入するというのだ。

☞
50 高齢者痴呆
51 高齢者痴呆への対策
80 ストレス
115 脳が壊れたとき

11 EQ（情動指数）——実生活に即した「心の知能指数」

学校時代に成績の悪かった人が、社会に出てからは、けっこううまく商売をして、地域の名士になっている例は少なくない。これまでの知能指数（ＩＱ）は、言語と数学の能力を中心にして測定したもので、知能指数が高い人が必ずしも人生をうまく生きていくとはかぎらないことが一九八三年頃から問題になり始めた。日本では、入試を始めとして、まだＩＱが重視されすぎている。イェール大学の心理学者ロバート・スターンバーグが「頭のいい人はどんな人だと思いますか」と多くの人に質問してみると、実生活のうえでの人間関係処理能力を条件の一つに挙げた人が多かった。社会で成功するためには、知能のほかに「人格的知性」、つまり熱意、忍耐、意欲、共感、粘り強さ、明るさ、自制心、希望、献身、愛、理性の力、自分を動機づける能力なども必要になる。衝動を自制したり、他人の気持ちを読み取ったり、人間関係を丸く収めたりする能力も人生にとっては大切なものだ。この人格的知性は、統率力、人と仲良くなる交友能力、紛争解決能力、社会的知覚能力などに分類できるが、これらはいずれも知能テストでは測ることのできないもので、知能指数とは相関関係がない。

イェール大学の心理学者ピーター・サロウェイは、人格的知性ないしは情動指数（ＥＱ《イーキュー》、エモーショナル・クオシエント）を、次の五つに分けて考えた。（詳細についてはダニエル・ゴールマン著『ＥＱ―こころの知能指数』＜講談社＞を参照されたい）

①自分の情動を知る（感情を自覚し、感情の原因を理解し、行動との差を認識する）
②感情をコントロールする（怒りを制御できる、口論や攻撃が少ない、不安減少）
③自分を動機づける（自信をもつ、希望をもつ、忍耐する、好奇心、計画性）
④他人の気持ちをくみとる（他人の立場で眺める、共感できる、話を傾聴できる）
⑤人間関係をうまく処理する（仲間意識、意思交流能力、協調性、思いやり）

ヒトは、生後間もなくＥＱを身につけ始め、学童期を通じてずっと続く。両親が乳児に豊かに愛情を傾けると、その後の子どものＥＱが発達するようだ。ＥＱは、学校の成績のように、知識の集積よりも、むしろ感情や社会的能力に左右される。自分に何が期待されているのかがわかっており、待てる、命令にしたがえる、教師に助けを求めることができる、そういう子どものＥＱが伸びるのだ、と米国国立臨床幼児教育センターは発表している。

ＥＱが高い親に育てられた子どもは、両親の態度を見習って育つのでＥＱが高くなる。そういう子どもは、両親との関係が円滑だから緊張が少なく、両親を愛している。自分の感情を上手に処理でき、動揺も少ない。思いやりがあり、仲間に人気があって、皆に好かれる。集中力があるので学習効果が高く、広い範囲で才能を伸ばすことができる。ＥＱは、まだ学問的に確定されたものではないが、次第に重視されていくに違いない。

☞
1 愛　83 性格改造
32 感性　85 成熟した人柄

12 生きがい

——自分の可能性を開花させよ

人間の心には不思議なしかけが備わっていて、どこからか「生きがい」を分泌している。

失恋した若者やうつ状態の患者は生きがいを失って「自死したい」と考える。「生きていても仕方がないから死んでしまう」と彼らが訴えるとき、私たちは何と答えたらよいのだろうか。

神の存在や出生の神秘、これまで育ててもらった恩、自死の罪、バラ色の未来への夢、肉親の悲しみなどあらゆる説得材料もむなしく、生きがいを失った人は自分の命を絶ってしまう。逆に言えば、生きがいは人間を生かし続ける力をもっているのだ。心の不思議はこの力を生み出し、育てる。

「仕事こそ生きがいだ」と言う人がいるが、それは「働きがい」を生きがいと勘違いした結果であろう。ゲートボールや菊作り、俳句を生きがいだとする人がいるならば、それは遊びがいにすぎない。真の生きがいとは、働きがいや遊びがいではなく、「生きる甲斐」でなければならない。

人の体は一八歳くらいまでで発育が止まってしまうが、心は死ぬまで育ち続ける。この伸び続ける自分の素質や可能性を十分に開花させる過程が自己実現なのだ。なりたかった職業に就職できると「自己実現した」というふうに誤って見られることが多いが、自己実現の本当の意味は精神的成長の過程で「自分らしい自分になる」ことであり、「その人独自の心理学的特徴や自分の可能性を十分に伸ばす」過程である。

オーストリア出身の米国人精神科医ベラン・ウルフは人生を芸術のように受けとめて、人生とは創造的に自分を彫刻していき、完全で幸福な人間になることだ、と述べた。親から受け継いだ素材に自分でノミを当てて一つの彫刻を作り上げるのが人生で、その過程が自己実現なのだ。

もっとも、自己実現イコール生きる甲斐かと言えば、そうとも断言できない。自分の子どもや恋人が死んだ場合を考えてみればすぐわかるように、愛や幸福を生きがいから除外するわけにはいかない。生きる価値をオーストリアの精神科医ヴィクトール・フランクル（一九〇五～九七）は三つ挙げている。何かを創造して世に寄与する喜び（創造的価値）、世の中から何かを受けとり喜ぶ体験価値（音楽や景色に感動するなど）、危機のときに自分の生き方を示す態度価値がそれだ。

各種の欲求を満足させたのちに、人間的成熟の基礎の上に自己実現が進行するときに人は初めて生きがいを感じることができる。つまり、「生きがい」は、「働くこと」などのように単一のものではなくて、働くことや遊ぶこと、愛、生きる価値、在ること、出会い、幸福感、自己実現など、たくさんのものの複合体なのである。

生きがいのある生活を送ってこそ、人生を本当に生きたと言えるのではないだろうか。

☞
32 感性
35 QOL
57 個性化
64 自死予防
75 人生の意味
104 出会い

13 いじめ——愛情欠如がいじめを生む

いじめとは、弱い者を、正当な理由もないのに絶えず心理的、肉体的に攻撃を加えて、いやがらせることである。

小学生の男児が女児をいじめるのを見ていると、実は好きな女児をいじめることが多い。つまり、「ぼくはあなたを好きなのです」という愛情表現が、ねじ曲げられた形をとっているのである。この例からもわかるように、いじめも複雑な心理機制を含んでおり、単純に撲滅すればいいという問題ではない。加害者が家庭的に恵まれず、意地悪な性格に育ってしまった場合などには、いじめているという意識をもたずに、嫌がらせをしていることもある。さらに、陰険な場合には、教師や他の生徒の目を盗んでいじめるので、その実態をとらえにくいことが多い。からかっている場合や、仕返しのこともあろう。

いじめる原因としては、一般的には学校への不適応が基礎にあり、仲間ほしさ、連帯感の確認、排斥感、対抗意識、欲求不満の解消、愛情を求める、注意を引きたい、優越感を味わいたい、いじめる快感などが考えられる。したがって、対策としては、これらに配慮する必要がある。成績のふるわない子には、スポーツで優越感を味わわせるとか、上手な仲間づくりの指導などが欠かせない。いじめをおもしろがって見ている観衆や、自分がいじめられることを恐れて、見て見ぬふりをしている傍観者は、間接的な加害者になってしまう。

いじめられやすい子どもにいくつかの特徴がある。弱くて抵抗しない泣き虫、引っ込み思案、学習や運動が劣っている、人づきあいや会話が下手、友人が少ない、孤立している、反感をそそる（生意気、悪口を言う、わがまま、嫉妬させるなど）、いじめられたときに過剰な反応を示す（キャーと大声を挙げるなど）。また、身体的特徴がある（太っている、ハンディキャップなど）子どもや、知恵遅れや吃音《きつおん》があるときもいじめられやすい。ハンディを持つ子への理解を深める教育も必要である。それらの点を改善していくことも予防につながる。

いじめの予防は、大人をも含めた人間関係にかかわる問題であることを意識して、真剣に取り組み、「いじめは許されない行為である」と断言して、具体的な行動を継続的にとるべきだ。いじめは人権侵害であり、人間の尊厳を否定する行為であるから、断固としてやめさせなければならない。また、「自分は愛されている、大切にされている」と感じるときに、人は初めて他人を愛したり大切にすることができるのだということを知っておかねばならない。人権思想の理解、ありのままの自分を受け入れる姿勢がないと、問題は根本的に解決されないし、被害者が加害者に転じることもある。

いじめを受けた結果として、不登校、学習の遅れ、対人恐怖、閉じこもりなどがおきることがある。

☞ 1 愛　16 インナー・チャイルド　59 サディズム　126 不登校　144 幼児虐待

14

異性の選択

——自分のトラウマを癒すのを愛と誤解

自分の異性の親そっくりな生き方や面影をもつ相手を選ぶことはよくあることだ。親に対する自分の幼少時の行動を相手に向かって再演する。もしそれが幸福だったならば、「夢よもう一度」と望み、不幸だったならば「今度こそ幸せに暮らしたい」と望むからだ。親が自分を扱ったように相手を扱ってしまう。

相手を親と見なすと、愛してくれた親にほめられたいと考えて、自分を子ども扱いする相手にほめられようとする。親が書いたシナリオにしたがって、親が喜びそうな、あるいは親が反対しそうな相手を選んでしまう。また、親を尊敬していると、交際相手が劣っているように見えてしまうことが多い。親の目で自分や相手を眺めてしまい、親の目のほうが自分の目より正しいと思ってしまう。幼少時にトラウマ（心理的外傷）を受けて育って大人になった人（アダルト・チルドレン）は、親に似た相手を選んで、自分が受けたトラウマを再現したり、あるいはそれをやり直したりする。両親の冷たさを思い出させるような配偶者を見つけて子どもを作り、自分がしてほしかったようなやりかたで子育てをして、自分を犠牲にする。それは子どもにとって幸せかもしれないが、自分にとっては幸せでない。

もう一つの選択は、再び自分を傷つける恐れが絶対にない相手を選ぶことだ。つまり、自分を守るために結婚するのだ。それなのに、相手が自分を守ってくれないとか、自分のトラウマを癒してくれない、不安を消してくれない、といった場合には、相手を憎むことになる。なぜ憎むかを考えるとそれに思いあたるだろう。

愛の対象が相手自体にあるのではなくて、自分の依存心を満足させ、トラウマを癒し、リスクを避けるために愛着するのは愛ではない。愛情からではなく、自分の依存欲求を満たすため、あるいは自信をもつために恋人をもつ人が多い。依存心から抜け出して、何か自分が誇りにできるようなものを作り出さなくてはいけない。アダルト・チルドレンの座にいつまでもしがみついていてはならない。その座から抜け出て幸せになるには、自分の知恵に頼るしかない。

間違った結婚の例はこうだ。なりたい人間になるよりも、なりたい性格の相手と結婚し、自分の欠点を補ってバランスをとる。または、自分を直そうとしないで、直してあげたい人を捜す。自分のだめな部分をもつ相手と結婚して、「あの人も同じだから自分はまともだ」と思いたがる。相手がだめ人間だと、それを世話し、支配し、グチのはけ口にする。相手の支配欲、自分勝手、不安定、未熟、思いやりのなさなどを自分が変えてみせたいと思う。完璧を目指し、完全な人間になりたくて結婚して、そうなれないと、自分はだめな人間だといつまでも思ってしまって、相手を憎む。相手を憎んでおとしめれば、自分をまともだと感じることができるからだ。

正しい選択をするためには、自分の現実を直視し、ありのままを認めて、行動するのがよい。

1 愛 7 アダルト・チャイルド 84 性差
3 愛着の影響 66 失恋と離婚 104 出会い

15 癒す力——自分を愛し、信じると治癒力が増す

一九三九年から九一年まで『サタデー・レビュー・オブ・リテラチャー』の編集長を務めたジャーナリストであるノーマン・カズンズは、医学界で「ヒーリング（癒し）」という言葉がほとんど聞かれなくなったことを嘆いている。人間はもともと自分の力で病気に打ち勝って、健康を取り戻す力をもっている。それを抵抗力とか自己治癒力と呼ぶ。ガンや肺結核が進行し、「余命いくばくもない」と言われた患者が神様に祈ったり、ルルドの泉（フランスにある奇蹟を起こすという治癒泉）へ行ったりしたために奇跡的に治った症例がたくさんある。それが、どうやら「心理的にどう生きるか」ということと関係があるらしいのだ。

川村則行『自己治癒力を高める』（講談社ブルーバックス）によると、自己治癒力を高める方法には次のようなものがある。①ストレスをなくす　②リラックスする（実は、これがストレスをなくすいちばんよい方法）　③感情を抑えつけずに素直に自分を出す　④自分の心からの声に耳を傾けて自分の本来の気持ちに気づき、自分の感情を表現する　⑤病気と共存しながらマイペースで生きていく　⑥心の底から人生を楽しむ　⑦毎日の生活を充実させる　⑧生きる意志をもつ　⑨周りとの調和の中で無理をしないで生きる　⑩笑う　⑪他人を信頼する　⑫あるがままの弱い

自分を認める　⑬副交感神経系を交感神経系よりも活発にする（深く、ゆっくり呼吸するなど）

カリフォルニア大学ロスアンゼルス校精神医学・生物行動科学部助教授のマーガレット・ケメニーによると、喜んだり悲しんだりという感情の変化が短期間（たとえば、二〇分）続くと、ガン細胞などを食べるナチュラル・キラー（NK）細胞が殖えて免疫が強まるが、三〇分ほど静かに座っていると元に戻るそうだ。地震直後にもこの細胞が増えた。感情を抑えるのは有害らしい。

サザンメソジスト大学のペネベイカー博士は、精神的にひどく傷ついた経験を学生に書かせて陰性感情を追体験させた。すると、免疫系の特定の機能が高まった。闘争や逃走はあまり影響がなく、むしろ抑うつが影響するという。安らぎ、愛、楽しみ、情熱、達成感、喜び、悲しみ、絶望、怒り、恐怖、苦しみ、不快などの感情を抑えることなく、次々に受け入れるのが大事だ。一つの感情にいつまでもこだわらずに、すべての感情に心を開いてそれらをバランスよく共存させることがコツだ。感情を抑えるのはよくない。

自分は無価値だという考えを捨てて、自分を愛し、治ることを信じる。そして、ときどき全身の力を抜いて筋肉をリラックスさせる。電車に乗って居眠りをしている人の首の筋肉がリラックスのお手本だ。自分は呼吸している、自分の心臓が動いている、自分の全身を感じていることを実感して自分の体に気づく。呼吸に意識を集中して、深く長い呼吸をするようにする。過ぎ去ったことや将来を思いわずらうことなく、ひたすら現在の「今、ここ」に意識を集中する。これらがすべて癒しを促進するのである。

☞
17 インナー・チャイルドの癒しかた　91 精神免疫学　128 プラス思考
81 ストレスの避けかた　108 トラウマ

16 インナー・チャイルド ——成人に宿る「子ども」

幼かったときに傷ついた心を「インナー・チャイルド」という。精神分析の創始者、ジクムント・フロイト（一八五六〜一九三九）が創案した精神分析を簡便化した交流分析（一〇八頁参照）では、これを「順応した子どもの自我状態」と呼んでいる。インナー・チャイルドを抱えたまま成人になると「アダルト・チルドレン」（二四頁参照）になってしまう。これは、成人でありながらも、「親の自我状態」や「成人の自我状態」が欠けていて、「子どもの自我状態」にとどまっている人を指し、その「子どもの自我状態」にも問題が未解決のまま残っている人になってしまう。

一〇八頁の交流分析の項目で詳しく説明するように、心の状態は「親の自我状態」「成人の自我状態」「子どもの自我状態」から成り立っている。人はこれら三つを無意識のうちに使い分けており、他の人が観察すると、その瞬間にどの自我状態にあるかがわかる。「親の自我状態」は、幼いころに親役割を親たちから取り入れた心であって、他人や自分に対して親のように行動している状態である。さらに「子どもの自我状態」は「自由な自我状態」と「順応した自我状態」とに分かれている。

スイスの分析心理学者カール・グスタフ・ユング（一八七五〜一九六一）は、交流分析における「自由な子どもの自我状態」を「ワンダー・チャイルド（すばらしい子ども）」と呼んだ。これは、文化や親のしつけによって汚染されていない、創造的で、明るく生き生きした快活な心であって、これが傷つくとインナー・チャイルドを抱えることになる。成人では、腹を抱えて大笑いをするとき、創造的、自発的な行動をする、不思議なものを見て畏怖の念にかられるときなどに「ワンダー・チャイルド」が現れる。他方、トラウマ（心理的外傷）によって傷つけられたインナー・チャイルドをいつまでも隠し持っていると、かんしゃく、過剰反応、依存症、育児に夢中になる、結婚の失敗、人間関係の破綻、ほかの人と付き合うことができない、過度のていねいさ、柔順さ、ふくれ面、子どもっぽい話し方をするなどの症状が出てくる。

どんな親が子どもの心を傷つけるかというと、子どもの発達段階に応じた依存欲求を無視する、あるがままの子どもを愛さない、子どもを虐待する、見捨てる、依存的、衝動的、感情をコントロールできない、または社会的に未熟な親などである。たとえば、子どもがピアノをうまく弾いて母親の自慢の種になったときのように、自分を喜ばせたときだけしか、子どもを愛さない母親、あるがままのわんぱくな子どもを一度も愛したことのない父親なども これに含まれる。

家族システムの機能不全に基づく各成員の役割がはっきりしていない（子どもが親の役割を務めねばならないなど）場合も子どもの心に悲しみを与える。これらのトラウマによってできたインナー・チャイルドを早めに治す必要がある。

☞
1 愛 7 アダルト・チルドレン 49 交流分析
2 愛着 17 インナー・チャイルドの癒し方 108 トラウマ

17

インナー・チャイルドの癒しかた

――トラウマを解凍・消化せよ

子どもにとって、抑うつ、怒り、自責、孤独感、恥などを感じる能力が大切である。それらは、抑圧（見なかった）、切り離し（忘れた）、投影（自分にではなしに他人におきた）、転換（怒っているとき食べたりセックスしたりする）、極小化（たいしたことはない）、置き換え（ほかのことがおきた）、否認（おこっていない）などの自我防衛機制によって、感じられなくなっている。

機能不全家庭に育った子どもは、情動を抑制することを、次の三つの方法で学び取る。①親が反応しないか共感しない　②情動の区別や表現についての健全なモデルがない　③情動を表したときに辱めや罰を受ける（「大きな声を出すと、ぶつわよ」など）。これらをなくすことが、インナー・チャイルドの予防につながる。

子ども時代のストレスへの反応によって、感情や記憶、信念を介して「中核となる問題」が作られ、すべての体験はこれを通過しなければならぬフィルターになる。うまく行くはずがない相手ばかりを選んで恋愛を繰り返すとか、トラウマを反復経験する人生を送るなどがその好例である。この「過去を繰り返す衝動」をジクムント・フロイトは「反復強迫」と名付けたし、アリス・ミラーは「論理の非論理」と呼んだ。これを自覚することも大切である。

幼時のトラウマが癒されずに、傷ついたインナー・チャイルドを心の中にもったまま大人になると、瞬間的に冷凍保存されたトラウマがいつまでも新鮮さを保っているから、その人を苦しめる。そのトラウマ体験を解凍して、普通の心の中に消化吸収させるのがインナー・チャイルドを癒すコツである。現在も心の中で生き続ける過去を、もはや過ぎ去った過去の物語に変えてしまう操作が必要なのだ。トラウマとなった体験を消すことはできないが、人生においてのトラウマの意味付けを変えることはできる。

これには三つのRが必要だと言われている。再体験（Re-experience　トラウマとなった体験を心の中によみがえらせる）、解発（Release　よみがえった感情や感覚を外部に発散する）、再統合（Re-integration　トラウマとなった体験を排除しないで、自分の過去の物語にしてしまう）である。職場でおきた嫌なことを配偶者に話すと胸がスッとする経験を誰でももっているが、あれが三Rの見本だと思えばわかりやすいであろう。

悲しみはグリーフ・ワーク（九〇頁参照）によって癒される。なだめる、慰める、苦痛を確認する、子どもの各発達段階で必要だったストローク（存在を認めて、愛すること）や養育を与えるなどのグリーフ・ワークによって、悲しみの氷結が解け始めると人々は泣き出す。これらのインナー・チャイルド・ワーク（治療）を受けると、心が急速に深部で変わり、創造性とパワーが生まれて、「まるで故郷へ帰ったような気分だ。人生が変わった」などと感じるようになる。

☞
1 愛　7 アダルト・チルドレン　40 グリーフ・ワーク
2 愛着　16 インナー・チャイルド　108 トラウマ

18

うつ状態――「模範社員タイプ」が危ない

現代は「うつ病の時代」だと言われる。一九七〇年ころからうつ病が激増し始め、精神障害者のトップを占める。うつ病が単一の病気ではなくて、症候群らしいので、「うつ状態」と呼ばれることも多い。欧米では人口の一五〜三〇%の人が生涯のいつかにこの病気を経験するから、すべての家庭が少なくとも一人のうつ状態の患者をもつことになる。米国、カナダ、北欧では、特に若者と女性に増えており、日本でも青年に増えつつある。これに対して、躁とうつの波を繰り返すタイプは、一生でみても一〜二%と少ない。

最近は躁うつと遺伝との関係が疑われつつある。躁とうつを繰り返す人の一部に、染色体異常が発見されたという報告もあるし、双生児が二人とも発病する一致率でも、一卵性で六八%、二卵性で二三%と差があるので遺伝の関与がありそうだ。しかし、うつ状態については不明である。

うつ状態になりやすい人の性格的な特徴は、几帳面《きちょうめん》、勤勉、良心的、義務感が強い、誠実、仕事熱心、徹底、融通がきかない、といった「模範社員タイプ」だ。自己卑下や依存的、未熟、強迫的、見栄っ張り、自分を憎むなども危ないし、有罪感や身近な人を失った悲しみも発病の引き金になる。幼時に親が死んだり別居したりした人が成長後にうつになりやすいとも言う。

うつ状態の症状は、ゆううつ気分、興味や喜びが減る、食欲異常、睡眠の増減、動作がおそくなる、落ち着かぬ、疲れやすい、自分が役立たずとか罪深いと感じる、集中できない、自死を考えるなどだ。朝に症状が悪化、早朝覚醒があると「メランコリー型」と呼ばれる。

秋から冬にかけてゆううつになり、疲れ、眠りすぎ、大食、甘いものをむやみに食べる、イライラ、対人関係がうまく行かぬなどの症状を示すのは「季節うつ状態」であり、八〇%は女性である。主な原因としては、日照時間の不足などが指摘されている。治療として日の出前と日没後に二~三時間ずつ二五〇〇ルクス（普通の室内灯の約二〇〇倍明るい）の蛍光灯をつけた小部屋に入れると、二~四日後に軽快する。しかしこの照明治療をやめると二~四日で再発する。副作用のイライラがおきたら照明時間を短縮すればよい。

その他のうつ状態の治療は、主として抗うつ薬を用いる。イミプラミンなどの三環系抗うつ薬は食欲不振、不眠、意欲減退を伴うケースに五〇~八五%有効だが、心臓病の人には使えない。よくなってから半年か一年は服用し続けないと再発する。炭酸リチウムを内服し続けると、うつの再発を予防できる。しかし、めまい、眠気、落ち着きのなさ、錯乱、けいれん、尿失禁などの副作用があり、症状が重いと死ぬこともあるので、リチウムの副作用には用心しなければならない。

睡眠遮断法は即効がある。二一時から夜中の一時まで眠らせ、あとは眠らせないでおくと一週間くらいは軽快が続く。この方法を併用すると、薬物療法の効果が強まる。Lトリヨードサイロニンやサイロキシン、抗けいれん薬のカルバマゼピンもうつに効くことがある。

☞ 30 過敏性（大）腸症候群　46 甲状腺機能低下症　48 更年期うつ状態　53 五月病　63 自死　118 パーキンソン病

19

右脳と左脳

——直観と理性

英国の評論家コリン・ヘンリ・ウィルソン（一九三一〜）の『フランケンシュタインの城』（平河出版社）では、脳をフランケンシュタインの城と見たてており、「そこに右脳と左脳という二人の自分が住んでいる」と書いてある。この二人の異なる機能を一点に集中させるとき、世界は意味に満ちて、赤く燃え上がると彼は言う。彼は、右脳が無意識そのものだと主張しているが、この点は根拠不十分なようだ。

一八三六年にフランスの開業医マルク・ダックスが約四〇人の失語症患者の症例を発表したときに、それらの患者には脳の左半分に損傷があることを述べ、会話は左側の脳によって行われていると結論した。これが、右脳と左脳とで分業が決まっていること（側性化）の最初の発見であった。そして、脳卒中その他で右大脳半球に障害を受けた音楽家が音楽能力を失う失音楽症も一九三〇年代までに報告された。（注　右利きの人と左利きの人とでは、脳の分業が逆になるので、ここではすべて右利きの場合について述べている）

このように片側の脳に障害を受けた患者のほかに、てんかん発作をなくすために左右の大脳半球の真ん中（脳梁）で二億本の連結神経繊維を切断する分割脳（スプリット・ブレイン）手術を受けた患者でも研究が行われ、脳の分業についてかなりよくわかるようになった。

左脳は右半身の神経や感覚、運動をコントロールしており、右脳はそれとは逆に左半身をコントロールしている。左脳（デジタル脳）には言語中枢があり、言語的、論理的、分析的、記号的な思考・認識・行動を引き受けている。右脳（アナログ脳）には、音楽中枢があって、直観的、イメージ的、総合的、幾何学的、絵画的な思考・認識・行動を引き受けている。右脳は視覚空間感覚、パターン認識、鳥瞰《ちょうかん》的展望、言語のうちでも感情的表現や強調などを受け持っていると言われる。左、右、どちら側の脳が働かなくても困るわけだ。

大脳生理学者の角田忠信は、『日本人の脳』（大修館書店）の中で、日本人は琴などの日本音楽や鈴虫などの鳴き声を左脳で聴くが、他の外国人はこれらをすべて右脳で聴くと述べて、日本文化の特性を考えた。日本人だけがそのような特別の脳の分業をする点については異論もある。しかし、現代の日本人は右脳の機能をもう少し高める必要があろう。

創造力とは、蓄えてきた情報を選択して右脳が直観によりおぼろげに描き出すイメージを、左脳が言語化・記号化して表現することにほかならない。このように右脳と左脳が協力して初めて、人間は優れた働きができるのである。言葉を伴わないクラシック音楽（バロックなど）を聴く、和音の弁別、こま切れの部分をつなぎ合わせて全体像を想像する、人の顔を覚える、形を弁別し、思い出す、頭の中で図形の位置を動かす、積み木を大きさや形で分類するなどによって右脳は活性化される。これらによって、右に記した右脳の分業機能が発達するであろう。

☞ 24 男の脳、女の脳
115 脳が壊れたとき
150 笑い

20

エイズ痴呆症

――発症者の七〇％以上に痴呆症状が

エイズ（後天性免疫不全症候群）のウイルスに感染すると七～一五％の人が発症し、三年以内に発症者の八〇％が死ぬといわれている。しかしながら、エイズだという診断が下される前に、すでにその三分の一の人に痴呆症状が始まっていることを知っている人は少ない。エイズにかかると、その七〇～九五％に痴呆が現れる。しかもそのうちの七五％は高度の痴呆で、自分の名も忘れる。痴呆を示す人のうち、三分の二は痴呆が徐々に進むタイプであり、ときどき急激に悪化する。残り三分の一は、数日のうちに急激に痴呆に陥り、ほかの精神症状を併発することが多い。感染者が風邪などの病気にかかると、痴呆が始まったり悪化することが多い。いったん痴呆になると、約半数は二ヵ月のうちに高度の痴呆に陥り、約二ヵ月で死亡する。皮膚にできる一種のガン、カポジ肉腫があれば、痴呆が始まって平均で四・二ヵ月しか生きられない。

痴呆の初期には、ゆううつになったりして、症状のばらつきなどが目立つので、うつ状態と誤診されやすい。症状の現れかたには個人差があって一定しない。忘れっぽい、集中困難、錯乱、よろめき、脚の弱まり、動作や会話がおそくなる、知覚の衰え、手のふるえなども初期に見られる。

痴呆の末期になると病状が進行して、頭の回転が鈍くなる、無口、よろめく、身体のこわばり、運動障害、失禁、手のふるえ、筋肉の細かいけいれん、てんかん発作といった症状が強く現れる。

こんな症状がなぜ出てくるのかはまだわからない。しかし、脳のX線CT（コンピュータ断層撮影法）によると、大脳皮質（神経細胞の集まり）が縮んで、脳室（脳の中にある洞穴のようなもので脳脊髄液で満たされている）が大きくなっている。新たな断層撮影法のMRI（磁気共鳴映像装置）では大脳皮質の萎縮と大脳白質（神経繊維の集まり）の縮小がCTよりもはっきりわかる。脳波では脳全面にゆっくり波打つ「徐波」が見られる。もっとも、これらの変化は、エイズ以外の場合にも現れるので、エイズの確証にはならない。

全世界の感染・患者総数は三四三〇万人、一九九九年の新たな感染者は五四〇万人、同年のエイズ死者は二八〇万人で、累計のエイズ死者は一八八〇万人に達した。エイズにより両親をなくした子どもたちは一三二〇万人に及ぶ。アフリカ、中近東、南・東南アジアが患者の九〇%以上を占めているので、この地区での将来の増加が心配されている。二〇〇〇年に国際エイズ会議が開かれた南アフリカには四三〇万人の感染者がいる。毎日一七〇〇人が新たに感染し、毎月五〇〇〇人の新生児がウイルスを宿している。（国連エイズ計画の一九九九年末のまとめによる）

ちなみにニューヨークの感染者は一〇人に一人に近いという。ところが、日本国内の感染者は五〇五八人、死者一一八〇人（二〇〇〇年六月二五日現在）となっている。二〇〇三年には感染者一万五四〇〇人、エイズ患者三三三〇人になると推計されているが、この日本の数値はあまりにも低すぎるので信じにくい。

☞ 10 アルツハイマー病　51 高齢者痴呆への対策
50 高齢者痴呆

21 LSD-25——微量で劇的な精神作用を生む〝薬〟

知覚異常（色や形、音が変わる）、時間感覚のずれ、幸福感、幻視、考えが湧いてくる、悟り体験などの精神異常をひきおこす薬（精神展開薬）の一つ。リゼルグ酸ジエチルアミド（Lysergsäure diäthylamid）の略号。リゼルグ酸誘導体では二五番目に合成されたので25をつける。ライ麦につく菌（麦角）から抽出される。麦角は子宮収縮作用などの強い毒性をもっている。ヨーロッパの昔の人はそのことを知らなかったので、麦を挽《ひ》くときに麦と麦角とをいっしょに粉にしてしまい、それでパンを作った。その結果、中毒患者が多発した時代があった。

一九四三年四月一六日、スイスのサンド製薬会社に勤めていた化学者アルバート・ホフマンは、この麦角の成分をなんとか薬として使えないかと研究していた。そのごく微量の粉が指についたままなのを気づかずに、彼は昼食のサンドウィッチをつまんで食べた。すると三〇分ほどしてから実験器具がゆがんで見えたので、早退することにした。ところが、帰宅の途中で道路が波打って見えたり、犬の鳴き声が意味のある音楽に聞こえたりした。精神に異常をきたしたのかと思ったが、二時間後に症状が治まってから考えてみると、実験中の粉を誤って食べたせいかもしれないと気づいた。それを確かめるために、彼は別の日にわざともう一度粉を二五〇マイクログラム飲んでみた。あとで考えると、幻覚をおこす必要量の五倍も飲んだのだ。すると同じような症状がまた現れた。こうしてLSD《エルエスディー》の幻覚作用が発見されたのであった。

似たような作用の薬にメスカリンがあり、すでに英国の作家のオルダス・ハクスレイがそれを飲んで、「一瞬で禅の悟りをもたらす薬だ」などと発表していたが、メスカリンは〇・四グラムも飲まなければ効かないのに、LSDは体重一キログラムについて、一マイクログラム（＝一〇〇万分の一グラム）という超微量で効くのが特徴だった。こんなに少量だと、精神病の患者の脳内に似たような物質が存在して精神異常をおこさせる可能性も出てくる。精神分裂症の原因を解明する手がかりになるのではないか、というので世界中の精神科医が競ってLSDを使った研究をした時期があった。筆者も院生時代に犬の脳室内にこれを注射して、分裂症治療薬の効果を調べた。

米国のCIAが二〇年以上にわたって陸軍の兵士一五〇〇人や米国市民にこっそりLSDを飲ませて、戦争への応用を実験しているうちに、幻覚を追って一二階の窓から転落死した人が出たりして、一九六六年には危険な薬だということになり、WHO（世界保健機関）が世界中で使用禁止に決めてしまった。しかし、化学的合成法が科学雑誌『サイエンス』に発表されたので、米国のヒッピーたちや、日本のオウム真理教がこれを密造して使っていた。

現在の日本では、麻薬取締法で規制しているので、使えなくなり、LSDを合成したり所持していたりすると犯罪になる。研究にうまく使えば、精神病の発現機構を解明するなどに役立つ薬なのに、残念なことである。

☞
43 幻覚　61 至高体験　125 物質的依存
52 コカイン　131 マインド・コントロール　140 薬物乱用

22

演劇的パーソナリティ障害

――芝居がかった行動が特徴

パーティーとか、同窓会などに行くと、おおげさな身振りを交えてひどく感情的に大声で話をして、一座の中心になっている人を見かけることが多い。その話が、たいした根拠もない作り話で、化粧や服装が人目を引くようなものならば、その人物は「演劇的パーソナリティ障害」の可能性が高い。このような人を昔は「ヒステリー性格」と呼んでいたもので、行動が芝居がかっている。

この性格の人のいちばん根本的な特徴は、情動（笑ったり、泣いたり、悲しんだりなどの強い感情の動き）の表現がおおげさなことと、他人の目を引こうとする行動が多いという点である。このほかに、演劇のように大げさな対人関係、社交的、魅力的、印象的、身体に障害（失神など）を表しやすいなどの特徴が目立つ。成人になるころから症状が著しくなる。一般人口のうちの有病率は二〜三%、男女ほぼ同数に現れる。自覚と性格改造以外には治療法がない。

自分がいつも注目の的になっていて、すぐにほめてもらわないと満足できない。注目の的でないと、何か劇的なこと、たとえば作り話をするとか、劇的な動作をするなどによって、他人の注意を引こうとする。それがうまく行かないと、たやすくうつ状態になったり、動揺したりする。

自死はまれだが、「自殺するぞ」と脅かして、もっとよく面倒を見てもらおうとする。それが、もし外来患者の場合なら、医師にお世辞を言ったり、高価な贈り物をしたり、毎回違う心身の症状を訴えたりする。自分を劇の主人公に仕立てて、感情をおおげさに表現し、見知らぬ観衆からの称賛をいつも待っているように見える。この注意を引こうとする傾向が生き生きと演劇的で、熱狂的で、自分をさらけ出し、軽妙なので、初めて知り合いになった人には、それが魅力に思えてしまう。（米国精神医学会による精神障害診断統計マニュアルＤＳＭ-Ⅳによる）

自分が性的に関心をもった人に対してばかりでなく、広く社会や職場などで、異性に対して不適当な性的挑発や誘惑をしかける。したがって、同性間の友情は育たない。大変な時間と労力と費用とをかけて化粧や服装などを目立たせようとし、それを批判されると、大騒ぎをする。

気分が変わりやすくて、感情には深みがない。話し方には過度にメリハリをつけ、演劇のセリフのような調子で大声で意見を述べ、「あの人は悪者だ」などというが、根拠を指摘できない。知人を実際よりも親しい関係だと思い込んで、恋人でもない人と公衆の面前で抱擁・キスしたりして、困惑させる。親しくなると、要求が多くて、他人に依存する。自己中心的で、思いやりがなく、感情や誘惑、ごまかしを使って他人を操ろうとする。新しいことを始めるが、すぐに飽いてしまう。暗示にかかりやすくて、意見や感情は他人や流行に影響されやすく、権威にこびて従いやすい。直観にとらわれて、それがすぐに確信に変わってしまうなどの特徴がある。不まじめで浅薄な人と思われて、対人関係のトラブルをおこしやすい。

☞
58 催眠術　83 性格改造　121 ヒステリー
73 神経症　85 成熟した人柄

23 エンドルフィン

——モルヒネの七〇〇倍以上の鎮痛効果

モルヒネなどの麻薬が鎮痛作用や依存性（嗜癖《しへき》を作る性質）をもっていることは誰でも知っている。そんなモルヒネにきわめてよく似ている薬が人の脳の中でも分泌されていることがわかって大騒ぎになったのは一九七六年のことで、その物質の名前をエンドルフィンという。内因性モルヒネというわけだ。

スコットランドにあるアバディーン大学のジョン・ヒュージが一九七五年になってモルモット、ネズミなどの脳から麻薬に似たエンケファリンというペプチド（アミノ酸五個からなるペンタペプチドで、タンパク質を短く切ったようなもの）を発見した。一九七五年秋からカリフォルニア州サンディエゴにあるソーク生物学研究所のロジャー・ギルマンは二五万個の豚の下垂体と視床下部からの抽出物を使って研究し、一九七六年にペプチドの一種であるαエンドルフィンを人や牛、豚の脳内ホルモンとして発見した。この人は一九七七年にノーベル生理学医学賞を受けた人だ。

エンドルフィンには少なくとも三つの型があって、どれもが麻薬の性質をもっていて、この一つはモルヒネの七〇〇倍も強力な鎮痛作用をもち、神経系の情報伝達を抑制する。ガンの末期に感じられる激痛や、分娩痛をなくすことがわかった。ジョギングのときに快感を覚える「ランナーズ・ハイ（走者の高揚感）」は、脳内にエンドルフィンが分泌されるからだとも言われている。

人の脳そのほかの体内各所で生産されているエンドルフィンの化学構造や作用はヘロインに似ており、作用は数十倍から数百倍も強い。エンドルフィンはサケ、ラクダ、ニワトリにもあり、神経刺激伝達物質として神経の継ぎ目（シナプス）に分泌され、同じく伝達物質であるドパミン分泌を促す。依存性を作らず、記憶にも影響がある。

しかしながら、プラス思考をしたり右脳を使うとエンドルフィンが分泌されるとか、血管収縮をなくす、脳細胞の若さを保つ、老化を防ぎ寿命を延ばす、エイズを予防するなどという巷説はでたらめである。

一九七九年、三人の日本人研究者がβエンドルフィンの鎮痛作用を悪性腫瘍の患者で証明した。特定部位に針を刺しただけで麻酔作用をおこす針麻酔にはエンドルフィンが関与していると考えられている。ラットの脊髄液にエンドルフィンを注入すると姿勢が硬直して、精神分裂症の緊張型に似た状態が現れたことから、エンドルフィンは分裂症と関係しているらしいと疑われた。うつ状態が軽快したとか、躁状態になったという報告もある。

ガン細胞などの外敵を攻撃する白血球のT細胞はエンドルフィンで増えるから、免疫力を強めることになる。このように多様な作用を示すエンドルフィンは各種の病気の解明にも役立つだろうと期待されている。

☞ 18 うつ状態　55 心の治療薬の働きかた
41 月経前症候群　91 精神免疫学

24

男の脳、女の脳

——胎児期に決まる性行動

以前は、男の脳も女の脳もまったく同じだと思われていた。ただ、脳の重量を見ると男のほうが女よりも重い（成人の日本人男子平均値一三五〇グラム、女子一二五〇グラム）ことはわかっていたが、体も男のほうが大きいから当たり前だと考えられていた。しかし、二〇年ほど前に、脳の構造が男女で異なっていることがわかった。その構造の違いが、男と女とで性行動や性心理の違いを生み出すらしいのだ。新井康允《やすまさ》人間総合科学大学教授によると次のようなことが明らかになった。男女の脳の構造の違いは、胎児期や生後まもなくの時期に作られる。したがって、この時期（臨界期）に異性の性ホルモンが赤ちゃんの脳に来ると、その影響によって本来の性とは異なった異性の脳ができてしまう。つまり、外性器は男の様でも、脳は女性の脳だという赤ちゃんができてしまうのである。

ダイコクネズミの脳の内側視索前野にある性的二型核では、オスのほうがメスの五倍も大きい。ここを壊すと、オスは性行動をしなくなる。胎児期のメスに男性ホルモンであるアンドロジェンを与えると、この核の大きさがオスの大きさに近くなる。ヒトの性的二型核も男のほうが女よりも大きい。ヒトの前視床下部間質核も男のほうが大きいのだが、同性愛の男性ではこれが女なみに小さいという。ダイコクネズミの前腹側脳室周囲核はメスのほうが大きいのだが、出生前後のメスにアンドロジェンを与えると、この核がオスなみに小さくなる。これを刺激すると排卵がおこるが、壊すとメスでも排卵がなくなる。したがって、ネズミのこれら二つの核はセックス中枢だと推定できる。

ダイコクネズミでは、成熟後はオスとメスで性行動の様式が決まっていて、男性ホルモンのアンドロジェンを注射しても、メスがオスらしい性行動をとることはない。ところが、オスの睾丸を生まれてすぐに取り除くと、成熟後に女性ホルモンのエストロジェンを注射したあとは、メスの性行動を示すようになる。他方、メスが生まれてから一週間以内にアンドロジェンを注射すると、成熟後にこのメスはオスの性行動を示すようになる。脳の構造が異性化したのであろう。

一九四四年から一九四五年にかけて生まれた男性に同性愛者が多いことをフンボルト大学のダナー教授が一九八〇年に発見した。敗戦間際にベルリンの妊婦が空爆などによって大きなストレスを受け、その結果、胎児の脳に行く性ホルモンの量が変わって、男児の脳が女児化したのではないかとダナーは考えた。その後、妊娠しているネズミやヒツジなどの動物にわざとストレスを与える実験をしてみると、生まれてくる赤ちゃんが成長後に同性愛のような性行動を示すことがわかった。ストレスで副腎から出るステロイド・ホルモンの影響らしい。ヒトの場合でも、妊婦にストレスを与えると、同性愛者が生まれる可能性が高くなると考えられる。各種の病気で、性ホルモンの分泌が異常になると、胎児の脳が異性化して行動も異性化することが知られている。

☞
19 右脳と左脳
107 同性愛
84 性差
148 臨界期

25

回避型人格障害

——自信を強めて改善

赤ちゃんの中には、見慣れぬ人物に対して人見知りをして母親の背中に隠れてしまう子も少なくない。「だっこしてあげよう」と言って両手を差し伸べても、素直に応えてもろ手を伸ばしてくる子もいれば、手を出さずに横を向いてしまう子もいる。これが、赤ちゃんの場合には「あら、恥ずかしがり屋さんなのねえ」と笑って終わりになるが、成人の場合には笑って済ますわけにはいかない。

子ども時代の恥ずかしがりは成長とともに次第に消えていくのが普通だが、回避型人格障害へと進む人では、思春期や成人初期になると、恥ずかしがりと回避行動とが次第に強くなる。

大人になってもそれが直らない人を回避型人格障害と呼ぶ。「回避」とは、あらかじめ避けてしまうことだ。この人格障害は、成人初期から現れ、「……すると笑われるのではないか」という社会的禁止感情が強すぎて、不全感（自分が不完全だという感覚）があり、自分に向けられるマイナス評価に過敏なのが特徴である。

四月になると新入社員が入ってくるが、「私には新しい人に仕事を教える能力もない」と小さくなっていて、親しくなりたいのにその人たちと親しくなれない。友人もほとんどいなくて、社員食堂での昼食もいつも一人で食べている。仕事はきちんとこなすのだが、いわば一匹狼で、他の社員との協調性に欠けている。忘年会に出ても、いっしょに騒ぐこともない。さりとて行動や考えに異常が認められるわけではない。

こんな人がどこの会社にでも一人位はいるものだ（全人口の約一％いるといわれる）。こういう人は精神分裂症などの精神病ではなくて、自信欠如のせいで、拒絶されるのを恐れているだけの回避型人格障害なのである。

自信がなくて、対人関係で「拒絶されるのではないか」といつもおどしていると、周囲の人たちから「あいつは臆病だ」「恥ずかしがりだ」「独りぼっちだ」とレッテルを貼られてしまい、社交や仕事に差し障りを生じることもある。米国精神医学会による精神障害診断統計マニュアル（DSM-Ⅳ）では、次の七項目のうち四項目以上があれば回避型人格障害だとしている。

①批判や反対、拒絶されるのを恐れて対人接触を伴う仕事を避けてしまう　②好かれていることが確かでなければ他人と交わろうとしない　③恥をかかされたり、笑い物にされたりするのを恐れて、親密な関係を結ばない　④社会的状況の中では、必ず批判されたり拒絶されたりすると思い込んでいる　⑤不全感があるので新しい対人関係には入れない　⑥自分は社会的に不適切で、魅力に欠けていると思っていて、他人に対して劣等感をもっている　⑦失敗を恐れるので、新しい活動を始めたり、個人的リスクを背負うことにはひどく引っ込み思案である

この性格は、少しずつ自信をつけさせると、改善されることもある。

☞
47 行動療法

71 主張（断行）訓練法78 心理療法83 性格改造89 精神分裂症

26

解離性障害

――意識や知覚の統一を失う

意識や記憶、周囲に対する知覚、アイデンティティなどのように、ふだんは一つにまとまって統合されている心の働きが、変化してバラバラになり、働きの一部またはいくつかの部分が失われる状態を一括して解離性障害という。解離性健忘、解離性遁走《とんそう》、解離性自己同一性障害、離人症障害などがこれに属している。

映画『心の旅路』の主人公は、戦争による頭部外傷のあと、自分の名前を始めとする一切の記憶を失ったのであった。しかし、解離性健忘では頭部外傷がなくても、トラウマ（心理的外傷）とか激しいストレスにさらされると、重要な個人的情報をすべて忘れてしまう。オランダ旅行中に心理的ショックがあったらしく、自分の名前も忘れてしまった日本人女子学生がいた。自死企図、暴力爆発、自傷などのあとでは、それに関した数時間のことを思い出せないし、自動車事故で家族が死んだのに自分だけ生き残った場合などは、事故から二日後くらいまでの記憶喪失がおきることがある。選択的記憶喪失では、戦闘経験の一部だけを思い出せないなどもおきる。

解離性遁走では、家庭とか慣れた場所から突然旅にでてしまって、過去の記憶を失う。個人のアイデンティティが失われ、新しいアイデンティティが生まれるので、急に遠い場所で別人になって、精神的には正常に見える新しい生活を始めたりする。(アイデンティティ＝自己同一性とは、自分はこれこれの人間だという意識をもつことである。私の場合ならば、東京に住む精神科医の小林司である、など)。それは数時間の短いものから数ヵ月にわたる場合まであり、世界各国を放浪した例もある。旅館などで一泊後にふと元の人物に戻り、「なぜこんなところにいるのか」と不思議に思って元の家に戻ることもあるが、その場合には遁走中のことを覚えていない。

解離性自己同一性障害は、いわゆる多重人格であり、二人あるいは、それ以上の多数のアイデンティティが交替して現れる。小林が急に山田になり、また小林に戻ったりするが、その二人は全然別の性格を保っている。ロバート・ルイス・スティーヴンソン(一八五〇～九四)が一八八六年に書いた『ジーキル博士とハイド氏』(岩波文庫ほか)は二重人格の典型的な例である。

離人症障害は、環境または自分についての現実感が薄れたり疎外感を持続的に抱《いだ》くことを指す。「この家は昨日まで住んでいた家とどこか違う」「世界が変わってしまった」「自分は消失した」「自分は元の自分ではない」「夢の中にいる」などと感じる。自分が体から抜け出して、外部から自分を観察しているような気がする。しかし、外界を客観的に評価したり、外界と内界とを適切に区別する「現実検討」の能力は正常に保たれており、夢のようだと感じても、それが夢でないことを自覚している。この状態は、精神分裂症、パニック障害、ストレス障害などの精神障害の症状として出現することが多いが、その場合には離人症障害という病名をつけない。

☞ 5 アイデンティティ 100 多重人格 74 心身症 108 トラウマ

27

カウンセリング

——生兵法は大ケガのもとになる

阪神・淡路大震災や神戸の中学生による児童連続殺傷事件は、子どもたちに深い心の傷(トラウマ)を与えたので、それを癒すために文部省は関連地域の学校にカウンセラーを派遣したという。

ところで、カウンセラーは「相談員」などと訳されることもあるので、「相談さえしてあげれば、誰でもカウンセラーだ」と勘違いする人も多い。住宅カウンセラーとか、化粧品カウンセラーなどと称する職種も出てきたので、なおさら誤解のもとになる。カウンセリングについてはまったく無知な、定年退職した教員を、カウンセラーという名前で生徒のカウンセリングに当たらせようという学校もあるが、とんでもないことだ。高度に専門的な知識と訓練がいる「心理職」なのである。

カウンセラーは、成熟した人柄と、熟練と、敏感さを備えており、防衛的でなく、責任をとり、経験を尊重し、他人をあるがままに受け入れ、自他を尊重する人でなければならない。したがって、誰もが簡単になれるわけではない。「防衛的」というのは、自分が不安に陥ることを防ごうとする無意識の心理作用を指す。神戸の事件を引き起こした少年も事件をおこすまでカウンセラーのもとに通っていたというから、カウンセラーの役割は重大である。

それでは、カウンセリングというのは、どんなことをするのだろうか。言葉や態度を通して、相談に来た人（クライエントと呼ばれる）の行動や考え方を変え、人間としての考え方をクライエントがまとめやすくなるように援助する、受容的な態度で接することにより、クライエントの自己実現の可能性を引き出すように援助する、というのがその目的である。

日本で一時期流行した「クライエント中心療法」は、米国の臨床心理学者カール・R・ロジャーズ（一九〇二～八七）が考案したカウンセリングの一方法である。「こうしなさい」「あれをしてはいけません」などという指示を絶対にしてはいけないので、非指示的療法とも呼ばれる。カウンセラーは、ひたすら聴くのに徹して、いわば、クライエントの訴えの反射鏡のような役割を務める。「そうですねえ」などというカウンセラーのあいづちを聞いているうちに、クライエントは自分の訴えのなかから問題の本質が次第に見えるようになり、自分で解決法を考えつくのをカウンセラーは狙っているのだ。「親が子どもにどう接してよいかわからない」と言う声をしばしば聞くが、この方法を応用して、学校での出来事を静かに聞いてあげるだけでもずいぶん役立つはずである。

もちろん、このほかにも精神分析的カウンセリングとか、行動カウンセリングなど、たくさんの技法があるが、カウンセリングは技術で心を操作するのではなくて、態度によって相手の人格の成長を促すのであるから、相当な訓練を受けないかぎり、カウンセリングを行うことは難しい。生兵法《なまびょうほう》は大ケガのもとになる。

☞ 47 行動療法

49 交流分析57 個性化78 心理療法88 精神分析療法

130 防衛機制

28

覚醒剤——精神分裂症に似た症状を作る薬

覚醒剤が青少年の間に再び流行する兆しが見えているという。思えば、これも戦争の落とし子であった。日本では、太平洋戦争のときに兵隊の眠気を防ぐために使われたメスアンフェタミン（商品名ヒロポン）が、敗戦後の混乱期に軍隊から放出され、それが乱用を招いてヒロポン依存症者が多数発生したために、一九五一年には「覚せい剤取締法」が施行された。この法律で取り締まられているのは、メスアンフェタミンとアンフェタミンであるが、アンフェタミンは主に米国で流行した。アンフェタミンが米軍の兵士の覚醒用に使われたあと、戦後に米国でやせ薬として利用されて急速に広まったという日本に似た経緯がある。

覚醒剤は飲んだり注射したりすると眠気がなくなるので、受験勉強や徹夜仕事のときに使われることがある。疲れた感じが消えて、頭の回転が高まり、気分が高揚する。口数が多くなり、動き回る、やる気十分、食欲減退などの作用がある。一般に興奮剤を使うと、その後に興奮後抑制状態がくる。メスアンフェタミンも例外ではなく、興奮期のあとは、反動的に力がなくて、けだるく、眠い状態になり、やる気も失せて、意気消沈する。そうなると、使用者はそんな気持ちから抜け出したいと思うから、再び薬を使い、こうして常習者となる。こんな状態を依存性と呼び、メスアンフェタミンは依存性をおこしやすい。繰り返して慢性に使うと、少量では効かなくなり（耐性上昇といい、初回量の数百倍に達することもある）、神経過敏、興奮しやすい、疑い深い、やる気消失などが現れ、薬を中止すると、力が抜けてだるく、眠り続ける。

〇・〇三〜〇・〇九グラムを三ヵ月以上静脈注射し続けると、精神分裂症とほとんど区別できない症状が出てくるのが怖い。実在しない声が聞こえる幻聴、被害妄想、追跡妄想、注視妄想（みんなが自分を見ている）、嫉妬妄想（配偶者が不倫をしているなど）、関係妄想（無関係なことを自分に関係づける、あの二人連れはおれの悪口を言っているなど）、カッとなりやすい、恐怖心、ひとりごと、暴行、衝動行為、ニヤリと笑う、何もしない、うろつきまわる、子どもっぽい行動などがその症状である。幻聴や妄想により殺傷事件をおこすこともある。五％くらいの人は注射をやめても症状が消えず、長年にわたって精神病院に入院を続ける。

欧米ではやせ薬として、また、子どもの注意欠如・多動症候群に対する治療薬としてアンタフエミンが使われている。性交快感を高める薬としても乱用されている。これに似た薬にメチルフエニデイト（商品名リタリン）があり、連用すれば幻覚などがおきる。覚醒剤はスポーツの記録を高めるためのドーピングにも使われることがある。

うつ状態や精神分裂症の自発性減退にこの薬が効くような気がするが、実際に使ってみるとうまく行かず、かえって悪化させることが多い。

☞
21 LSD-25　52 コカイン　101 注意欠如症
43 幻覚　90 精神分裂症の原因

29

影
——無意識内で抑圧された人生の半面

人間は意識の中では、一定のまとまった考え方、人生観、生き方をもって生きている。たとえば、他人と争うことを避けて静かに生きることをモットーにしている人は、そのモットーに反する考えや、「あの嫌な人物をこらしめてやりたい」という気持ちなどを抑えつけているので、その気持ちは抑圧されて無意識の中にたまっているはずである。控えめな人にとっては、攻撃的な点が影であり、その逆に、攻撃的な人にとっては控えめな点が影になる。

このように、日の目を見なかった人生の半面がその人の影である。カール・グスタフ・ユング（一八七五〜一九六一）の分析心理学では、影を元型（アーキタイプ）の一種と考える。つまり、影は、未発達の感覚や、考え、または下等動物から人類が発達してきた経過中にもっていた動物的本能のような欲望であり、人類に共通の無意識中にあるパーソナリティのマイナス面を意味する。言い換えれば、影は、本人が認めることをできるだけ避けようとしているにもかかわらず、いつまでも自分についてまわる性格の悪い面や、両立させにくい傾向を人格化したものである。ロバート・L・スティーヴンソンの小説『ジーキル博士とハイド氏』（一八八六）でいえば、ハイドはジーキルの影だと見ることもできる。

影を抑圧しすぎると、ハイドのように影の反逆がおきることがあるし、抑圧しすぎた親の影を家族や子どもが背負わされたり、子どもの影を親が肩代わりすることがある。高徳な聖職者の子どもが非行少年だったりするのはその例である。

影を認めたくない場合に働く防衛機制は投影である。精神分裂症の患者は、「Aさんは意地悪だ」などと他人を悪く言っている幻聴が聞こえてくることが多い。これは自分が意地悪な場合に、それをAさんという他人に投影しているのである。この場合には、意地悪が自分の影なのだ。したがって、本来は、Aさんを攻撃することよりも、むしろ自分が意地悪な性格をもっていることを反省して、改めるべきなのである。そうしなければ、他人に嫌われて、生きづらくなるに決まっている。そこで、人間はときどき自分の影に接触して、それを意識化して自覚することが必要になる。

ユングは意識の中心を自我と呼び、それに無意識を足したものの中心を自己と呼んだ。自己を実現するのは、「自分らしい自分になろうとする過程」であり、「自分らしい自分」の全体像は意識している自分像を自覚するだけでは不十分で、自分の無意識やその中にある影をも自覚するのが理想的だ。それには、夢判断などによって影を知るのが近道になる。影は自己実現の過程で重要なのだ。影には個人的な影と、普遍的な影とがある。個人的な影は、「決断力の鈍さ」といった、必ずしも悪とは言えない場合が多いが、普遍的な影は「人類に共通の絶対悪」で殺人衝動などを指す。普遍的な影は、鬼とか悪魔という形で伝説、宗教や文学に現れている。

☞
26 解離性障害　60 自我　130 防衛機制
57 個性化　100 多重人格　143 ユング心理学

30

過敏性(大)腸症候群

——うつ状態や注意欠如症を併発

テストの時期になるときまって下痢をする学生が少なくない。腸は精神を敏感に反映する。そんな敏感さが慢性化したものが過敏性(大)腸症候群である。過敏性(大)腸症候群は総人口の一四〜二二%、消化器内科を受診する患者の一三〜五二%を占めると言われる。几帳面《きちょうめん》な人に多い。

三ヵ月以上にわたって、間欠的に軽い腹痛や腹部の不快感と、苦痛なほどの便通異常が続く。しかも、検査では炎症などの病変しか見つからない。この痛みは排便で治まる。排便の回数や時間帯が変わり、下痢や便秘が続いたり交互に現れたりする。排便しにくいとか、残っている感じがある。粘液が混じる、便意切迫、ガスで腹が張る、消化不良感、食物に敏感などが症状で、波のように軽くなったり悪化したりする。大腸の動きが減ると下痢になる。下痢する人は痛みを訴えないことが多い。下痢を続けていると、肛門がただれるし、便秘なら痔になる。

機能性大腸、神経性胃炎、けいれん性大腸、神経症性大腸、粘液性大腸炎などとも呼ばれてきた。下痢や便秘を繰り返すのは、副交感神経を通じての迷走神経の刺激が不安定で、大腸の動きが増えたり減ったりしているためと考えられる。繊維性の食物が足らないためだとか、胆汁酸《たんじゅう》の吸収が悪いためだとか、腸の動きが関係しているなどと言われているものの、原因はよくわからない。膵炎、胃炎、胆囊炎、かいよう性大腸炎などでも似たような症状がおきる。

米国ワシントン大学のE・A・ウォーカー医師たちは、この患者の五四～一〇〇％が精神障害を合併している、という研究成果を発表している。不安、抑うつ、転換性・解離性障害（ヒステリー）、身体面での障害を合併している人がこの症候群の五四～一〇〇％というのだ。数字は研究者によって異なるが、不安は過敏性（大）腸症候群患者の五～二四％に見られ、抑うつは八～五〇％、転換障害は一三～二八％、そのほかは五～三五％に見られたという。過敏性（大）腸症候群に悩んでいる成人患者の二五％はうつ病か注意欠如症を併発しているという別の報告もあり、併発すると過敏性大腸症候群も重症のことが多いそうだ。そこで、この症候群は精神病の前駆症状らしいとか、精神病が形を変えて身体面に現れたものだという考え方が出てくる。疲労感、脈が速い、ほてり、過敏、めまい、頭痛、手のふるえ、背痛、不眠、性的障害といった不安障害の典型的な症状を伴っていれば過敏性（大）腸症候群であり、伴っていなければ他の胃腸病だと考えてもよいくらいだ。

精神障害があって、二次的に過敏性（大）腸症候群がおきているならば、その元の精神障害の治療を行う。ドクセピンが効くことがあるのは、それが抗コリン作用を持っているからだと思われる。抗うつ薬は、胃腸症状を改善することもある。抗不安薬はあまり効かないが、周期的にパニック症状のように現れるケースではアルプラゾラム（商品名コンスタン、ソラナックス）が有効らしい。心理療法や行動療法の成果もまちまちである。適応しやすい性格に変えることが大切だ。

☞ 18 うつ状態　70 十二指腸かいよう　78 心理療法
47 行動療法　74 心身症　101 注意欠如症

31

ガン患者の心理

——理解と共感が必要

ガンは日本人の死因第一位を占め、毎年死亡者の約三分の一を占める病気だ。患者にガンを告知した場合には、三人に一人くらいが情動不安定になり、不安やうつ状態などを示して適応障害と見なされる。アメリカの精神科医、キューブラ・ロスによれば、ガンを告知された人は、①否認（誤診だろう）と孤立　②怒り（なぜ私だけがガンに苦しむのか）③取引（娘の結婚式まで生かして下さいなど）④うつ状態　⑤受容（あきらめ）という、死に至るまでの五段階の心理過程を辿《たど》る、という。別の研究者は、「初期反応」（ショック、疑惑、否認、絶望）、「不安とうつ状態」、「適応」という三つの段階を挙げ、他に、悲嘆や後悔、罪意識、攻撃などを挙げる人もある。

こうしたガン患者の心理に対しては、家族や友人、医療スタッフがよく話を聞いてあげて、理解、共感、受容、支持を示すことが悩みを和らげる。単に患部を手術で取り除きさえすればいいという医療態度は過去のものであり、最近では、サポート・グループや主治医、看護婦、精神科医、カウンセラー、ケースワーカーなどによる医療チームが心理面からも支持するのが当然になっている。ホスピス（七六頁参照）の役割も、痛みのコントロール以外に心理的支持にある。死に対する恐怖や不安、自己の死後に残された家族や会社、仕事についての心配などを、心理的にどう解釈してあげるのかは重要な課題である。ガンになる前からの死生観や人生観も当然問題になる。

なお顔面のガンや乳ガンでは手術後の変形に対して、自分は魅力を失ったと感じたり、性喪失感を抱《いだ》いたりする患者の心理を理解することが必要になる。たとえば、乳ガンの場合は、乳房温存手術や乳房再建術をすることも考慮しなければならない。

ペッティンゲイルによれば、乳ガンの手術を受けて三ヵ月後に病気に対する態度を調べ、その後一〇年以上追跡すると、態度によって生存率が違うことがわかった。「病気になんか負けないぞ」と闘争心をもつ群はいちばん予後がよかった。二番めに予後がよかったのが、乳ガンであることを忘れているかのような、見て見ぬふりをする否認群である。しかし、米国の医師アンドルー・ワイルによると、病気と闘うよりは、受け容れるほうが予後がよいそうだ。

最近の精神神経免疫学の研究によると、睡眠不足、生涯重大事件（家族の死、失恋、転勤など）、抑制的対処行動（我慢）、精神症状、失感情症（＝アレキシサイミア、自分の本当の感情に気づきにくい、感情を表さない）などではガン細胞を殺すナチュラル・キラー細胞（NK細胞）が減少して、ガンを悪化させる。ストレスがあると、NK細胞以外にも、同じくガンと闘うCTL（細胞障害性T細胞）が減少する。痛みは免疫力を弱める。

カリフォルニア大学では、早期の悪性黒色腫の手術後の患者にストレスを減らす心理療法を六週間行って予後を改善させたという。つまり、心理的処置が免疫力を強めたのだ。適度な運動もNK細胞を殖やす。

☞
15 癒す力　35 QOL　64 自死予防
33 ガンと性格　40 グリーフ・ワーク　91 精神免疫学

32

感性

――真善美聖に対する感動

人間の感覚は、五感（見る、聞く、味わう、においを感じる、触れる）に分かれて外部を感じることができる。これとは違って、外部からの刺激に反応した心の内部を示すのは感情であって、喜怒哀楽、つまり、嬉しい、悲しい、楽しい、怒り、好き、嫌いなどを感じることができる。

これらの感覚と感情を総動員しても、「ベートーベンの交響楽第九番はすばらしい」とか、「マザー・テレサは偉い」などの感動を生み出すことはできない。音が高い、ミの音だ、快い旋律だ、とかを感じることはできても、魂を揺すぶられるような感動を味わうのは別の精神機能による。それを行うのが感性（sensibility, senses）である。つまり、感じる心、感じ取る力、価値あるものに気づく感覚、愛情・人情・意味を感じる心、感応力、真善美聖に感動する気持ちが感性なのである。価値のあるものに向かう感情や、そのような感情を引き起こす準備状態を情操（sentiment）と呼ぶ（教育学者の片岡徳雄による）。元中学校教師の教育学者、遠藤友麗《ゆうれい》は感性を次の六つに分類している。①生命的感性　②美的感性　③心情的感性　④科学的感性　⑤社会的感性　⑥創造的感性。さらに、宗教的感性を加える人もある。

哲学者の中村雄二郎は、五感を通底する連通管のようなものを考えて、これを共通感覚と呼び、これが勘とか第六感とか言われてきたものの本体であろうと考えている。しかし、これは感性とは少し違うように思える。

感性は、創造力や表現力の源泉であって、安らぎや潤《うるお》い、活力を与え、自己発見、連帯、役立つこと、ともに創る、高めるなどの喜びにつながる。感性があれば、心が豊かになり、他人とも理解し合えるし、理性を働かすこともできるようになる。

感性がないと、人間らしい人間になれず、人間性に欠ける人になってしまう。この感性を養うには、いくつかの方法が考えられる。①自然や美しいものに接する　②価値あるものに気づく　③他に共感する　④崇高なものに感動する　⑤驚きや好奇心を大切にする　⑥自分の気持ちを素直に表現する　⑦他人に自分の感動を話して聞かせる　⑧他の人の感動体験を聴く　⑨イメージする習慣を持つ　⑩美しいもの（絵、音楽など）を創る　⑪鑑賞する（文学作品、絵など）。

感性がないと、せっかく出会いのチャンスがあっても、それを逃してしまう。それはちょうど、地面に落ちた風鈴のようなもので、風が吹いてもそれに応えて風鈴が音をたてることができない。岡本太郎は若いときにパリの街角でピカソの絵に出会い、一時間ほどその前に釘づけになってしまい、感動で涙が止まらなかったそうだ。おそらく数千人の人が同じ絵の前を通ったに違いないのだが、他の人たちは感性が鈍かったために、ピカソの絵に出会うことができなかったのであろう。恋人に出会うことができるかどうかも感性の有無に左右されよう。感性は、心にピーンと張られている琴線《きんせん》と言ってもよいのではないか。

☞ 12 生きがい　61 至高体験　104 出会い
14 異性の選択　75 人生の意味

33 ガンと性格
——絶望が進行を早める

タバコを吸うと肺ガンになりやすいし、肥満が男の場合には前立腺ガンや大腸ガン、女なら乳ガンや子宮ガンに結び付きやすいことは疫学的な調査からよく知られている。しかし、ガンに心理的要素が密接に関係していることを知っている人は少ないだろう。

岡山県倉敷市にある柴田病院の医師・伊丹仁朗《いたみじんろう》さんはガンの「生きがい療法」を提唱し、一九八七年にガン患者七人をつれてアルプスのモンブランに登ったことは医学界を驚かせた。生きようという意欲や、生きる目標をもたせると、ガンの進行がおそくなるというのだ。昔から、生きる意欲をなくしたガン患者は早死にすると言われていたが、本当かどうかを証明しにくかった。

ワシントン大学のホール博士は、ガンに対する「イメージ療法」を行った。自分のリンパ球(白血球の一種)がガンと闘っているイメージを思い浮かべる訓練を一ヵ月間実施した患者の血液を調べてみると、ガン細胞を攻撃するリンパ球やインターロイキンという免疫物質が明らかに増えているという。これは精神神経免疫学という新しい分野の研究である。

米国のホスピス(末期ガン患者などが死を安らかに迎えられるよう、社会的・心理的に支援する医療施設)では、ガン患者にペットを飼わせている。犬、猫、小鳥などを可愛がって飼っていると、孤独なときよりもガンの進行がおそくなるという。ガン細胞を移植した実験動物でさえ、隔離して孤独にすると早死にする。ガンにかかる人の性格には特徴があるといわれている。感情を表さずに抑えてしまう、心理的しなやかさがない、怒りを抑える、絶望しやすいなどが挙げられている。幼いときに、近親者を亡くしたり、生き別れを経験したりすると、晩年にガンにかかりやすいという説があるが、これには反論もある。

米国のウェスタン・エレクトリック社の男子従業員二二〇〇人にMMPIというアンケート式性格テストを実施、追跡調査をしたら、うつ的性格の人がガンにかかる率はそうでない一般人より二倍高かった。六五〇〇人を調べた別の調査では「自分は不幸だ」「生活に満足していない」と記入した人が一・五倍もガンにかかりやすく、一九年間追跡すると、ガンによる死亡率は三倍だった。

両親に親近感を抱かぬ人、対人関係に満足していない人、対人関係を避ける人、愛と憎しみを同時に感じるといった感情両価性の人はガンになりやすいという報告もある。被害感を抱いている人は大腸ガンになりやすいともいう。女性が絶望的な心理状態に陥ると六ヵ月以内に子宮頸部ガンになりやすいし、怒りっぽかったり、感情を抑える女性は、五〇歳以前に乳ガンにかかりやすい。感情を表に出さない、特に怒りを抑える女性は子宮ガンや卵巣ガンになりやすいという。ガンにかかった人が、絶望や無力、無関心、無欲状態になると早く亡くなるようだ。

☞ 12 生きがい 15 癒す心 18 うつ状態 31 ガン患者の心理 35 QOL 64 自死予防

34

気功

――ゆっくりした呼吸でリラックスする

先日テレビを見ていたら、中国の気功《きこう》師が出てきて、手のひらを植木鉢の菊の葉にかざすと風もないのに葉がゆらゆらと動いた。ろうそくの炎も揺れ動く。他の人の手のツボへ向かって気功師の手から気を送ると、相手の手に触れても、触れていなくても、相手のツボの皮膚温度が上がる。何かが気功師の手から出ているらしい。気功師の手のひらからは、目に見えない遠赤外線、静電気、磁気、電磁波などが出ているという研究もあるが、エネルギーとしては小さいから温度を上げるほどの力はないはずだ。どうすれば、そんなことができるようになるのだろうか。精神力だろうか。

気功の第一歩は、顔をにこにこさせることだそうだ。これによって、心と体の緊張がとれる。第二は、呼吸法だという。日本でも呼吸法を強調する岡田式静座法が大正時代から流行したが、気功のもとになっている腹式呼吸「吐納《とのう》」については、古くは荘子も記録している。深く静かに細い息をできるだけ長い時間をかけて吸い込み、同じようにしてゆっくりと吐き出す。空気を吸う時間を一とすれば、吐き出すのにその三～五倍の時間をかけるのが目安だ。「三呼一吸」と言う。精神力よりも呼吸が重要らしい。気功には他にも重要な訓練が要るそうだが、ここでは省く。

睡眠中の呼吸をみればわかるとおり、呼吸には意志で操る体性神経のほかに、意志によっては支配できないといわれている自律神経も関係している。呼吸法を訓練することにより、自律神経をもコントロールできるようになるのがポイントである。深いゆっくりした呼吸によって、交感神経よりも副交感神経が支配的になり、冷静になって気持ちが落ち着く。循環がよくなり、横隔膜の動きが内臓を刺激する。腹筋が強くなり、筋肉の緊張が消えて、肺活量が三五％ほど増える。

普通の無意識的な呼吸では、肺の下部にある二〇％ほどの肺胞は重力の関係で押し潰されていて、新鮮な空気がゆきわたらず、そこを通過する血液は酸素をもらえぬままに心臓へと戻っていく。すると全身の臓器は酸素欠乏ぎみになり、働きが不十分で、老化が進む。ストレスによって交感神経と副交感神経の力のバランスが崩れると、各種の病気がおきるが、気功によってこのバランスが回復すれば、自然治癒力が高まるらしい。気功による安心感、幸福感、安らぎなどにより、白血球の異物を殺す能力が三三％も殖えて免疫力が高まるそうだ。

気功師は呼吸調節によって血流量を増やして、自分の皮膚温度を二～五度も上げたり下げたりできるし、血圧を下げたり、脈拍数を変えることもできるようになるという。こんな点は、自律訓練法やバイオフィードバックによく似ており、どれも、筋肉の緊張をなくすリラクヤーションをおこすのが共通している。いずれにしても、筋肉の力を抜き、ゆっくり呼吸をすることは、ストレスを弱めて、ストレスによって引き起こされる各種の心身障害を減らすことができる。

☞ 80 ストレス　81 ストレスの避けかた　91 精神免疫学

35

QOL（生活の質）——個人が考える幸福とはなにか

個人生活の「幸福」や「福祉」とほとんど同じ意味に使われるクオリティー・オブ・ライフ（QOL）という言葉は、「生活の質」（物質面ではなくて、精神面の）、「生命の質」または「生き方の質」などと訳されて一九六〇年ころから注目され始めた。臓器移植やガン治療、ホスピス（七六頁参照）などが日常化するにしたがって、生きがいの問題と関連して最近しきりに使われるようになり、次の二つに分けて考えられている。

①心理的・主観的側面を重視した場合＝生きがい・幸福感・生の満足感・充実感

②社会的環境や自然環境を重視した場合＝暮らしやすさ

しかし、これら二つは重複している場合も多いので、はっきり区別できないことがある。また、②を無視して、①だけを追求しようとしても、不可能なことがある。たとえば、アウシュヴィッツ強制収容所のような場合には、生活環境があまりにも過酷なので、いかに幸福感に浸ろうとしても無理である。逆に①を無視して、②だけを追求しても、本当の意味で「生きた」とはいえないのではないか。

作家がガンに侵されて、あと一ヵ月しか生きられないときに、抗ガン剤を打って副作用のために寝たきりでいるか、それとも抗ガン剤を打たずにおいて、書きかけの小説を完結させるべきか、といった場合には、どちらのＱＯＬが高いかはっきりしている。

「衣食足りて礼節を知る」といわれるとおり、物質的な豊かさが十分になれば、心の美しさや、自然の静かさの価値も感じられるようになる。けれども、心豊かな人生を送っているかどうかは、数値で表せないので、その判断基準は自分にしかない。心の豊かさは、愛と感性によって得られるものであろう。もちろん、心や「生活の質の高さ」を求めるからといっても、物や量を完全には無視できない。ただ、物質的充足による快適さ（アメニティ）の追求は、快楽の追求と同じではない。快適さを求めるだけでなしに、しかも快楽人間になることなしに、いかに質の高い人間になり、また感性豊かな人間になるかが問題である。快適さが唯一の価値基準ではないし、質の内容も考えねばならない。

科学技術の発達によって私たちは快適な生活を維持しているが、それによって自然が破壊されたり、環境が汚染され、他国に迷惑をかけたり、人間の精神面が損なわれるなどのマイナス面も考慮しなければならない。

いかに生きるかは、いかに死ぬかという問題でもある。金持ちだけが延命するために資源を浪費したり、患者自身が死のうと望んだり、機械で延命を強いられたりするようなことも、ＱＯＬの観点から再検討されなければならない。人が生きていく場合に、各個人が自分にいちばん好ましい生きかた、生活の質を考えて、物質的豊かさよりも精神的な豊かさを求めるべきであろう。

☞ 1 愛　31 ガン患者の心理　64 自死予防
12 生きがい　32 感性　75 人生の意味

36

共依存
——よりかかり合って共倒れ

夫が近所の飲み屋で酔っ払い、飲食代金を借金して帰宅して、妻に暴行をした。「しようがないわね」とこぼしながらも暴力を耐え忍んで、妻が支払いに行く。この場合の妻を共依存者という。自分のことよりも他人の問題の世話に夢中になり、本人に責任をとらせないで、自分が他人を操り、支配しようとする。つまり、無意識的に夫のアルコール依存を促進する結果になる。他の人の必要や行動に合わせせる結果としておきてくる家族の機能不全が共依存である。妻がもし我慢せず、代金を支払わなければ、夫の飲酒は止まったかもしれない。このように、ともに依存しあう人間関係や行動が「共依存」であり、アルコールや薬物への依存は、この関係性のゆがみが表面に表れた現象にすぎず、アルコール依存の本質は共依存なのである。

これまでは、「アルコール依存者は意志が弱くてだめな人物であり、その人の内部に問題がある」と考えられていたが、実はその被害者（冒頭の例では妻）が加害者でもあり、両者の関係が病んでいて、二人とも共依存という病気にかかっているのだ。共依存という関係の中核は「他人に必要とされる必要」であり、アルコールや薬だけにかぎらず、ギャンブルや借金、非行、暴力、働き過ぎ、人間関係など、もっと広くに当てはめることができる考えである。

アルコール依存症の親のもとや、愛のないゆがんだ機能不全家庭で育った子どもは共依存者になりやすく、配偶者をアルコール依存者にしてしまう。そんな家庭の子どもは、親に承認されないままで育っており、いつも「生きていていいのだろうか」という感じに悩んでいて、親の状態を「私のせいだ」と思っている未熟な人格の「アダルト・チルドレン」（二四頁参照）である。アダルト・チルドレンの特徴は、孤立感、自己評価が低い、自己非難、愛と同情を混同している、支配欲求・愛情欲求・承認欲求などが強く、頑固、幼いなどである。彼らの「自分が見捨てられないための努力」や非難を恐れる気持ちが共依存を作りやすい。

共依存者の特徴は、自己中心的、不正直、支配しているという錯覚、責任放棄、自尊心欠如、非難を恐れるなどである。彼らは他者を世話したいと欲しつつ、自分の献身が裏切られることを無意識のうちで期待している。「他人は、私の役割に感謝し、私の支配下にいなければならぬ」と思っている。自分の欲求をコントロールする役割の選択や決定を避けて、その欲求を満たしてくれる他者を見つけ、その二人の関係の中で自分の生き方を維持する。献身が裏切られれば、新たな献身対象を探さなくても済むから、同じ献身をまた繰り返すことができる。

こう見てくると、アルコール依存からの回復は、「共依存的でない関係を築く」ことにほかならない。アルコールをやめても、ワーカホリック（仕事中毒）になるのでは、別の共依存に移るだけであって、本当の回復とは言えない。アルコール、仕事、配偶者などへの依存をやめて真に自立するためには、本人の自覚が必要になる。

7 アダルト・チルドレン　9 アルコールに依存する心理　85 成熟した人柄
8 アルコール症　16 インナー・チャイルド

37 境界人格障害（境界例）――揺れ動く感情と衝動性

成人初期から始まる、性格障害の一種。「不安定パーソナリティ障害」とでも呼ぶべきもので、精神分裂症とうつ状態の中間にあり、どちらかと言えばうつ病に近い人格に見える。その特徴は、うつから不安まで揺れ動く感情不安定性、怒りっぽさ、対人関係の不安定さや情緒的欠陥、アイデンティティ障害（自分がどんな人間なのかがはっきりわからない）、著しい衝動性、空虚感、見捨てられ恐怖、症状のあいまいさなどである。幼少時に別離や喪失（たとえば親の死）などを体験すると、自己破壊性・精神病性の退行がおきやすい。性急な要求に応えてやっても満足を示さない。太宰治やヘルマン・ヘッセが境界人格障害者の好例である。

富豪の家に生まれ、両親の思い出をもたず、乳母、叔母、祖母、メイドに育てられた太宰は愛されることだけを知って、愛することを知らなかった。自己中心的で並外れた自尊心をもち、何回も自死未遂を繰り返し、妻子や太田治子、山崎富栄らの愛人などに冷酷な仕打ちをする。自己不確実、劣等感が強く、テレ屋、被害者意識、自己顕示、現実と形式的に冷たく付き合う自閉性、わびしさのはけ口としての創作、玉川上水での入水自死などどれをみても境界例の典型である。

自分に対しても、他人に対しても、いい人・悪い人という分類をしてしまい、「何事もぶち壊してしまう甘えん坊」に見える。精神科医の町沢静夫によれば、この障害者は、①衝動性と自己表現欠如を主症状とするタイプと、②虚無感、うつ気分、不安、アイデンティティ障害、見捨てられ感などを主とする症例、の二種に分かれる。米国精神医学会の疾患分類DSM-Ⅳでは次の九項目のうちの五項目以上を境界例診断の目安にしている。①現実にまたは想像上で見捨てられるのを避けようとして死に物狂いで努力する(自死や自傷を除く) ②相手を極端に理想化したり、軽蔑したりして、揺れ動く不安定な対人関係 ③アイデンティティの障害、セルフイメージ(自分というものをどう考えるか)が著しく不安定 ④少なくとも二種類以上の衝動的自損行為(乱費、乱交、薬物乱用、無謀運転、暴食など) ⑤自死、自傷、またはそれをするぞと脅したり、まねごとを繰り返す ⑥その日の気分に基づく感情不安定(周期的不機嫌、イライラ、数時間とか数日間続く不安) ⑦慢性のむなしさ感 ⑧不適切な強い怒り、抑えがきかない怒り(すぐにカーッとなる、いつも怒っている、暴力を繰り返す) ⑨ストレスに関連した一時的な思いつき的妄想、または重症の二重人格や離人症(自分の実在感が消える)。米国では、こんな人が一般人口の二%、精神科外来患者の一〇%、精神科入院患者の二〇%、パーソナリティ障害者の三〇~六〇%もいるという。若いうちは自死も多いが、三〇歳をすぎると落ち着いてくる。一親等にこの境界例がいると、出現率は一般の五倍に増えるという。薬物乱用者に多い。

境界例という概念が成立した理由は、精神分裂症の概念をなるべく狭くとろうという考えや、神経症者に対する心理療法の失敗、神経症と精神分裂症との差がはっきりしないことからだ。

☞
5 アイデンティティ　18 うつ状態　93 セルフ・イメージ　140 薬物乱用
7 アダルト・チルドレン　89 精神分裂症　125 物質依存

38 共時性

——不思議な偶然

誰でも、一生のうちには不思議な経験をすることも二～三回はあるものだ。私は一八年ほど前に兵庫県の城崎《きのさき》温泉に行き、道を歩いていた。藤沢市に住んでいる弟夫妻が偶然にも同じ町へ旅行していてバスで追い抜き、私どもの姿を見てホテルを推定して訪ねてくれたことがある。もちろん、お互いの旅行をまったく知らずにいたのである。一九九五年夏にフィンランドの田舎町の街角に置いてあったラグビーボールほどの石にアクリル塗料で猫に見えるように彩色した「猫石」を見て、おもしろいなと思って写真に撮って帰国したら、その猫石のことは夢にも知らない日本の見知らぬイラストレーターから、まったく同じような鶏卵大の猫石が私あてに郵送されていた。山口県の小さな町の路上で偶然に古くからの知人に出会ったこともある。

新婚旅行で海岸へ出かけたある女性が結婚指輪を海に落としてしまった。その何十年か後に思い出の地に行ってみようと、そこへ旅したら、昔落とした指輪が波打ち際に転がっていた、というのは英国の生命科学者ライアル・ワトソン（一九三九～）の著書にあるエピソードだ。

因果関係がなく、時間空間的に離れているのに、二つの事柄に、不思議な意味が感じられる場合を、スイスの精神医学者カール・グスタフ・ユング（一八七五～一九六一）は、「共時性」と呼んだ。

心の世界と物質の世界をつなぐものや、時間的空間的に一致し、心理的関連がそこに感じられるものも、共時性に含まれる。彼は、存在の各層が他のすべての層と密接につながっていると信じており、これをウヌス・ムンドゥス（一なる世界）と呼んだ。

たとえば、心と体とが密接につながっている、心理的な世界と生理的な世界とは、一枚の硬貨の裏と表のようなものだ、というのだ。これは因果論的説明とは相いれない世界観であり、物事の意味を見定める道具ではなくて、その試みの背景になるのだ。その焦点は、物事自体ではなくて、物事どうしの関係にある。物理学では説き明かしきれない現象の背後には、神の知が隅々までゆきわたっている、という暗黙の了解がある。生物はなぜ地球上に存在するか、自分はなぜ生まれたかなどを神の摂理とするか、単なる偶然の所産と考えるかは世界観の問題である。

ユングは、占星術の誕生宮と、結婚の配偶者選択との共時性の有無を調べてみたが、関連を発見できなかった。しかし、偶然におきたとされている現象でも、実際には共時性にしたがっておきている可能性がある。

私と弟の無意識が、ともに「会いたい」と思って城崎温泉を同時に訪れるように仕組んだと考えるのは、共時性に対するうますぎる説明であるが、現在のところでは、他に説明のしようがない。共時性の現象は、意識が薄れたときに一層はっきり現れる、とユングは言ったが、私の場合には意識は完全にはっきりしていた。

☞ 109 トランスパーソナル心理学
112 ニュー・サイエンス

39

恐怖症——わかっているけどやめられない

高所恐怖は多少とも誰にでもある。百貨店の屋上から下を見下ろしたとき、膝のあたりがガクガクして、背中に寒気を感じた人は多いだろう。これは正常な反応であるが、二階へあがるエスカレーターに怖くて乗ることができないとなると、病的だ。公衆電話ボックス、公衆トイレなどに入ると閉じこめられて二度と出てこられないのではないかと恐れる閉所恐怖、学校の運動場のような広い場所を横断できない広場恐怖、とがった鉛筆が鉛筆立てに並んでいると自分の目に刺さるような気がする尖端恐怖、昆虫が嫌いな昆虫恐怖、犬を恐れる犬恐怖など恐怖症の種類は多くて数え切れないほどである。

以前に診ていた二四歳の女性は不潔恐怖症で、手を一日に五〇回も洗わずにはいられない手洗い強迫があり、着衣やベッドの毛布なども毎日洗わずにいられなかった。調べてみると、大嫌いな父親が脳出血で寝たきりになり、シビンでとった父の尿を母がトイレまで捨てに行った。そのときに、尿がついた母の手が途中のドアのノブにさわるのを想像して、ノブは汚いと思い、それにさわった白分の手は汚れたと思い込んだ。その手でさわったものは全部汚い、となる。つまり、彼女の行動は「父親を嫌いだ」と叫ぶ代わりだったのである。

視線恐怖は、他人の目が自分を見ているのが気になる場合と、自分の視線がそうしようと思わないのに他人を見てしまう場合とがある。自分の好色らしい目付きがいやらしいので相手を不快にさせるのではないかと心配する。したがって、視線恐怖は見られる恐怖と、見てしまう恐怖とに分かれる。何かが自分のうちから漏れ出て相手を傷つけると考える点から推定すると、こういう患者は自我が弱いのである。

ある若い女性患者は、男性に会うと自分の視線が相手のズボンの男性器のあたりへ行ってしまい、それを相手に勘づかれて「好色な女だ」と思われるのではないかと悩んでいた。こんな場合は、「あるがままでいい」「好色だと思われても、本当にそうなのだから仕方がない」と開き直らないかぎり悩みは消えない。「自分は性欲もない聖女なのだ」と見せかけようと見栄を張っているかぎりは治らない。道元は『正法眼蔵《しょうぼうげんぞう》』の中で「身心脱落《しんじんだつらく》」と書いた。「体のことも、心のことも気にしません」（腹がへった、借金をどうしようかなどを気にしない）という意味である。「あるがままでいい」と思えば、悩みはおきないはずだ。

行動療法による恐怖症の治療は、アレルギーの治療に似ており、原因物質に少しずつ慣れさせていく。航空機恐怖症ならば、初めは空港へ行くバス乗り場まで行く、次に空港入り口まで行く、カウンターまで行く、というふうに次第に航空機に近づけ、毎回、筋肉の力を抜かせてから、次の段階に進む前に筋弛緩《しかん》法と組み合わて安心させるのがコツだ。

47 行動療法　60 自我　78 心理療法　88 精神分析療法　98 対人恐怖症

40

グリーフ・ワーク——喪の仕事

それまでの心の拠《よ》り所を失うほどの喪失体験を、あるがままに受け入れ、あきらめ、理性だけで納得するのではなしに、感情面でも「仕方がない」と思い切る仕事が、「喪《も》の仕事（グリーフ・ワーク」）なのである。

愛している人と死に別れると、最初はショックを受け、次に嘆き悲しむ。その後に、相手は死んでしまったのだという現実を受け入れ、今までの生き方や考え方を見直して、新しい決意で自立していく。このような過程全体を「喪の仕事」とか「グリーフ・ワーク」と呼ぶ。

グリーフ・ワークは、この対象とのかかわりをひとつひとつ再現して、解決していく作業なのである。「悲哀の作業が完了したあとでは、自我が再び自由になって現実に戻る」とジクムント・フロイト（一八五六〜一九三九）は述べている。

このグリーフ・ワークは、①喪失したという現実を受け入れる　②悲嘆の痛みを経験する　③死者がいなくなってしまった環境に適応する　④情動エネルギーをほかの関係に転ずる——の四段階に分けられる。悲嘆（グリーフ）というのは、非常に長くて暗い、真っ暗なトンネルの中を一人で歩くような感じである。それに打ち勝ったという体験をもっている人がもしいっしょに歩いてくれたら、どんなにか心強いことであろう。

英国では壺という意味の「クルーズ」、米国では「心の平和」という意味のサンスクリット語を冠した「シャンティ・プロジェクト」なるボランティア団体が、グリーフ・ワークの援助やグリーフ・カウンセリングを行っている。日本でも「生と死を考える会」などがこれを行っている。

悲嘆反応を弱めるには、悲しみに沈んでいる人の話を聞いてあげることが役立つ。いつ、どこで、どんなふうに、誰といっしょのときに亡くなったのかを、何回も繰り返して話しているうちに、家族は死の状況を現実化でき、悲しみも治まって、心がやすまってくる。日記を書かせたり、家族写真を見せてもらうこともよい。愛する人の死の瞬間に、家族が「さようなら」を口に出して言い、死を見つめることが必要である。航空機事故や戦死などでは、死を現実に目《ま》の当たりにすることがなく、「さようなら」を言う機会もないので、まだ生きているような気がいつまでも続いていて、悲しみも終わらない。こんなケースでは、空席のいすに向かって「さようなら」と言わせたり、別れの手紙を書かせたりすると、区切りをつけることになる。

夢は悲しみと関係がある未解決の葛藤《かっとう》を示していることが多いので、覚醒直後に枕元に用意している紙にその内容を記させることもよい。死の責任を他人にかぶせる（自分に責任があると思わない）、死に関することを話題にしない、隔離してしまう、自分のせいだと思っているなら、それが妥当でないことを教えるなども役立つだろう。

☞
78 心理療法　120 悲哀感
108 トラウマ　129 ペット・ロス・クライシス

41

月経前症候群

——女性の四〇%が悩む日常的な病気

毎月、月経周期と一致して周期的に気分や行動が変化し、身体面にも不快な症状が現れる人は、全女性の四〇%にものぼっている。次の月経が始まる四～一四日前から、月経開始日までとか、開始後四日目までとか、人によって期間は違うが、月経前症候群（プレメンストラル・シンドローム、ＰＭＳ）に悩むのだ。そのうちでも二～一〇%の人は生活に差し障るほど重症なのに、他人にも言えず、原因もよくわからない。産婦人科医も精神科医もこんな問題にはまともに取り組もうとしない。

症状はさまざまだ。乳房がふくらんでやわらかくなる、腹が張る、便秘、手足のむくみ、体重増加、発汗、ニキビ、指のふるえ、細かい仕事ができない、甘いものや塩からいものをむやみに食べたくなる、頭痛、けだるさ、不眠、眠りすぎ。精神的には、落ち着きがない、不安、イライラ、気分が変わりやすい、うつ状態、緊張感、やる気がなくなる、能率低下、引っこみがち、集中困難、被害妄想的になる、他人に拒《こば》まれたと思いがち、死にたくなる、性欲亢進、軽躁状態など。身体的には体内に水分がたまり、むくんでくるので、塩分を控えればむくみは多少軽くなる。こんな症状を示すのは子宮のせいだと考えて、子宮摘出手術をしてみても、八〇%の人は症状が消えない。

女子大生を集めての実験がある。「あなたは、月経まで七〜一〇日あります」と言われたグループに比べると、「月経直前です」と言われたグループのほうが、水分貯留、痛み、食習慣の変化、性欲亢進が見られたというから、暗示効果も多少は加わっているのであろう。

性ホルモンであるエストロジェンの過剰、黄体プロジェステロン不足、ないしエストロジェンとプロジェステロンのバランスが崩れるのが原因ではないかと考える人が多い。しかし、同じアンバランス状態になっても発症しない人もいる。プロラクチンやプロスタグランディンの量が関係するという説もあるが、まだ確実ではない。アルドステロン、ピリドキシン減少（脳内セロトニンとドパミン減少、プロラクチン増加をおこす）、エンドルフィン原因説もある。心理的適応が悪いとか、正常範囲の生理的変化に過剰に反応してしまう人におきる、とも言われるが根拠に乏しい。月経前症候群の女性にうつ状態になる確率が高く、その逆も真だといわれている。

月経前症候群の女性は暗示にかかりやすいので、砂糖を与えても薬を与えても同じように効いてしまう。プロジェステロンやリチウムは効果がなく、プロラクチンを減らすブロモクリプティンの効果は一定しない。プロスタグランディン量を増減さす薬の効果も一定しない。治療としては、月経前症候群についての知識を教えること、塩分を控える、メチルキサンチン（テオフィリンまたはカフェイン）を含む飲料（チョコレート、コーラ、お茶など）をとらないことが症状を軽くする。避妊用ピルが効くこともある。抗不安薬ベンゾジアゼピンは著効を示すことがある。

☞ 18 うつ状態 24 男の脳、女の脳 99 体内時計
23 エンドルフィン 58 催眠術

42

権威主義的性格
——上にへつらい、下に厳しい

権威主義的性格は、ある分野の権威者といわれる人が備えている性格ではない。権威主義的性格とは、時の権力者の考えとか社会的な決まりなどを無批判に受け入れて、これに服従し、依存するが、それと同時に、他方では、自分の部下とか弱い者に対して、いつも自分が優れていることを自慢する、という性格である。

自分が極端に孤立したために孤独で無力になった人間は、内的安定性がなく、自発性に欠けるので、自分の能力を十分に発揮できない。その不安に耐え切れなくなると権威的に自己を防衛する結果、権威主義的性格が生まれるのである。その典型的な例がナチス・ドイツの独裁者アドルフ・ヒトラー（一八八九～一九四五）であった。

もともと、人間というものは眠りたい、食べたいなどの欲望があるのと同じように、孤独や寂しさ、無力さなどに基づく不安をなくしたいという欲望をもっている。ところが、人は、誰かと協力しなければ生きていけないし、老衰、病気、死などに対する自分の無力感を拭《ぬぐ》い去ることはできない。

そこで、こうした孤独感や無力感に打ち勝つためには、愛情や仕事を通して、自分を他の人や自然に対して積極的に結び付けなければならない。しかし、非常に調和のとれた理想的な性格の人でないと、これをうまく実行するのは難しい。

権威主義的パーソナリティには次の四つの傾向がある。①自分に無力感を抱かせるような脅威の対象が現れたときに、ただちにこれを取り除こうとする破壊的傾向 ②人が自分自身であることをやめて、己をむなしくして、他の人が期待するとおりの機械的、画一的な人間になりきろうとする「人まねロボット」のような同調傾向 ③他の人を自分に依存させ、絶対的に支配してしまうことによって、自分の無力感を克服し、自分は権力者だと信じ込もうとするサディズム傾向 ④自分の自由や独立を捨てて、力の強いほかの人に絶対服従し、完全に依存することによって自分の無力をカヴァーしようとするマゾヒズム傾向。

このサディズムとマゾヒズムとは、ちょっと見たところでは正反対の傾向のように見えるが、「力の感覚を求めて自己同一性を捨ててしまう」という点ではまったく共通の地盤に立っている。こうして、服従と支配とを自分の行動原理として、目上のものには完全に柔順になる代わりに、目下のものに対しては指示的、命令的、支配的、攻撃的になるという権威主義的性格ができあがる。彼らにとっては、この世は、力をもっている者ともたない者、優れた者と劣った者とででき ているように見える。そこで、彼らはサド・マゾ原理にしたがって、弱者を支配すると同時に強者に服従する、つまり弱肉強食の原理だけで世渡りをすることになるのだ。

☞ 5 アイデンティティ 59 サディズム 132 マゾヒズム

43

幻覚

――命令が聞こえると危険信号

「不思議の国のアリス症候群」とは、ルイス・キャロル（一八三二～九八）の小説『鏡の国のアリス』（岩波書店ほか）に描かれているように、こびとや巨人など大きさが違う幻覚が見える状態だ。幻覚とは、実在しないものを知覚することである。偏頭痛の患者の半数は三角形や丸形の幾何学模様の幻覚を見るが、ときにアリス症候群を体験する。

山や海で遭難しかけた健康な人が、山小屋の灯や救援船の幻覚をありありと見たという記録も多い。事故や戦争で腕とか脚を切断された患者が、すでになくなったはずの指先の痛みを感じたり、脚があるように感じたりするのは「ファントム・リム」（幻の四肢）と呼ばれて、幻覚の一種だ。

重要な、しかも自分が期待している刺激が来なくなると、脳は他の感覚刺激をあたかも期待した刺激が来たように解釈してしまうのであろう。感覚入力が減るのと、内的感覚が強まるのとが同時におきると幻覚が感じられるのだ、という「知覚解発説」が唱えられている。

精神展開薬ＬＳＤ-25（リゼルグ酸ジエチルアミド）を発見したスイスの化学者アルバート・ホフマンは、初めてその粉末を飲んだときの思い出を筆者に語ってくれた。飲んだあと、帰宅するときに道路がでこぼこに波打って見えたので、怖くて自転車に乗ることができなかったという。

英国の作家オルダス・ハクスレイ（一八九四〜一九六三）は『知覚の扉』（平凡社ライブラリー）の中に、メスカリンを飲んだ体験を書いている。メスカリンやLSD-25では美しい幾何学模様が万華鏡《まんげきょう》のように絶えまなく変形して見えることが多い。このような精神展開薬を飲むのをやめた何ヵ月もあとに、飲んだ直後と同じ幻覚が突然現れることがある。これをフラッシュ・バックと呼ぶ。

精神分裂症で自分の悪口が聞こえる幻聴がおきるのは、自分が非社交的なので、「せめて悪口でもいいから自分のうわさをされるくらいの人気者になってみたい」という願望の表れである。アルコールの退薬症状（禁断症状）やコカイン依存症では皮膚を虫が這っている幻触がある。分裂症や梅毒では性器をさわられる幻覚をもつこともある。器質的脳疾患、ことに脳の側頭葉発作では、においや味の幻覚を体験する人が多い。

「右へ曲がれ」「ナイフをとって父を殺せ」などと聞こえる命令幻聴を、患者が「神のお告げ」だと信じると危険な行動を引き起こす。精神障害者がおこす傷害事件は、命令幻聴にしたがった結果であることが多い。

ゲーテが見たというドッペルゲンガー（第二の自分）は、同一室内にもう一人自分が居るのを知覚する場合だ。死にかけた病人が魂になって天井にのぼり、医者や看護婦が病人である自分の周りにむらがって点滴をしているありさまを見た、という生き返ったあとの臨死体験談も自視幻覚の一種かも知れない。

☞
21 LSD-25
61 至高体験
131 マインド・コントロール
52 コカイン
89 精神分裂症
149 臨死体験

44

健忘

——突然記憶がなくなる

映画『心の旅路』の主人公は、戦場のショックで記憶を失い、ある女性と結婚するが、のちに転倒して頭を打ったときに戦争前の記憶が回復した。その代わりに戦場から結婚までの期間の記憶がなくなった。このように、部分的ないし全部の記憶を失うことを健忘という。一定の場所や時間、ないし何か一つのこと（たとえば母の死）に関してだけ、穴があいたように思い出せないのを挿話性健忘という。ほとんどの健忘は突然に始まり、数時間から数年間にわたって続く。

すべてを忘れる完全健忘になると、家族や友人を識別できない。治るときも、突然回復し、再発はまれである。健忘がおきていても、他人が見れば、言動はまったく正常で、読み書きや、知識なども正常に保たれている場合が少なくない。ただし、記憶喪失があるので、道に迷ったり、帰路がわからずにさまよったりすることはある。

健忘のほかに、錯乱や見当識（時、場所、人を識別する）喪失を伴う場合も多い。健忘の予後や持続期間は原因により異なる。日常の「物忘れ」は正常でもおきるが、「健忘」という術語は病的な場合に使われる。健忘のいちばん身近な例は、酩酊《めいてい》に伴うものであろう。どこで誰と飲んだのかを全然覚えていないことがある。ボケと違うのは、健忘が忘れるだけなのに対し、ボケは日時や場所の見当づけができないとか、だらしがなくなるなど、人格全体が崩れる点が違う。

頭部外傷や、慢性アルコール飲用によるサイアミン（＝ビタミンB_1）欠乏、脳の感染、後頭葉の動脈梗塞《こうそく》、間脳や側頭葉の損傷、によっても健忘がおきる。脳の病気でも健忘がおきることがあるが、ショックとは無関係にゆっくり発症するし、回復しないか、回復が不完全である。注意を集中できないとか、感情失禁（理由もないのに泣いたり、笑ったりする）など、他の症状を伴うので区別できる。

逆行健忘は、かつて覚えていた過去に関する記憶を思い出せない場合であり、頭部外傷、脳出血、てんかん発作、薬物中毒などでおきる。前向き健忘は、それ以前の記憶は保たれているのに、ある時期以後の長期にわたる新しい出来事を記憶できない。これは、心因性のこともあるが、脳の側頭葉内側や海馬《かいば》の外傷や萎縮によることが多い。睡眠導入薬トリアゾラム服用後に数時間も健忘がおきることがある。

心因性健忘としては、恋人の交通事故死を見たなどのような、何かトラウマ（心理的外傷）になるような出来事がおきてから一定時間だけ、すべての記憶がなくなる場合が多い。一〇年ほど前に日本の女子大生がオランダへ旅行して、自分の名前も思い出せない完全な記憶喪失に陥ったことがあった。催眠術後性健忘は、催眠術をかけられた間の記憶がないことである。「催眠から覚めた後で水を飲め」という暗示をかけると、暗示されたという事実を覚えていないにもかかわらず「喉が渇《かわ》いたから」などと適当な理由をつけて暗示された人が水を飲みに行く。

☞ 8 アルコール症　50 高齢者痴呆　77 心理的外傷後のストレス性障害
26 解離性障害　58 催眠術　108 トラウマ

45

行為障害

——性格異常か、それとも社会的ゆがみが原因か？

神戸市須磨区の連続児童殺傷事件で神戸家裁に送致された中学三年の男子生徒を精神鑑定した結果、幼児期から青年期に診断される精神障害の一つである「行為障害」の症状が見られたという。「行為障害」とは何だろうか。

米国精神医学会編「精神障害の診断と統計マニュアル」第四版（DSM-Ⅳ）によると、「行為障害」は次のように決められている。

これは、普通は幼児から青年期に初めて診断され、社会、学校、職場などで臨床的にかなりの障害をおこす行動異常であって、成人の「反社会性人格障害」（性格異常）が小児期に表れた徴候とも考えられている。他の人たちの基本的権利を侵害したり、年齢相応の主な社会的典型的行動様式からはずれたり、または規範を破ったりする行為が繰り返され、持続されるのがその特徴である。過去一年間に左記の一五項目のうちの三つ以上、かつ過去六ヵ月以内に一つ以上の項目があれば「行為障害」と診断される。この行動は、次に掲げるA～Dの四群に大別される。

A．他の人や動物に肉体的損傷を与えたり、与えるぞと脅かす攻撃的行動

①弱いもののいじめ、脅迫、脅し　②肉体的けんかをしかける　③武器による殺傷（バット、煉

瓦、ガラス瓶のかけら、ナイフ、銃などでひどい肉体的損傷を与える）④手足を切断するなど人間の肉体に残酷なことをする⑤動物に肉体的残酷なことをする⑥おいはぎ、スリ、ゆすり、武装強盗などにより金品を盗む⑦性的強要

B．財産喪失ないし損害をもたらす非攻撃的行動

⑧重大な損害を与えようとして放火する⑨他人の所有物をゆっくり破壊する

C．詐欺や窃盗

⑩他人の家や自動車を壊す⑪ほしい品物を詐取したり、支払いなどの義務を守らない⑫万引きや偽造

D．重大な規則破り

⑬一三歳以下に始まる無断外泊⑭両親の家から二回以上夜も帰宅せずに逃走⑮一三歳以下でしばしば不登校

（ただし、右記のいずれも難民・戦乱など特殊な社会的状況による場合を除く）

米国では、過去一〇年間に有病率は増加しており、田園よりも都市に多く、一八歳以下の男子で六〜一六％、女子で二〜九％といわれる。非行と不登校とが十把一からげに扱われているし、これらがはたして精神医学的性格異常なのか、社会的ゆがみによってもたらされているものなのか問題は残されている。児童殺傷や犯罪（非行）行動と言っても、行為障害と呼んでも、表現の違いだけで、本質的にはたいして変わりがないような気もする。一種の性格異常であろうか。

☞ 59 サディズム　126 不登校
101 注意欠如症

46

甲状腺機能低下症

——うつ状態にそっくり

ホルモン異常によっておきる病気はさまざまであるが、中でもいちばん多いのが甲状腺障害の患者で、男女合計で数百万人いると推定されている。しかも、圧倒的に女性に多く、患者数は男の四倍から五倍といわれている。甲状腺ホルモンが多すぎるバセドウ病も誤診の多い病気だが、機能低下症のほうはさらに発見しにくい。米国の統計によると、成人男性の〇・一%、女性の一・四%がこの病気にかかっており、症状が似ているのでうつ病とまちがわれやすい。

甲状腺にびまん性の腫れが慢性におきているものを、発見者である橋本策《はかる》医師の名前をとって、橋本病と呼ぶが、その中の一〇%の人は機能低下がおきる甲状腺機能低下症となり、治療が必要になってくる。つまり、体に必要な代謝ホルモンが少なくなるのでさまざまな支障がでてくるというわけだ。

主な症状を記しておくと、①顔や手足がむくむ　②食べない割に体重が増える　③やる気がない　④動作が鈍くなる　⑤皮膚が乾燥する　⑥声がかすれる　⑦寒がりになる　⑧眠くなる　⑨物忘れがひどくなる　⑩その他（便秘、貧血、月経過多、全身倦怠、食欲・性欲低下、精神不安定、汗が出ない、手足のしびれ、動悸、筋力低下、舌が厚くなる、毛が抜ける、毛の艶がない）。

これらの症状があれば、ただちに甲状腺機能低下症というわけではないが、このうちのいくつかの症状があれば、医師に相談して、一度ホルモン量の検査を受けてみることを勧める。ただし、一般病院では検査の結果が出るまでに二週間くらいかかるし、配偶者が加入している健康保険を利用する場合、費用が一万円近くかかるのが難点である。また、一般的な血液検査で肝臓機能障害があり、コレステロール値が高くて、右のような症状があれば、この病気の疑いが濃い。

うつ病だと思って長く抗うつ薬を飲んでいたが、いっこうに治らず、甲状腺機能低下症とわかり、薬を飲んだらすぐに治ったとか、「ボケ」が始まったのだとあきらめていたら、実は甲状腺機能低下症だったというケースも多い。

筆者の妻も五年前に旅先で顔が急に腫れ、驚いて病院にかかったが、さまざまな検査でも原因がわからず、一ヵ月後にもしやと思って甲状腺の検査をしたところが、やっと橋本病だとわかった。妻の場合は右記の症状の①と②のほかには、③と風邪からきたと考えられる⑥の症状がわずかにあっただけだった。

治療は簡単で甲状腺ホルモンを毎日一定量服用するだけでよい。それでも、症状の重い人は疲れやすく、「一日中ぼーっとしている、ぐずぐずしている」などと、周囲からは見られ、つらい思いをすることもある。薬を服用すれば普通の人と同じ生活を送れるのだが、治療が長引くため北海道では難病に指定されている。

☞ 18 うつ状態
48 更年期うつ状態

47

行動療法

——アメとムチを使い分ける

心理療法の一つに行動療法がある。これは条件反応を応用して人間の行動を変えていこうとする方法である。「すべての行動は、刺激に反応して引き起こされる」という考えが元になっている。たとえば、禁煙を実行したいが、なかなか成功できない人がいるとする。そんな場合に、行動療法ではどうするかというと、まず詳しい行動記録をつけさせて、どんなときにタバコをのむのかを調べる。暇なとき、手もちぶさたなとき、来客の接待中、パーティーの席上、照れ隠しをしたいときなど、さまざまな場合にタバコをのむことがわかった。「暇なとき」という刺激があると、「タバコを吸う」という反応が引き起こされるのだから、まず刺激をなくしてしまえばよい。暇なときを作らない、パーティーには参加しないなどである。

タバコがあるという刺激で吸うという反応が引きおこされるのだから、手元にタバコがあれば、つい吸ってしまうことになる。タバコを買っておかなければいいわけだ。それにはタバコ屋の前を通らずに回り道をする。最低限の小銭しかもたない。タバコをくわえることができないように他のものを常に口にくわえているように努める。

よいことをしたときには御褒美をあげる。悪いことをしたときには罰を与える。これも行動療法の原則の一つだ。御褒美といっても、口でほめるだけでもいいし、頭をなでてやる、アメ玉を与える、お小遣いを一〇〇〇円あげる、映画につれていく、世界一周をさせるなどどれでもよい。罰も、叱る、叩く、罰金をとる、トイレ掃除をさせる、一〇分間走らせるなどいろいろある。「一日タバコを吸わなければ一万円あげる」とか「一ヵ月タバコを吸わなければ、世界一周旅行券をあげる」といえば、たぶん禁煙に成功できるのではないか。

体重を減らすのにも行動療法を応用できる。手持ちぶさたになるとお菓子を食べる人は、手もちぶさたな時間を作らない、家にいるとお菓子のつまみ食いをするならば、外出時間を多くする。ケーキ屋の前を通らない、テレビを見ながらお菓子を食べる癖の人はテレビを見るのをやめる、体重が一キログラム減ったら一万円あげる。

精神病院では、精神病によって表情が乏しくなった患者に、にっこり笑うたびに御褒美をあげる治療法を実際に行っている。この場合には、御褒美としてトークン（おもちゃの貨幣）をあげて、それがいくつかたまるとテレビを一定時間観ることができるといった仕組みになっており、この方法で表情に動きが出てきたり、行動が素早くなったりする。

行動療法は、赤ちゃんの排尿訓練にも応用できる。生後六ヵ月くらいになったら、排尿しそうな時間に赤ちゃんをオマルにのせて、覗いて見ていて、排尿した瞬間に小さなクッキーを口にいれてあげると、二〜三回で便器排尿を覚えてしまい、一日でオムツをなくすことができる。

☞
27 カウンセリング 78 心理療法 122 肥満
69 自閉的障害の治療 82 ストローク

48

更年期うつ状態

——イライラが強いうつで始まる

赤ちゃんを産むことに誇りを感じている女性は、生殖機能を失うと、そのショックで精神病に陥るのだろうか。五〇年ほど前になるが、子宮摘出手術を受けた女性は手術後に精神病になりやすいという噂《うわさ》がたったことがある。子宮摘出手術のあと、頭痛、めまい、不眠、疲れやすさ、顔が赤くなる、うつ状態などが他の手術よりも頻発するという報告がいくつか出た。ところが、ガンでなければ、子宮全摘出をしても、うつ状態の発病率は増えないし、それまであった精神症状が軽くなることさえある、という説がその後に出てきた。いったいどちらの説が正しいのか。

米国の精神科医R・L・マーティンは、ガンでないのに子宮全摘出を受けて手術後に精神障害になった四九人の女性を調べた。この結果、手術前にヒステリーと診断されていた人が最も多かったそうだ。英国の精神科医D・ガースもやはり、ガンでないのに子宮全摘出を受けた一五六人を調べた。手術後六ヵ月目と一八ヵ月目に診察をした結果、手術前にあった精神障害が半数にまで減少していたと報告している。手術前に精神病だった人の六〇%は、手術後一八ヵ月目には正常になっていた。病気の大部分は軽いうつ状態と不安状態であった。

最近の調査によると、子宮全摘出後に精神異常やうつ状態が増えることはないのだという。手術前にあった精神異常が手術後に目立ったので、手術後に発病率が高まったように見えたというのが、結論らしい。とんだ人騒がせな噂であった。

月経がなくなる四五〜五五歳の更年期前後におきるうつ状態は「初老期うつ病」ともいわれ、いつも罪悪感に悩まされたり、体の故障を気にすることを伴う、イライラの強いうつで始まるのが特徴である。同様のことは男性にもおきるが、女性に比べて三分の一と少ない。これもよく調べてみると、この年齢層で発病率が増えているわけでもないし、特別な病型でもない。

これとは別に、四五〜四九歳の女性にもっと軽い精神症状がおきることがある。これより若い層やもっと年をとった層と比べると、この年代でまだ月経が定期的にある人に症状が出やすい。つまり、生殖腺の変化よりも、加齢自体が原因らしいのだ。体が熱くなったり、膣が萎縮したりといった身体的な更年期変化よりも、むしろ心理的な要素のほうが関係が大きい。たとえば、生涯の節目になるような出来事、親友の数、子どもとの関係、遺産相続などの諍《いさか》いなどである。更年期うつ状態の患者では、血しょう中遊離トリプトファンとか血小板中のセロトニン量が減っていることが最近明らかになった。この年齢では女性の自死者が多い。その人たちでは、セロトニンが代謝された形の5—ハイドロキシインドール酢酸《さくさん》が減っているので、どうやら、更年期女性に脳内のセロトニン量低下がおきるとうつ状態になるのではないかと推定されている。いずれにせよ、生殖機能の衰えだけで精神病がおきることはないようだ。

☞ 18 うつ状態 46 甲状腺機能低下症
24 男の脳、女の脳 99 体内時計

49 交流分析

——三部分から成る自我

私たちは人生でつまずくことも多いが、無意識の遠因がそれを引き起こしているのかもしれない。それを考えたのが交流分析であった。ジクムント・フロイト（一八五六～一九三九）が創案した精神分析は人間の無意識を明らかにした。それは、二〇世紀を揺り動かしたほど大きな思想的影響を社会に及ぼしたが、内容が複雑で理解しにくいという難点があった。

そこで、米国の精神科医エリック・バーン（一九一〇～七〇）は、これをもっとわかりやすく単純化した交流分析（トランスアクショナル・アナリシス＝TA）を考案した。衝動的な子どもっぽい心よりも、成人らしい自我が優位に立つような、成熟した態度、適応した態度、より現実的な態度をもって生活できるように人々を導く方法である。

人々の行動は、以前には妥当だったかもしれないが、もはや妥当でなくなっている前提に基づいて決められている。人々が間違った前提にとらわれているならば、選択の自由を拘束されてしまうことに気づかせ、現在の行動と、生活の方向とに合わせた、新しい決定を下すことができるように援助するのがTAの目標である。

TAでは、心の中の自我の状態が、「親」「成人」「子ども」という三部分から成り立って、分業していると考える。そのうちでも、「親」は、「批判的な親」と、「優しい親」とに分かれる。「成人」は現実に合わせた客観的な決定をする部分である。「子ども」は「自由で伸び伸びした子ども」と、「しつけられた、いい子」とに分かれる。以上五種類の心の分業が飲み込めると、与えられた状況に対して、自分の心のどの部分で対応すべきかがわかってくる。対人関係でも、自分のまずいやりとりをこの構成から分析して改善できるようになる。

幼児は親に可愛がられようとして、「他人に近づくな」などの親からの指令を守って成長し、「他人を信用しない」という幼児的行動様式を身につけていくが、「他人と親しくなりたい」という欲望を制限することになるので、慢性化したラケット（不快感情）が生まれる。この幼児時代に獲得した幼児的行動様式と成長後の現在の行動との間の関係やラケットを人々に自覚させて、直接に正直に反応することにより、裏のある行動をなくすように学習させる。

人生は一つの劇であり、人生の早期に書き込まれた非現実的な脚本を、もっと現実に即したものに書き直して、劇を演じさせようというのが、TAの究極的な目標である。TAは、人間の社会生活の行動原理として、自尊心に基づく「人生を肯定する構え」「ラケット」「ストローク」の三つを考えている。ストロークとは、「あなたの存在を認めているよ」という信号である。「これらの行動原理をうまく処理していけば、よい人生を演じることができるようになる」と、バーンは主張しているが、はたして、どうであろうか。

☞
82 ストローク
16 インナー・チャイルド
134 無意識
87 精神分析

50

高齢者痴呆（ボケ）——最後には人格荒廃に陥る

ひと頃は、年をとると誰もがボケると思われていたが、現代ではそうではなくて、六五歳以上の人口の二〜五％が侵される脳の回復不能な変性と考えられている。研究者によって数値が異なるが、八〇歳になると二〇〜五〇％がボケるという。記憶、認知、見当づけ、身だしなみ、生活習慣が侵される。昔の記憶は保たれやすい。心理的に適応能力の低い人、性格が偏っている人、強迫型性格の人がなりやすく、環境の急変（退職、転居など）や経済不安などが痴呆を悪化させる。覚えこみ能力が低下するほかにも、見当識障害、計算障害、子どもっぽい考え方、細やかな感情の消失、感情不安定、感情鈍麻、やる気消失、多幸感（実際は幸福でもないのに、幸せを感じるような状態）などが見られる。

原因は、脳出血や脳梗塞などの脳血管障害などが多発して発症することが多い。このほかの原因としては、アルツハイマー病・パーキンソン病などの各種の神経疾患が大部分を占めるが、脳膜炎などの中枢神経系の感染症、脳外傷、甲状腺機能低下症などの代謝障害が引き金となることもある。一般に、高齢者に見られるのが普通だが、ハンチントン舞踏病などの神経疾患は子どもにもおきる。いちばん多いのは脳血管障害（六〇％）とアルツハイマー病（三〇％）によるボケである。前者は、脳血管疾患にかかっている人に発症し、アルツハイマー病よりも進行がおそく、段階的にガクンガクンと進行する。前者の発症は突然で、失語症などの脳の局所症状が現れるし、ボケる分野にムラがある「まだら痴呆」なので、後者と区別できる。半身マヒなどの生理的障害はケースごとに異なるし、ボケの進行具合も障害のおきた場所によって異なる。

ボケの初期的な症状としては、最近おきたことや将来の約束を忘れっぽくなる、行動異常という形で発症し、雨の日に傘をささずに外出する、財布を置き忘れても「嫁に盗まれた」などと騒ぐ。時間、場所、人に関する見当づけも早期に侵されるから、家への帰り道を忘れてさまようことが多い。仕事の途中で中座すると、仕事場へ戻るのを忘れて仕事を完結できないし、水道やガスを止め忘れる。日常行動に奇妙さや偏りが目立ち、目新しい社会的状況に適応できなくなる。頭脳労働では注意を集中できなくなる。記憶、抽象思考、判断力、計算、言語、感情、人格が並行して次第に侵され、記憶障害がいちばん目立つ。昨日の夕食のおかずは何だったか、今日は何月何日か、5＋8など簡単な質問に答えることができなければボケを疑ってよい。

髪をとかすなどの身だしなみをきちんとできず、衣類もだらしなく不適当になる。誤った判断を下したり、計画や決定をできなくなる。欲望を抑制できず、見知らぬ人に性行動をしかけたりする。終には自閉的になり、何もしないで日を送り、会話や身の回りのことをできず、家族を識別できず、幻覚錯乱で、別人のような人格荒廃状態に陥る。知的荒廃は三〜八年かけて進行するが、歩行、食事、喫煙などの基本的行動は末期まで保たれているので、夜間にさまよったりする。

☞ 10 アルツハイマー病

46 甲状腺機能低下症51 高齢者痴呆への対策115 脳が壊れたとき118 パーキンソン病

51

高齢者痴呆への対策
——やさしさと尊敬が大切

栄養失調に基づくボケのように、原因が可逆的なものならば治療は簡単であるが、大多数のボケは回復困難である。脳血管障害に基づくボケの場合は、一日一万歩程度（約一時間）の歩行や脳循環改善薬、リハビリテーションがボケを軽くする場合がある。生活を支持し、家族をサポートするネットワークを作るのが、現状では精一杯である。知能を回復したり荒廃するのを食い止めたりする手段はほとんどないが、患者が社会生活を続けうるように支え、家族に情報を与え、家族を援助し、障害を多少なりとも軽くする行動療法を行う。

高齢者ボケには次の応対が有効である。

①高齢者を尊敬する心をもつ　②「死にたい」と言われたら接し方を変える　③なにくれとなく身を案じてあげる　④高齢者の頭の中にいる「味方」を殖やす　⑤高齢者への働きかけ、やりとり、世話をする　⑥主観としての幸せを実現させる　⑦高齢者の身になって考える　⑧自尊心を傷つけない　⑨仕事をさせてあげる　⑩高齢者を理解してあげる　⑪怒り、イライラ、悲しみを避けさせる　⑫結果を事前に洞察する　⑬欲求不満にさせない　⑭やる気を出させる　⑮あせらず、治そうと張り切らない　⑯アイディアで勝負せよ　⑰高齢者に信頼してもらう　⑱否定し

ない　⑲環境を変えない　⑳安心と安眠できるように配慮する。

世話をするのは主に家族なので、家族の時間、エネルギー、感情の消耗が激しい。介護者も介護保険などを積極的に利用して、自らをリフレッシュすると患者にとっても良い結果になる。家族が病気を理解しないで受動的攻撃性（返事をしないなど）を示すと病状は悪化する。着衣の好みに介入するとトラブルになったりする。発病前に仲が悪い場合には、家族と患者との間に憎み合いがおきたりする。発病初期に「嫁が財布を盗んだ」などと被害的な妄想を訴えやすいが、そんな場合には頭から否定せずに、いっしょに探したりして注意を他に向けるとよい。

患者にまだ残っている能力を見きわめて、それを無視しないこと、優しさと尊敬が大切である。しかし、甘やかしすぎたり、世話をやきすぎるのはよくない。患者は自分の限界を忘れて危険を冒《おか》しやすいが、注意しすぎる、ばかにする、嘲笑、子ども扱い、無視はよくない。引き出しや、部屋の入り口などにラベル（文字を忘れた人にはイラストを描く）や人形などを貼っておく。「面会に来たのは誰ですか」と尋ねるよりは、「面会に来たのは息子さんですか」と聞くほうが患者にとっては答えやすい。

患者をカウンセリングするのは困難であるが、他の人が相手にしてくれないときには話しかけてくれるのを待っていることもある。カウンセラーは、長期の視点で問題を眺め、入院が必要な時期の判定を誤ってはならない。家族へのカウンセリングや支持ネットワークが役立つ。

☞
10 アルツハイマー病

27 カウンセリング47 行動療法50 高齢者痴呆115 脳が壊れたとき

52

コカイン――精神的依存が激しい麻薬

英国の作家ロバート・ルイス・スティーヴンソン（一八五〇～九四）は一八八五年一〇月にコカインを飲んで、普通なら三週間かかる作品『ジーキル博士とハイド氏』をわずか三日三晩で書き上げた。彼がブラウニーと名付けたこびとが夢や幻想の中に現れて、作品の筋を頭の中へ吹きこんでくれたのだ。せっかく書き上げた原稿を妻が批判すると、彼はこれを即座に焼き捨ててしまい、再びコカインを飲んで次の三日間で書き直したのだそうだ。

コカインを含んでいる植物コカの葉が人を活気づけるという報告がヨーロッパに広まったのは一八四六年であり、一八六〇年にはコカからコカインが抽出された。そのころから医薬として歯痛、神経衰弱などに処方されたコカインは、ワインに入れて一般に売られた。SFの創始者ジュール・ヴェルヌや、フランスの作家エミール・ゾラ、『人形の家』を書いたヘンリック・イプセン、女優サラ・ベルナール、作曲家シャルル・F・グノー、ローマ法王レオ一三世など多くの人に愛用された。欧米の文献によると一八八六年に発売されたコカ・コーラにも一九〇〇年頃まではコカの葉が入っており、コカイン飲料は現在のコーヒーのような普通の飲みものと考えられていた。精神分析学の創始者フロイトも「コカはカフェインのような興奮薬であり、アヘンやマリヴァナのような麻薬ではない」と一八八四年に述べている。コナン・ドイルの小説に登場する名探偵ホームズがコカインを使ったのもそんな時期であったから麻薬だと思っていなかったのだ。一八八五年頃からコカインの精神的依存性や退薬症状（使用をやめた直後の禁断症状）としてのうつ状態がわかってきて、コカインは一九一〇年代に麻薬に指定された。

コカインを使うと、スティーヴンソンの例のように精神活動が活発になり、幸福な気分にあふれ、高揚感があるので、一度それを味わった人は再び使いたくなる。一九七四年に五四〇万人だった米国のコカイン使用経験者が、一九八六年には四〇〇〇万人にまで激増した。二十歳の人の約三〇％は経験者だという。米国ではコカイン乱用者からの救急要請電話が一年に三三万回もかかる。一時期、「コカインは依存性をもたない」と考えられたこともあったが、これは誤りであり、けいれんなどの身体的依存がないだけで、コカイン常用者の大部分は精神的依存に陥る。

コカイン使用をやめると、ノラッシュと呼ぶ不快な気分に陥るし、使用を続ければ、増量しても多幸感が弱くなる。この不快な気分は、うつ状態、不眠、不安、イライラ、コカインを飲みたい欲望などからなり、これを避けるために使用し続けるようになる。しかしコカインへの欲望は次第に弱まり、眠りたい気持ちが強くなるのが乱用の第一段階（三日間）である。

第二段階に入ると、イライラ、不安感、弱い不快感と共にコカインを飲みたいという強い欲望が、三日から一〇日の周期で波のように襲ってくる。数週間後の第三期に入ると、この波が少し大きくなり、コカインをやめるとすぐにはっきりしたうつ状態に陥る。

☞
21 LSD-25　43 幻覚　125 物質依存
28 覚醒剤　61 至高体験　140 薬物乱用

53

五月病

――目標喪失が引き金

大学の新入生を調べてみると、およそ一四％が広い意味での精神障害者といわれる。このうち、いちばん多いのは、軽いうつ状態で、新入生の三％ほどにのぼる。やる気が出ないので朝起きにくいし、予習や復習にも手がつかず、頭の回転もにぶる、という困った状態だ。

うつ状態に一見似てみえるものに、いわゆる「五月病」がある。最近では、九月病とか一〇月病なども現れてきた。これらは、それぞれが一つの病気ではなくて、いろんな原因によって無気力になった状態をひとまとめにして呼んだもので、「症候群」に対する呼び名である。入学で慌ただしかった四月がすぎて、五月の連休が終わり、やっと落ち着いたころとか、長い夏休みのあと、後期の講義が始まるころに症状が出てくるので、五月病、九月病の名がつけられた。バブル経済が終わってから、発症者が減った。不眠、食欲減退、だるい、疲れやすい、おっくう、やる気がない(無気力)、根気がない、決断力低下、思考力低下、何を見ても興味がわかない、無関心などが主症状だ。うつ状態との差は、抗うつ薬が効かない、放置しても治りやすい、重くならないなどだ。

原因の第一は、長い受験戦争の疲れである。幼稚園以来、塾や予備校にまで通って勉強を続けたのも、いい大学へ入るためだった。今やっと終点に辿《たど》り着いてヤレヤレと思ったとたん、張りつめていた精神緊張も緩み、ガックリくるのであろう。一種の「荷おろし現象」で、登山家が重い荷を背負って山に登り、頂上に着いた瞬間に、荷物を放り出して腰が抜けたように寝転がってしまうのと同じである。

大学へ入ることだけを人生目標にしてきた人は、入学すれば当然に目標がなくなるのだから、呆然自失の状態になる。あこがれていた大学の講義が案外つまらなかった、大学の建物に失望した、友人ができない、クラブで溶け込めない、地方でいちばん優秀だった人が大学へくるともっと優れた級友がたくさんいるので自信をなくす、出身地の言葉が出て恥ずかしくて話もできない、女子学生が大学の女性差別に不満を抱くなど、人によって原因はいろいろだが、人生に厭気がさしたという点では共通している。この無気力な人たちは、新しい目標や友人をつかむと、わりあいに短期間で立ち直ることが多いので、「治らないかもしれない」と心配する必要はない。

ところが、同じ無気力でも、大学の三、四年生におきる大学生無気力症《ステューデントアパシー》はなかなか治らない。これは一種の「モラトリアム症状」で、無意識のうちに「社会人になるのが厭だ」と思っており、もう一～二年は大学生活を続けたいと望んでいるときに現れる症状である。クラブ活動や休日などは活発なのに、講義だけには身が入らず、登校する気にもならない。勉強しないこと、働かないことへの依存である。卒業すべき人数の三割前後が留年するという実情の裏には、この「アパシー・シンドローム」がかなりの率を占めているといわれている。米国では大学を無事に卒業できるのはわずか四割で、六割は休・退学や留年その他のドロップ・アウトだそうだ。

☞ 12 生きがい　135 無気力
18 うつ状態　136 無気力症候群

54

心の治療薬

——長期間の持続的服薬が必要

精神科の治療薬は、抗不安薬、抗精神病薬、抗うつ薬の三つに大別されている。

抗不安薬（トランキライザー、精神安定剤とも呼ばれた）は、不安やイライラを抑える作用があり、主として不定愁訴に使われるほか、軽い不眠や心配性などにも処方され、内科や産婦人科など他科の病気にも用いられている。いちばん広く使われている薬といえよう。

抗精神病薬は、抗不安薬では処理できないほどの精神障害に対して用いる。幻覚や妄想がある場合はもちろん、自分が病気だと思わないケースや、錯乱状態、暴力、夜間せん妄（ひどいねぼけ状態）にも使う。精神分裂症や躁状態が主な対象である。

抗うつ薬は、うつ状態に使う。うつ状態は不眠や不安を伴うことが多いので、抗不安薬と併用することが多い。

以上のほかに、抗躁薬として炭酸リチウムがあるが、躁病が減ったので、実際に使う機会は少ない。けれども、この薬は、躁状態を抑えるだけでなしに、うつ状態の再発を予防する作用をもっているので、うつ状態の人に長期にわたって再発予防的に処方する医師が増えてきた。

心の薬は、風邪薬などに比べると、服用法が大変異なるので、次に飲みかたの特徴を述べる。

アルコールを飲んだ人たちをよく観察していると、同じ酒を同じ量飲んでも、笑い上戸や泣き上戸、口数が多くなる人、無口になる人、怒りっぽくなる人、踊り出す多動型などさまざまな効きかたをすることがわかる。アルコールも心に働く薬の一種であるから、効きかたが人によって違うという点は、アルコール以外の心の薬でもまったく同様である。

酒に強い人と弱い人があるように、薬に強い人と弱い人とがいる。同じ睡眠薬を飲んでも、すぐ効いて、翌朝おきにくいほど効いてしまう人もあれば、ほとんど効かない人もいる。

このように、心つまり脳に働く薬は個人差が大きい。したがって、精神科を訪ねた患者に心の薬を処方しても、薬に強い人なのか弱い人なのかわからぬままで飲ませることになるから、最初からぴったりの適量を決めることなど不可能である。

そこで、最初に出した薬の効き具合をみてから、量や種類を加減して、その人に合った薬を次第に適量へと近づけていくほかない。三回目か四回目の受診で、やっとちょうどよい量が決まる。きわめて大まかに述べると、病気の症状が重い人ほど薬に強いので、大量を必要とする。薬の種類や量が減れば、軽快に向かっているのだと考えてよい。

また、数ヵ月から数年単位で長期間の持続的服薬が必要なことが多い（うつ状態では最低三ヵ月）。服薬をやめるときは、急に中止しないで、一ヵ月ぐらいかけて少しずつ減らしていく。再発防止のためや、ストレスの多い（入試や就職など）時期には、少量を予防的に服薬するとよい。

55 心の治療薬の働きかた
56 心の治療薬の副作用
63 自死

55

心の治療薬の働きかた

——効くメカニズムの謎

抗うつ薬や抗不安薬など、心の治療薬と呼ばれるものは二〇〇種類ほどあるが、その大部分は、なぜ効くのか、そのメカニズムがわかっていない。しかし、現在の精神科の治療の大部分は薬物療法である。どのようにして効力を発揮するのか、その働きかたがわからないままに薬を与えられるのは、服薬する人にとってはあまりいい気持ちではないけれども、薬の大部分はそのようにして開発されてきた。

たとえば、解熱剤はなぜ熱を下げるのかもわからぬままに使われてきた。高熱で死ぬよりもマシだからである。四〇度の熱を出した人は、四〇度の風呂に浸かっているのと同じであるから、長時間続けば、心臓が弱って死ぬ。欧米では、高熱の患者を水風呂に入れたり、裸にして扇風機の風を当てたりして熱を下げる。日本では、抗生物質を点滴して、布団をかけ、保温をはかって、赤ちゃんを死に至らせてしまったケースも少なくない。

一九五二年にレセルピンとクロルプロマジンという二つの抗精神病薬が発見されるまで人類は心の病気に対する薬を持たなかった。それまでは、高熱患者に布団をかけるのと同じく、精神病者は放置されて、悲惨な状態だったのだ。そのすこし前に電気ショック療法やインシュリン療法などにも発見されてはいたが、死亡することもある危険な治療だった。

　脳にはおよそ一四〇億の脳細胞があって、それを電話機だとすれば、各電話機を結ぶ電話線にあたるのが神経繊維である。配線しなければ電話機が役に立たないのと同じく、神経繊維の配線が無ければ脳細胞も役に立たない。配線にはつなぎ目があって、シナプスという。これは狭い隙間であり、そこを神経刺激伝達物質が渡ってシナプスの向こう側にある受容体に結合すると、信号が次の神経繊維に伝わる。電報を持った電報配達人が川を渡って向こう岸にある郵便局（受容体）に電報を届けるようなものだ。

　刺激伝達物質（配達人）には、ノルエピネフリン（ノルアドレナリン）、セロトニン、ドパミンなど、多くの種類がある。それぞれの刺激伝達物質はおのおの独特の受容体を持っていて、鍵と鍵穴のような関係になっている。

　わかりやすく説明すれば、ドパミンが多すぎると、向こう岸の郵便局を沢山占領して幻覚や妄想をおこすらしいので、ドパミンに似た化学構造を持つ偽配達人を派遣して、先に郵便局を占領してしまえば、後からきたドパミンが局に入れないので、悪さをできないだろう、というのが、抗精神病薬の効き方に関する仮説である。このように、刺激伝達物質を操るというのが心に働く薬の効きかたについての説明の主流だが、反論もある。

☞ 54 心の治療薬
56 心の治療薬の副作用
118 パーキンソン病

56

心の治療薬の副作用

――副作用を恐れるな

赤、青、黄など色とりどりの薬を何種類も飲まされる患者は、なぜこんなに飲まなければいけないのか納得できないかもしれない。

心の薬は診断名や病気に対して処方されるのではなく、症状に対して処方される。したがって、精神分裂病に対する薬といったものはない。不眠、幻覚、興奮、不安、やる気のなさ（自発性減退）、ゆううつ気分、といった各症状に対してそれぞれの薬を使う。したがって、症状が多種多様になれば、薬の種類も多く処方されることになる。薬の種類が多くても必ずしも重症とはかぎらない。

薬を飲むということは、毒物を少量飲むことだ。毒でない薬はないから、薬をたくさん飲めば、必ず死ぬ。包丁でも使いかたを誤れば、殺人にだって使える。人類は、毒を少量使って病気を征服する秘術を開拓してきた。

毒だから、多少の副作用があるのは当然で、副作用のないような薬は効き目もないと考えてよい。副作用といっても、サリドマイドのような奇形児を作るものや、視力が落ちて失明する恐れがあるものでは困るので、当然発売されていない。現在発売されている心に働く薬は二〇〇種類近くあるが、主な副作用は、眠気、発疹、口が渇く、手指がふるえる、落ち着かなくなる、不眠、口がモグモグ動いてしまう、食欲が増す、無月経、インポテンスなどである。これらは、服薬を中止すれば消える。

副作用が現れるのは、薬がよく効いている証拠だから、むしろ歓迎すべきことかもしれない。抗精神病薬の場合には、少し指がふるえるまで増量していかないと、十分効く量に達しないとさえいわれるほどだ。ただし、口が動く副作用はおそく発現し、治りにくいことがある。

患者は、副作用を恐れる必要はないのだが、どんな副作用がおきるのかを事前に心得ておく必要があろう。抗精神病薬で錐体外路症状（手指のふるえ、落ち着きのなさ、手や顔のこわばり感やひきつれ感）が出ても、病気自体が悪化したとか、別の神経病にかかった、と勘違いしないだけの常識をもっていてほしい。

これらの副作用は、服用量や服用時間を変えたり（例：眠気がおきるならば、夕食後に服薬するなど）、副作用止めの薬を飲んだりすれば、どれも消えてしまう。それでもだめなら、服薬をやめれば必ず副作用もなくなるので、心配は無用だ。錐体外路症状に対する、副作用止めを飲むと、本来の抗精神病薬の効き目も薄れるといわれているので、初めから副作用止めをどんどん飲まないほうがよい。ただし、服用後、むやみに体重が増える場合には、薬を変えるほうがよい。

イミプラミンなどの三環系抗うつ薬は心臓障害をおこすことがある。抗うつ薬の一種であるモノアミン酸化酵素阻害薬はチーズを同時に食べると危険である。

☞ 54 心の治療薬
55 心の治療薬の働き方
118 パーキンソン病

57 個性化
——自分らしい自分になる

夏目漱石《そうせき》（一八六七～一九一六）の『夢十夜』のなかの「第六夜」に運慶《うんけい》の話が出てくる。彼は彫刻の天才であって、そこらに転がっている丸太をもってきて鑿《のみ》を当てると、その材木の中にもともと隠されていた像が見る見るうちに形を現して、たちまち仏像が彫り上げられるのだ。見物人が言う。「なに、あれは眉や鼻を鑿で作るんじゃない。あのとおりの眉や鼻が木の中に埋まっているのを、鑿と槌の力で掘り出す迄だ。丸《まる》で土の中から石を掘り出す様なものだから決して間違う筈《はず》はない」。この話は、私たちの自己実現に似ている。自分の中に潜んでいる「本当の自分」というものを一生かけて掘り出し、彫り刻んで一つの像を作り上げていくプロセスは運慶がノミをふるうのと同じである。

「自己実現」という考えを最初に提唱したのは、米国に亡命したドイツの脳病理学者クルト・ゴルトシュタイン（一八七八～一九六五）であった。彼は脳に傷を受けた患者を観察しているうちに、患者が残っている能力をなんとか発揮しようとする傾向に気づいた。つまり、人間は、生まれつき、「自分がなることのできる者になりたい」という欲求をもっており、これを「自己実現の欲求」と呼んだ。

スイスの精神科医で分析心理学を作ったカール・グスタフ・ユング（一八七五〜一九六一）は、自己実現を、「自分の内に潜んでいる可能性を発揮して、自己というものを伸ばしたい」という気持ちが育っていくことだと考えた。この自己実現欲求こそ、「生きがい」を求める心の中で大きな部分を占めているものなのである。

意識と無意識という二つのものが互いに補い合って人間の心を形づくっており、その心の中心をユングは「自己」（セルフ）と名付けた。したがって、この自己は、意識と無意識とを合わせた総体ともいうべきもので、現在それがあるというよりは、むしろそうなりたいという一つの運動目標であり、状態というよりも運動なのである。

理想的な人間はどのようにあるべきか。そこへ自己が発展していく過程をユングは「個性化」または「自己実現」と呼んで、究極的な個人の姿だと考えた。

個性化が達成されると、次のような人格が実現するはずである。①意識と無意識の両方から自分を知っている　②自分の本質をあるがままに受け容れる　③人格のすべての側面、態度、機能を統合する　④他人をあるがままに受け容れる　⑤未知なものや神秘的なものを受け容れる　⑥調和がとれた人格　⑦意識と無意識のバランスがとれている　⑧非合理的なものを重視する　⑨人生前半の目標を捨てている　⑩心理的な男女両性性を認める　⑪自分の影（悪い面）を認める。

このような人間になりたいと努める過程が「自己実現」なのであって、他人とは違う個別的な人間になること、最も自分らしい自分になることにほかならない。

☞ 12 生きがい　29 影　60 自我　85 成熟した人柄　134 無意識　143 ユング心理学

58

催眠術
——別の意識に移る

ウィーンの宮廷占星家だったヘル神父はいろんな形の磁石を用いて病人を治していた。それに協力した医師フランツ・アントン・メスマー（一七三四～一八一五）は、磁化した鉄棒を挿入したバケ（桶）という装置に患者の手を触れさせて「動物磁気を使ってあらゆる病気を治す」と宣伝した。彼らは自覚していなかったのだが、実は磁石によってではなくて暗示によって治していたことが後に明らかになり、特に暗示にかかりやすい状態を作るのを催眠術と呼ぶようになった。「催眠」という言葉は「神経の眠り」という意味で、英国の外科医ジェイムズ・ブレイド（一七九五～一八六〇）がトランス状態（正常の意識ではなく、自発行動や運動がほとんど消えた、眠りに近い状態）の患者に初めて使った。

一八四二年に英国の外科医ワードは、催眠術によって患者が痛みを感じなくなるのを利用して外科手術を行った。パリの神経科医のジーン・マルティン・シャルコー（一八二五～九三）は、急に歩けなくなったヒステリーの患者に催眠術をかけて即座に歩けるようにした。一九二〇年代以前の実験的段階では、催眠が、暗示効果のほかにも麻酔効果、子ども返り、催眠術からの覚醒後に何も覚えていない（催眠術後性健忘）、急に目が見えなくなるなどの知覚変化、急に力持ちになるなどの身体的変化をもたらすことが知られたが、それは催眠をかけられた人の能力が変わったためではないことがわかってきた。

催眠術をかけておいて、「三時の鐘が鳴ったら、台所へ行って水を飲め」という暗示（催眠術後性暗示）をかけると、かけられた人はそのことを記憶してはいないが、三時になると「口が渇いた」などと適当な理由をつけて水を飲みに行く。それでは、術後性暗示をかければ何でも実行するかというと、そうでもない。密《ひそ》かに弾を抜いておいたピストルを渡して、「三時の鐘が鳴ったらAさんを射殺せよ」という暗示をかけても、「急に脚が痛くなった」などと言って、非道徳的な暗示を実行しないことが多い。

急に水を飲めなくなったという奇病にかかったアンナ・Oという婦人を診察したウィーンの精神科医ジクムント・フロイト（一八五六〜一九三九）は、催眠術をかけて話を聞いたところが、その婦人のメイドがコップで飼い犬に水を飲ませているのを見てショックを受け、「その汚いコップで自分も水を飲まされるのは嫌だ」と思ったことがわかった。しかし、この婦人は覚醒時にその一件をまったく記憶していなかった。催眠術下でそのことを告白したら、水を飲めないという症状は消えた。この経験によってフロイトは無意識を発見したのであった。

今日では、催眠状態は意識が変わった状態（変性意識）だということがわかっており、心理療法や歯科医の抜歯などに利用されている。私たちは自分の意識が一つだと感じているが、トランス状態や二重人格などで明らかなように、比較的簡単に別の意識状態に移ることもできるのである。

☞ 44 健忘　131 マインド・コントロール
121 ヒステリー　134 無意識

59 サディズム
——成人初期から次第に強まる

性的脱常（パラフィリア）の一型。他の生物に痛みや苦痛を与えて快感を味わうのがサディズムであり、そうする人をサディストと呼ぶ。それが性的興奮に結び付けば、性的サディズムである。一般人口のうちでも、拷問《ごうもん》や緊縛《きんばく》などの空想によって性的興奮を感じるものの、パートナーとの性行動にそれを実行するには至らない人は多く、この人たちはサディストではない。

米国精神医学会によるDSM-Ⅳでは、性的サディズムを次のように規定している。「心理的ないし肉体的苦痛（屈辱を含む）を相手に与えることによって強く性的に興奮する空想や、性衝動、あるいは性行動が、少なくとも六ヵ月以上にわたり繰り返されること。これらの空想、性衝動、行動が社会的、職業的またはその他の機能のうちでも重要な方面で臨床的な苦痛や障害を引き起こす」。

サディズムというのは、『ジュスティーヌ』や『ジュリエット』などを書いたフランスの作家で、自身もサディストだったサド侯爵ドナスィアン・アルフォンス・フランソア（一七四〇〜一八一四）の名に基づく。相手が人間の場合のサディズムは、屈辱・人格的堕落・搾取などの心理的な痛みを与えることをも含んでいる。マゾヒズムは、痛みや苦痛を与えられることによって快感を味わうことであり、その人をマゾヒストと呼んでいる。純粋なサディストはまれで、マゾヒストを兼ねることが多いから、サド・マゾヒズムと一まとめにして扱うことが多い。この傾向をもつ人のうち、純粋なサディストは、男性で九％、女性で七％、純粋なマゾヒストは、男性で八％、女性で一七％、その他の大多数は混合型のサド・マゾヒストだと言われている（ＤＳＭ－Ⅳによる）。

自分が不安をもっていると、それを解消するためには、自分よりもっと弱い人をいじめて「自分は強いぞ」と思い込むか、自分より強い人の手下になって庇護《ひご》してもらうかしかない。この支配と服従がサディズムとマゾヒズムの基本的心理構造であるから、サディズムとマゾヒズムは一見対立する心理であるように見えるが、実は同じ楯の両面にすぎないのである。中間管理職の人が、部下いじめをする一方で上役にへつらうのも、この一型であり、権威主義的性格と呼ぶ。

サディズムの空想や行動は、その人が相手を支配して優位に立つこと（たとえば、這わせる、檻《おり》に入れる、監禁、目隠し、殴打《おうだ》、むち打ち、つねる、やけどを負わせる、電気ショック、強姦、切り傷を負わせる、刃物で刺す、紐で締め上げる、拷問を行う、殺人）を含んでいる。これが反社会的人格障害といっしょになると犠牲者の傷害や殺害を引き起こす。

サディズムは、普通は成人初期頃から始まる。慢性的に症状が現れ、次第に強くなることが多いが、長期間にわたっても強まることなく、相手にひどい身体的障害を与えずに経過することもある。

☞ 42 権威主義的性格
132 マゾヒズム
144 幼児虐待

60

自我

——自律性を獲得

ごく当たり前のことのように感じていても、よく考えてみると人間にはきわめて不思議な能力が備わっている。たとえば、「自分が実在している」ということがどうしてわかるのか。ひょっとしたら、これは夢であって、自分は存在しないのではあるまいか。チョウになってひらひらと飛んでいる夢を見た荘周が、目覚めたあとも自分がチョウなのか人間なのかしばらくわからなかったというのも無理はない。

「自分は、他人と違って確かにかけがえのない自分だ」ということがなぜわかるのだろうか。それをわからせるという不思議な仕事を受け持っているのが、自我なのである。他と対立するものとしてとらえられた自分を「自我」と呼ぶ。これを言い替えれば「自分」のことだ。

自我は意識の主体であるから、いくつかのことを意識させてくれる。①自分が活動しているという意識　②他の人とは違う独自な存在だという意識　③時間が経過しても変化せず、相変わらずの自分であるという一貫性の意識　④外界や他人に対して、自分が存在しているという意識、など。

精神分析では、人間の心が三つの部分から成り立っていると考える、それは、①イド（エス）

②自我　③超自我、の三つである。イドはいわば本能であり、快感を求める快感原則にしたがう。これとは逆に、超自我は良心であって、裁判所のような役割をしている。「それをしてはいけない」とストップをかけるのは、超自我の仕事だ。

自我は本能としてのイドから、赤ちゃんのときに分かれて発達してくる。だから、それは本能と外にある現実の間を仲介する役割をもっている。イドと超自我の間に立って、本能的な力を現実や良心・理性に沿って修正していく役だ。現実に適応させる、つまり、人間を現実原則にしたがわせる働きをするのが自我なのである。

隣の子がもっているあめ玉をほしいと思うとき、奪い取ってでも食べてしまうのがイドであり、「奪ってはいけません」と押しとどめるのが超自我である。「私がもっている煎餅《せんべい》と交換しましょう」とうまく持ちかけて、けんかしないであめ玉を手に入れるのが自我である。

自我は、自分の欲求が外界に適応するようにすることによって、欲求に基づく緊張からの解放をもたらし、欲求の衝動を弱める。このように、外界や超自我と争わないようにしながら、本能的衝動を適度に満足させることも自我の重要な働きである。

自我の働きの中でも、知覚、運動、知能、思考、言語などは、心理的な葛藤《かっとう》にとらわれずにかなり自由に働くようになり、自律性を獲得していく。これらによって、人は他者との間に長期にわたる愛情の絆《きずな》を作ることができ、これが、異性との関係を安定したものにする能力につながっていく。

☞ 1 愛　6 アイデンティティの危機　134 無意識
5 アイデンティティ　26 解離性障害

61

至高体験——無我の恍惚

ある朝おきたら、夏の太陽が青空に輝き、庭のスズカケの木に小鳥が来てさえずっていた。それを見たとたん、別に何の原因もないのに、彼女はすばらしい幸福感に包まれた。性のオーガズムに似た、全身がしびれるような、かつて味わったことのない絶頂感であった。

こんな感覚を体験したことはないだろうか。米国の人間性心理学の創始者エイブラハム・マスロー（一九〇八～七〇）はこれを一九六二年に「至高体験」と名付け、「大洋のように深く、ゆらめいている、爽快な、高揚した興奮の神秘的な気分だ」と書いている。神聖体験、興奮感、人間関係、美、達成感、子どものように無邪気なユーモアのセンスがあるとそれがおきやすい、とも言われている。至高体験は精神展開薬であるLSD-25やメスカリン、マリファナなどを飲んだあとの体験にも近く、恋愛体験、神秘体験、美的体験、創造体験に似ている。

人間の創造性が最も著しく示される瞬間は、人が目の前にあるものに没入し、創造的インスピレーションに身を任せて、時空を超越して恍惚《こうこつ》の境地、無我の境地に漂うときである。それは、自己でないものになり、自然と融合し、人間を超えた根源的存在に変化した、至高体験の中にいるときだ、とマスローは言う。

このときの人間には、次のような特質が見られる。①過去の習慣や意識に頼ろうとしない ②未来への準備を考えない ③意識の集中 ④意識の放棄 ⑤力と勇気 ⑥信頼感 ⑦統合性 ⑧自発性が出る、などである。

つまり、至高体験を味わっている人間は、自己実現を遂げつつある完全なる人間とか、自分が存在していることを認識している人間と重複している。宇宙全体がわかる、すべてのものとの合体感、感覚がとぎすまされている、自分の全体が完全に関与しているという感じがある。それは、現在の自分を取り巻いている環境を超越しており、時空を超える体験である。至高体験は、快感を伴うプラスの感じであって、不快な、悪魔つきのような感じではない。神になったような、完全に愛に包まれた、非の打ちどころのない、同情心に満ちた、世界や人々を喜んで受け入れる状態である。至高体験は、恐怖のない、無邪気《むじゃき》な行動をもたらす。

こうして、至高体験は自己の内面に潜んでいる人間的な力を引き出し、自己を成長させ、創造性につながっていく。

現代の心理学は主に人間性心理学、行動主義心理学、精神分析学という三分野に分かれて発達したが、その、人間性心理学のうちでも、この至高体験の発見は、芸術や原子物理学などの分野で大発見が生まれる状況につながっていくものだとして高く評価されている。この至高体験が、わたしたちの普通の意識の内の一種なのか、それとも第三の特殊な意識状態なのかはまだ解明されていない。

☞
32 感性
109 トランスパーソナル心理学
112 ニュー・サイエンス
149 臨死体験の影響

62

時差ボケ

——体内時計をリセットせよ

動物は体の中に時計をもっていると考えられており、これを「生物学的体内時計」と呼ぶ。だから、一二時頃になると空腹になるし、明日は遠足だから五時におきようと思って就寝すると不思議にも大体そのころに目が覚めるものだ。初めは、これが日照時間に支配されているのだと誤解されていたのだが、暗い洞窟などに人間を閉じこめて光や外部からの刺激を遮断して、時計を持たせずに睡眠周期を記録してみると、光とは無関係に睡眠が約二五時間ごとに始まることがわかった。つまり、その人独自の体内時計に基づいて毎夜の睡眠や体温等の周期が自動的に繰り返されているのである。大体一日の周期で移り変わる「睡眠と覚醒」のような生物のリズムを「概《がい》日《じつ》リズム」(サーカディアン・リズム)と呼ぶ。人の体温もほぼ二四時間周期で上下し、就眠数時間前に最高になり、目覚めの一~二時間前に最低になる。だから、病気の時には、発熱している日の早朝に体温を計っても低めに出てしまうので当てにできない。治ったのかと勘違いすると、午後になって高熱になるかもしれない。

一群のダイコクネズミにアンフェタミン(覚醒剤の一種)を注射する場合、午前三時だと群の七八%が死ぬのに、午前六時だと七%しか死なない。塩酸リドカインを午後三時に注射すると六%にけいれんがおきるが、午後九時だと八三%におきる。薬の治療効果や副作用も、服薬時間によって強さが変わってくる。アレルギー反応も午前中よりも夕方に強く出る。

生物がもっている概日リズムを司《つかさど》る体内時計と外界の時計とが一致しない状態を「時差ボケ」と呼ぶ。時差ボケを直すには、理論上は体内時計をリセットすればいいのだが、そう簡単にはできない。たとえば、日本から米国へ朝飛び立つと、日本に居れば夜になるころに、朝を迎えた米国に到着するので、頭の中は夜だから、当然眠くなる。しかし、外出して太陽光とか一、五〇〇ルクス以上の蛍光灯のような強い光を浴びると、体内時計が前に進み、頭の中も夜ではなしに翌朝になって、眠くなくなる。現地が暗くなれば、眠くなくても眠るというふうに、現地の時間に合わせた行動をとるように強制すると、時差ボケが早く消失する。飛行機の中で酒でも飲んでよく眠っておくとか、現地に着いたら徹底的に眠らずにおいて、現地時間の夜になるまで目覚めているのも一法である。対策は、到着時間によっても違ってくる。目的地に朝着くならば、機内で眠っておき、昼に着くなら、現地時間の昼食をとって体を覚醒させておく。夜着くなら、それまで眠らずにおくのがよい。到着後二四時間位は時差ボケの可能性がある。抗うつ薬のイミプラミンを飲むと、時差ボケになりにくい。高齢者になるほど時差ボケから抜け出すのに日数がかかる。

八時、一六時、二四時の三回に勤務交代をする三交代制の看護態勢は時々変更になる。変更で看護婦たちを深夜勤務から夕刻勤務に移したところ、医療事故がたくさんおき、昼間勤務に移すようにしたら事故が激減したという報告がある。

☞ 99 体内時計 113 眠気 114 眠り 137 メラトニン

63

自死

——実行前のサインをとらえれば予防も可能

「自死する力をもてる者は幸福なり」とうたったのは英国の詩人テニソン（一八〇九〜九二）だが、自死者は不幸だ。芥川龍之介、有島武郎、太宰治、三島由紀夫、ヘミングウェイなど文学者の自死が多いので、賛美される傾向さえある。けれども、自死などしないに越したことはない。

人間だけがなぜ自死する動物なのだろうか。「人には死の本能（タナトス）が備わっていて、敵意や攻撃性が他人に向かわず、自分に向かうと自死がおきるのだ」とジクムント・フロイト（一八五六〜一九三九）は述べている。殺したい、殺されたい、死にたいという三つの欲望がある、と精神分析では考える。日本の自死者は年間に三万三〇四八人（一九九九年）もいる。

自死研究者は「自死に特有な性格とか無意識はない」と主張している。しかし、実際には、「自死」と、復讐、力、コントロール、罰、償い、犠牲、逃避、眠り、救い、再生、死者との合体、新しい生命、などと結びつけて、幻想を抱《いだ》く自死者が多い。

米国の在郷軍人病院で入院患者四八〇〇人に二一項目のアンケート調査を行い、自死しそうな患者を八〇二人選び出した。そして、五年間追跡調査したところ、四八〇〇人中六七人が自死したが、その中の三〇人しかこの自死候補群に入っていなかった。別の統計では、自死の九三〜九四%は精神病患者で、自死者の四〇～八〇%はうつ状態、二〇～三〇%はアルコール依存症だというデータもある。一生を観察すると、うつ状態とアルコール依存症のそれぞれ一五%、精神分裂症の一〇%が自死しているといわれる。米国の医師ライヒとケリーが総合病院に入院した七万四〇四人を調べたところ、一七人が自死していた。そのうち二人はガン、残りは精神病だったという。身体疾患がある人では、痛みに耐えられぬ人、要求や訴えの多い人、「医療陣から見捨てられた」という感じをもつ人に自死する傾向が見られた。

うつ状態になると普通の人の二五倍も自死しやすくなるという。ことに、貧乏になったとか無力になったという妄想を抱いたとき、未来に絶望したとき、敵意をあらわにするとき、が危ない。躁とうつが交互に繰り返される場合、未婚、孤独、幼時に親と離別、自死未遂経験者なども、うつ状態の人の自死率を高める要素だ。一般に、未遂者は再び自死を試みる傾向が強い。自死者の四〇%は未遂経験者だ。未遂者の一三～三五%は二年以内にもう一度自死を試みるし、七%は三度以上、一%は五回以上繰り返すという。未遂で入院を経験した人を一人住まいさせるのは、きわめて危険なことと考えるべきだろう。家族が持つ自死防止上の役割はきわめて大きい。

最近ファイトがなくなったとか、悲嘆にくれる、また急に「自死する」と言わなくなる、援助を拒否する、精神科にかかったことがあるなども自死の危険を見分ける一つの目安になる。

服毒自死者の九一%は医師にかかっていて、半数以上がその医師が処方した薬で自死しているというから、病人の薬を保管することも自死予防に役立つ。

☞ 12 生きがい 54 心の治療薬 75 人生の意味 18 うつ状態 64 自死予防

64

自死予防

——人生に価値を見出す

うつ状態の人に自死が多いので、うつ状態の詳細がわかれば防ぎようもある。自死は、典型的なうつ状態よりも、むしろ診断をつけにくい非典型的なあいまい型うつ状態に多い。それも、一つの安定した状態から次の状態へ移る移行期つまり、うつ状態の始まりや治りかけの時期が危ない。一度自死未遂をした人がもう一度自死を試みるのは、「訴えが強い、多少とも見せびらかしのある」タイプのうつ状態に多く、その約半数が再び自死を企てるといわれる。

躁とうつを繰り返す循環性格の人よりも、いつも沈んでいるような性格（メランコリー親和型性格）の人に自死が多いとも言われている。うつ状態になる人は、几帳面《きちょうめん》で働き者、まじめな融通のきかない模範社員タイプが多いので、日頃から性格矯正に心掛けて、あまり物ごとを気にしないのんきで弾力的な性格に変えるように努力することも大切であろう。

うつ状態の初期には不眠や、やる気がなくなるなどの症状が出てくるから、この軽い段階のうちに服薬して病気を食い止めてしまうことが必要である。いったん発病してしまったら、励ますことは禁物で、「もっとできるはずの人だから、がんばってみろ」などとハッパをかけると、荷の重さにつぶされて自死に逃《のが》れる。

「今は苦しいだろうが、すぐに治って楽になるからしばらくの辛抱だよ」と、将来に希望を抱《いだ》かせることが重要な支えになる。

幸いに、うつ状態は必ず治ることがわかっているので、それまで我慢することが決め手だ。誠意と時間をかけて話しかけ、「心の絆《きずな》」を作ることも自死をくい止めるのに役立つ。

音楽家のベートーベン（一七七〇～一八二七）は幾度かの恋愛にも失敗して生涯結婚できず、二七歳から難聴が始まって、二一歳の時には絶望して遺書まで書いた。そして、ついに四八歳で完全に耳が聞こえなくなった。しかし、「人は何かしらいいことのできるうちは自死してはならぬ」という『プルターク英雄伝』の中の一句により自死を思いとどまって、あの不滅の『英雄』や『田園』『交響曲第九番』などを生み出したのだった。アルベール・カミュ（一九一三～六〇）も書いたように、自死はむしろ哲学の問題なのである。

哲学者フリードリヒ・ニーチェ（一八四四～一九〇〇）は「生きる理由をもっている人は、ほぼあらゆることに耐えられる」と述べている。人生に生きがいを見出すことが自死を防ぐ最強の砦《とりで》に違いない。ものを創り出す喜び、音楽や花の美しさを味わう喜び、自分の行動や態度で人間らしい気持ちを示す喜び、これらが「人生の価値」であると、精神科医ヴィクトール・フランクル（一九〇五～九七）は言っている。価値を感じるのは感性であるから、幼いころから美しい自然や、音楽などに接する機会を増やして、感性を豊かにしたい。現代社会では人生の価値を見失いがちだから、人間らしく生きていける世の中にして自死を防ぎたいものだ。

☞ 12 生きがい　32 感性　63 自死
18 うつ状態　54 心の治療薬　75 人生の意味

65

しそこない

——それには意味があるのだ

私たちは忘れ物をしたり、言いそこなったり、いわゆる「しそこない」をすることが多い。しかし、「それには意味があるのだ」と言ったのはオーストリアの精神科医で、精神分析の創始者として知られるジクムント・フロイト（一八五六〜一九三九）だ。

筆者が精神科の外来患者を診ていたころに受け持っていた二〇歳の女子大生がいた。ところが、彼女はほとんど毎回、診察室に忘れ物をしていくのだ。傘、かばん、読みかけの文庫本、メガネ、などなど。看護婦が心配して、ボケが始まったのではないかと気にしたほどである。しかし、真相は、筆者を好きだったためであった。忘れ物をすれば、「すいません、傘を忘れたのでとりにきました」と言って、もう一度私の顔を見に戻ってくることができる。恋愛経験のある人ならこの心理を理解できるはずだ。「もう一度顔を見るために傘を置き忘れたふりをしてやろう」と意識的に行われた行動ではない点が重要なのである。つまり、彼女の無意識が命令を出して、彼女にその行動をさせたのである。精神医学ではこれを「陽性転移」現象と呼んでいる。彼女が父親を好きだった場合に、父が死亡しているとか、話す機会もないくらい忙しいとかで、自分の愛情を父に示すことができないと、無意識のうちにその代わりとして父親の代理人（学校の教師、受け持ちの医師、親戚の男性など）を好きになってしまう。しかし、それは本当に私を愛しているわけではなくて、無意識のうちで単に父の代用にしているだけである。その逆に、陰性転移の場合には憎まれてしまう。精神科医は陽性転移か陰性転移をされるくらいでないと患者を治すことができないと言われている。要するに、患者に関心をもたれないようでは話にならないというわけだ。

ある教授が亡くなったとき、葬儀場で助教授が弔辞を読み上げた。原稿には「弔辞」と書いてあったに違いないのだが、助教授はうっかり「祝辞」と読んでしまったのだ。たぶん、亡くなった教授の後任に自分が任命されて出世できるチャンスがきたのをこの助教授は密かに喜んでいたのであろうことは誰の目にも明らかであった。

他人を訪問するときに、準備しておいたおみやげの品を忘れて出かけることがある。これは、訪問先の人を嫌っており、「プレゼントをしたくない」という意志が表れたのである。買い物をし忘れたり、話しそこなったり、手紙を投函し忘れたりするのも、したくないという無意識が働いていることが多い（ボケによる物忘れは、別の原因による）。このように、「しそこないには意味がある」ことが多く、それが無意識を示していると解釈できる場合が少なくない。フロイトは『日常生活における精神病理』（一九〇一）や『精神分析入門』（一九一六〜一七）という著作で、こんな症例をたくさん紹介している。無意識は夢に露呈されると考えられているのだが、「しそこない」にも無意識が出てしまうということを覚えておくとよい。

☞ 134 無意識 87 精神分析

66

失恋と離婚

——自分自身を見つめ直し、「愛」とは何かを考える

愛とは、セックスや、寛大さ、依存、親近感、親密さ、愛着、希望、ファンタジー、相手の欲求に応えること、などとは別のものだ。たとえば、親密さとは「何でも話し合えること」にすぎない。「相手を愛しているから」という口実をつくって、自分の成長や責任感を無視してはならないが、自分の成長にプラスになるからという理由で相手を選んではならない。

愛とは、相手の幸せと成長とに心づかいをし、共感的に相手を理解し、優しく扱って、親密感と愛着を抱き、すべてをありのままに受け入れて許し、無条件で自分を与え、ともに成長することだ。互いに認め合い、尊敬し合い、思いやりをもっており、何でも率直に話し合い、いっしょに悩みを解決し、互いの成長を支え合い、敬意や関心を払うことから愛が生まれる。人間的な成熟と忍耐の持続も必要だ。

自分をさえも愛せないようでは、相手を愛するのは難しい。一人になる不安と孤独にいつもおびえ、他人を信用できないので、「結婚さえすれば孤独ではなくなる」という幻想を抱いて結婚したりする。寂しいからというだけで、異性といっしょになるのは、寂しさからの逃避にすぎないのだから、寂しさの解決法を別に考えておくとよい。寂しいときは、何かに熱中することによ

って一呼吸入れて、衝動的な決定を避けるべきだ。

異性を失うという不安から付き合いを続けている人が多いが、相手に捨てられることを恐れるあまり、本音を隠して恋愛にのめりこんだり、異性に服従したりしてはならない。自分が愛されていないかもしれないという不安を抱くと、相手を憎むものだ。一方的に相手を見ないで、自分を見るとよい。

失恋や離婚の原因をいくつか示しておこう。①一人の人を愛し抜く気持ちが足りなかった ②お互いに無条件の愛を相手に与える気持ちが欠けている ③愛情よりも打算（地位や外見、財産、学歴など）が大きかった ④相手を自分の目的に利用しようとした ⑤好きな人同士ではなかった ⑥いっしょにいるだけで楽しいという、ウマが合う相手を選ばなかった ⑦ステキな異性が現れるのを待つシンデレラだった（無批判について行ってしまう） ⑧主体性がなく、選択を相手に任せて、自分で選ばなかった（くどきおとされただけ） ⑨ありのままをさらけ出して付き合うことをしなかった（よく見せかけた） ⑩共通の話題がない ⑪お互いに、充実した人生を送ろうという考えが少ない ⑫双方のコミュニケーション不足 ⑬親密さ、適応力、順応力、信頼、寛大さ、相手を大事にする気持ち、助け合いの気持ち、向上心に欠けていた ⑭男女差別をしたり、支配欲や服従欲、劣等感（自分は価値がないと思っている）をもっていた ⑮相手を所有していると思っていた ⑯親から自立していない ⑰自分を十分に受容できない（相手を受容できなくなる） ⑱捨てられることを恐れている ⑲献身要求 ⑳関心事や価値観の違い。

☞ 1 愛　14 異性の選択　36 共依存
2 愛着　16 インナー・チャイルド　104 出会い

67

自閉的障害（旧称では自閉症）

——三歳までに発病

一五歳以下の子ども一〇〇〇人に一人（〇・一％）が、無感情なロボットのようになるこの奇病にかかっているという。しかしその原因はわからない。この病気にかかる子どもの九四％は三歳までに発病し、残りも五歳までに発病している。そして男のほうが女の四〜五倍多い。患者の兄弟にかぎると、この病気の発生率は三〜七％（通常より約五〇倍多い）になる。また一卵性双生児で二人ともこの病気になる一致率は六〇〜九〇％（二卵性では一〇％以下）と高い。これらのことから、遺伝も関係しているらしいが、脳の欠陥、化学的異常など他の原因も疑われている。かつて中流以上の家庭に出現するとか、親の愛情のかけ方が少ないとこの病気になると言われたことがあったが、それは誤りだった。妊娠中の風疹《ふうしん》、難産、脳炎、頭部外傷が原因という説もある。

二〇歳までに患者の三五〜五〇％がてんかんのけいれんをおこす。多くの患者に知的障害が見られ、五〜一〇％が義務教育を卒業できるにすぎない。五〜七歳の時期に多少改善されるかどうかが分かれる。三分の二でその障害が回復しないといわれる。発育とともに多少好転するとしても、基本症状は完全には消えない。脳に故障があるとすれば、「治す」よりも、生活のしつけに重点をおくほうがよい。周囲のサポートがあれば、社会的自立も不可能ではない。

幼児期に始まるこの病気は次の三つの症状を示す。①社会的相互交流作用がない ②言語障害と伝達障害 ③活動や関心の範囲が狭い。

①の症状は、他人がいることや他人の感情に気づかない、苦痛を気にしない、バイバイと手をふってもまねをしない、遊びに対する関心がない、遊びに加わらない、友達を作れない、社会的にかかわろうとしないなどを指す（社会的発達障害）。

②は、言葉の発達が遅れたり偏ったりする。表情・身振り・言語による心の交流がない、見つめる・笑いかける・だっこをねだるなどの非言語的交流をしない、ままごとや犬になるなどの空想遊びができない、話し方に変化がない、話の内容や型式の異常（「ほしいのか」と聞かれると「ほしいのか」と答える）、他人と会話できない（ひとりごとをつぶやく）などだ。

③は、同じことにこだわる。指や頭を振るなどの単調な運動を繰り返す、おもちゃの自動車の車輪を回し続けるというふうに品物の一部にこだわる、家具の位置を変えるなどの環境変化をいやがる、駅などへ行くにもいつもと同じコースしか歩かない、天気予報だけに興味をもつなど、行動や興味の範囲が狭いなどを意味する。

これら①～③に分類した症状のうち各二項目ずつを含み、合計八項目以上あれば、米国では自閉的障害と診断される。脳内のアヘンに感じるセンサー（オピオイド受容体）を働かなくさせる薬「ナロキソン」と「ナルトレキソン」を与えると、攻撃性や衝動性、多動、ひきこもりが減って、言語活動が増えたという。しかし、根本的治療にはまだ遠い。

☞ 68 自閉的障害と脳
69 自閉的障害の治療

68

自閉的障害と脳

――大脳皮質の奇形と関連

米国のジョンズ・ホプキンズ大学医学部精神科のジョウゼフ・パイブン医師らが『米国精神医学雑誌』一九九〇年六月号に発表した論文によると、生体を輪切りにして、その内部構造をレントゲン断層撮影写真のように見せてくれる機器、MRI（磁気共鳴画像装置）で調べた結果、自閉的障害は大脳皮質の奇形が原因かもしれないという。

パイブン医師らは、一〇〇人の自閉的障害を持つ患者から一八歳以上の一三人を選んで脳の断層像を調べた。四五分間の撮影時間の間動かずにいることが必要なので、幼児を除いたらしい。比較のため、同じ年齢、同じ知能指数の自閉的障害でない男性一三人をも選んで、同様に脳の断層像を撮っている。この結果、自閉的障害ではない人には見つからない大脳皮質の奇形が、一三人の患者のうち七人（五三・八％）に見つかった。

自閉的障害の五人は大脳皮質の脳回、わかりやすく言えば脳の表面にあるひだが小さかった。その場所は、人によって異なっていて、前頭葉、頭頂葉、側頭葉、後頭葉などさまざまだった。一人は両側の頭頂葉の脳回が大きく、脳に裂け目があった。もう一人は片側の前頭葉の脳回が大きかった。三人は左半球に、二人は右半球に、別の二人は両側に、脳の奇形があった。

一三人の自閉的障害者のうち、大脳皮質の奇形がある三人と奇形のない三人の計六人は、母親が妊娠中に原因になりそうなことを経験していた。たとえば吐き気止めの薬ベンデクティン（現在販売中止）を服用したり、胃腸を壊したときに抗不安薬クロルディアゼポキサイドを服用したりしている。また、インフルエンザにかかってペニシリンと解熱薬のフィオリナールを使ったり、流産防止のための薬を使っていたケースもある。薬の服用は妊娠初期の三ヵ月から次の三ヵ月に集中していた。いずれにしても、妊娠六ヵ月までの母親が、ある種の薬を服用すると胎児に脳の奇形を生じやすい。妊娠三ヵ月から五ヵ月までの期間とか、第三〇週よりも前が脳の奇形を作る時期だと、かねて言われていた説とも一致している。

大脳皮質の奇形は、自閉的障害だけに特有のものではない。知的障害の五〇〇人中二七人は脳回が小さく、五三七人の小児科患者のうち一三人に皮質奇形があり、その全員がけいれんを示したとの報告もある。

胎児の窒息、母親のウイルス感染、染色体損傷、ウイルスによる免疫反応、特殊なタンパク質欠乏、セロトニン異常なども脳奇形の原因になるかもしれない。

パイブン医師らの報告では、脳奇形の種類や発見部位も一定でなく、例数も少ないので、これが自閉的障害の真因だとまでは断言できないが、脳奇形をおこしたその原因が自閉的障害をもおこした可能性が濃いと言えよう。

☞
67 自閉的障害 117 脳の栄養
69 自閉的障害の治療 148 臨界期

69

自閉的障害の治療

——行動療法が有効

自閉的障害になる子どもは、同年齢の子ども一〇〇〇人について一人といわれるので、一小学校の生徒数を一〇〇〇人とすればどの学校にも一人くらいはいる計算になる。

ひところは、母親の育て方や愛情不足によって子どもが自閉的障害になると信じられていたが、最近では脳のどこかが壊れていると考えられるようになった。たとえば耳が聞こえない子は言葉を学べないからしゃべれない。それと同じように、自閉的障害の子も、脳の一部がうまく機能していないので相手の信号をキャッチできず、したがって対人関係を作れない。脳に障害があるから手先が不器用で、ボタンをかけたり、靴紐を結んだりが下手だという。他人の動作のマネもできないし、読み書きを覚えるのが苦手で、学習困難を示す子が大部分である。米国では約半数が社会にまったく適応できず、普通に適応できる子はわずか一四％にすぎない。成人してからも三分の二が重度障害者として施設に入所している。一〇歳以後にてんかん発作を併発する人もいる。各症状に応じた治療を考える必要があるが、自閉的障害を治すのは非常に難しく、治して普通の子と同じにするというよりも、少しでも障害を少なくして、社会でなんとか暮らせるようにしてあげることを目標にするべきである。

耳が聞こえにくいのなら、補聴器などにより言葉を教える方法を考えるべきだろう。それと同様で、自閉的障害をもつ子どもに対しても、むやみに可愛がったり、親も裸になっていっしょに泥遊びをしたりするより、脳の障害を補うような機器を使って、一定のスケジュールにしたがって教育や訓練を続けてあげるほうがよい。自閉的障害に対する古い考え方にこだわってはならない。

病気自体を完全に治すことは難しいから、行動面に現れる症状を軽くし、学習と発達を促すこと、特に言葉を習得させることが目標になる。個人差が大きいので、各人に合わせたプログラムが必要になり、小人数の教育が望ましい。その子どもが好んでいるコミュニケーションを選べば、学習は促進される。たとえば、旗が好きな子どもならば、手旗信号を教えるなど。行動のお手本を示すとか、ロール・プレイ（役割を実演してみる）が有効なこともある。

好ましい行動を促進するとか、好ましくない行動を減らすには、行動療法がよい。四〇時間程の行動療法で知能指数が増えた子どももいる。現段階では、条件反応を応用した行動療法が社会生活を可能にするための最も有効な治療である。一般的な心理療法はほとんど無効である。攻撃的、自傷行為、多動、同じ動作を繰り返す、などには、精神治療薬が奏効することもある。多動にはドパミンが関与していると仮定してハロペリドールを使ってよい成績をえたケースがある。

一九九七年にセロトニントランスポーター（5-HTT）を標的にする抗うつ薬が、自閉的障害の反復性行動や攻撃性、話し方の改善などに有効なことが発見された。これによって5-HTT遺伝子の変質が自閉的障害になりやすい原因のひとつと想定されている。

☞
47 行動療法
67 自閉的障害
68 自閉的障害と脳
78 心理療法

70 十二指腸かいよう

——ストレスが原因の心の病⁉

人口の六〜一二％におきる十二指腸かいようは腸の病気だと思われているが、震源地は脳にある。つまりストレスによる脳の異常興奮が腸に現れるのだ。脳と消化器が直結しているなどとは考えにくいが、それを証明する事実はたくさんある。学校でテストの時期になると下痢が始まる過敏性（大）腸症候群（七〇頁参照）もその一つだ。

すでに一九三四年の昔に、米国の精神分析学者フランツ・G・アレキサンダー（一八九一〜一九六四）は七つの病気を心身症だと考えており、その一つが胃と十二指腸の消化性かいようだった。他の六つは、かいよう性大腸炎、リューマチ性関節炎、甲状腺機能亢進、気管支ぜんそく、本態性高血圧、神経性皮膚炎で、いずれもストレスでおきるとしている。ソ連のイワン・P・パヴロフ（一八四九〜一九三六）による条件反射学説を発展させたK・M・ブイコフは一九四六年に『大脳皮質と内臓器官』を書いて、大脳皮質が内臓の働きを調整していることを証明した。

事故で胃の中が外から見えるようになってしまった患者を観察して、感情が胃液の分泌量を左右するのを発見したのはウィリアム・ボーモントだった。恐怖、不安、ゆううつが胃液分泌や胃の運動を減らし、怒りがそれらを増やすことを知ったのはボルフらであった（一九四七年）。

空襲下のロンドン市民や第二次世界大戦中の英米連合軍兵士に消化性かいようが多かったという事実からも、それがストレスによってできる可能性があることはうなずけよう。戦争中に捕虜になった兵士は、戦後になっても十二指腸かいようやうつ状態になりやすいそうだ。中産階級の人が「追いつけ、追い越せ、引き離せ」と働きすぎたり、心配したりするとかいようができる。タバコを吸いながら机にしがみついて長時間働き、コーヒーを何杯も飲んで、頭痛止めにアスピリンを飲む。夕食後カクテルでも飲めば、悪条件がそろうので、すぐにかいよう患者になる。

精神的負担がかいようを作ることを示した、米国の心理学者ブラディによる管理職ザルの実験（一九五八年）を紹介しよう。二匹のサルを電気ショック装置につないでおき、電灯がついたらすぐに一匹がスイッチを押せばショックを受けずに済む。「スイッチを直ちに押さねば」といつも緊張しているスイッチ係（管理職）のサルにはかいようができたが、同じショックを受けたもう一匹はショックを防ぐ手段もなく、されるままにもかかわらず、精神的負担がないので、かいようはできなかった。アレキサンダーによると、かいようになる人は依存的で、いつも欲求不満があり、満足することを知らない性格だという。こんな人は恥、有罪感、敵意といった葛藤《かっとう》に対して防衛的な感情で反応する結果、副交感神経緊張を招いて胃液分泌が異常に多くなり、胃の粘膜も充血して傷つきやすくなるのでかいようになるらしい。最近の研究によれば、独立心が強い、成績を上げようとする、見栄《みえ》っ張りなどの性格の持ち主や、子どもや思春期時代に、親と別居、死別、大切なものを失うといったことが十二指腸かいようを発症させるそうだ。

☞ 30 過敏性（大）腸症候群　80 ストレス　83 性格改造
74 心身症　81 ストレスの避けかた

71 主張(断行)訓練法
――「おはよう」の声かけから

全人口の四〇%は内気な人だという。英国のダイアナ元皇太子妃も本来は内気だったそうだ。思ったことを口に出せないというのも、内気な人の悩みの一つである。

黙っていたり、攻撃的な話しかけでは、自分の考えを相手に正しく伝えることができない。この二者の中間の適切な自己表現が必要であり、自分の考えや気持ちを素直に、その場にふさわしい言い方で表現すること、自分をも相手をも大切にする態度が大事である。相手に対する従属的でもなければ支配的でもない適切な自己表現を「アサーション」と呼ぶ。自分の意見を通そうとするよりも、お互いを尊重しつつ、自分の気持ちを相手にわかってもらおうとすれば、相手も自分が大切にされていると感じるので、お互いの違いを認めて、協力する気になってくれる。他人の権利を侵さないで、自尊心をもち、健全な自己意識を反映させる、このアサーションをできるようにするのが主張(断行)訓練法であり、何が何でも自分の意見を通そうとか、相手を屈服させようというのではない。この訓練法(アサーティヴネス・トレーニング)は、社会生活を円滑にし、内気な人の不安を減らすのを目標にしてソルターによって、一九四九年に開発された。

主張する場合には、次の注意が必要である。相手を驚かせない、けなしたり傷つけたりしない、追い詰めて逃げ場を失わせることをしない、不安に陥らせない、復讐心を抱《いだ》かせない、相手の感情や権利を尊重する、ののしらない、どならない、相手も満足できるように自分も譲歩の用意があることを知らせる。これらを心得て主張できるようになると、内気を改善できる。

主張する際の基本的な注意事項のメニューは次のようだ。①自分の感情を話す。「きれい！」ではなしに、「色彩のバランスがすてきな絵だね」など ②心の中におきた最初の感情を大切にする ③短く、うまく自慢せよ ④表情、ジェスチャー、手つきなどの身体言語を使え ⑤反対はごく穏やかに ⑥データで相手を追い詰めたりせずに、自分の意見を「私の感想です」と控えめに述べよ ⑦誠実に、確信をもって話せ ⑧テレビやドラマなどで、他人の話し方から学べ

次に日常生活の中で主張訓練をする方法をいくつか書いておこう。①相手が自分に気づいていなくても、「おはよう」などの挨拶を投げかける ②何かおもしろいことや冗談を言ってみる ③あまり必要でないときでも、「ありがとう」「ごめんなさい」「どうぞ」などと言ってみる ④愛している人には、会話の途中でも、突然「君を愛しているよ」と言う ⑤後ろからくる人のためにドアを開けて押さえてあげる、道を譲《ゆず》る、コートを着るのを手伝ってあげる、座席を譲るなどのちょっとした親切を実行する ⑥路上で道を尋ねる。お礼を言うほかに「今日一日お元気で」と付け加える ⑦用がなくても、通りすがりの店に入り、何かを尋ねてみる ⑧他人にお世辞を言われたら、素直に受ける ⑨一日に三回ほめる。「顔色がいいね」「そのブローチすてきだね」「いいかばんをもっているね」など、相手を喜ばせることを意識的に口に出してみる。

☞ 81 ストレスの避けかた　110 内向性
83 性格改造

72

象徴化——言葉で表せないもの

「人間の精神活動は、意識と前意識（無意識）と普遍的無意識とに分かれている」と考えたのはスイスの精神科医カール・グスタフ・ユング（一八七五～一九六一）であった。「意識」は思考と行動とに示される。「前意識」は、ふだんは忘れているものの、夢や記憶などの形で、すぐに意識へ呼び出せる個人的無意識の集積である。これには知覚・経験・抑圧された欲望などが詰まっている。「集合的無意識」（人類的無意識）は、人類の長い歴史の過程で本能的な感情や価値が沈潜堆積《たいせき》したものだ。これをそのままの形で意識に呼びおこしたり、言葉にうまく表現したりはできず、心の動き方のパターン、象徴的なイメージとしてしか感じることができない。それが、患者の夢や、世界中の神話・伝説などに共通の形で現れてくることにユングは気づき、これを「元型（アーキタイプ）」と名付けた。怖い上役を「殺してやりたい」と思うほどに憎んでいる場合、そのままの形では夢に出てこない。夢の中では、弱い猫が猛犬に立ち向かって、嚙み付いたなどという象徴の形をとる。象徴化がわかると、わたしたちの夢や神話が何を意味しているのかが解釈できるようになり、人間の心のメカニズムが少しではあるが明らかになる。

一般に、象徴とは抽象観念の中に全体的なイメージを圧縮して具体化することを言う。富士山で日本を、葵の御紋で徳川家を表すのは、象徴の例だ。決まりきった意味だけではなしに、何かつかみどころのない、隠された、私どもが知らない含みを暗示するのが象徴であり、葵の御紋は高貴とか威厳、権力などをも暗示している。

象徴は人間性を表現しているから、私たちの知性や感情に訴えてくる。そこが道路に立っている速度制限を示す標識の記号などとは違う。象徴は直接には示しにくい何かの直観的な知恵を示すので、芸術、宗教、神話などでは憎しみ、真実、正義、慈悲、愛などといった抽象的概念を象徴という形で示してきた。それがいちばん身近に現れるのが夢、映画、童話などであり、たとえば「愛」という抽象概念を示すためには、「白い馬に乗った王子様が娘を迎えに来る」という象徴化をするのである。

グリム兄弟が一八一二年に出した『子どもと家庭のための昔話集』第一巻初版の「白雪姫」にはこんなことが書いてある。「死んでしまった姫のひつぎをかつぐ召し使いが重いものを運ばされるのに腹を立てて白雪姫の背中を殴った。すると、食べかけの毒リンゴが喉《のど》から飛び出して、姫は生き返った」。つまり、ここには悪から善が生まれることを象徴的に示している。ヘンゼルとグレーテルが森の中のお菓子の家で魔女を暖炉の中に蹴落として殺すのは、悪は自ら滅びることを象徴するだけでなしに、子どもが「親離れ」をして自立するのを象徴している。この話は人の一生を象徴しており、子どもは親離れしなければ一人前の人生を歩めない。その象徴としての母殺しが描かれている、のだ。

☞ 134 無意識　142 夢の仕事
141 夢の解釈　143 ユング心理学

73

神経症

――細分化されてしまった病気

ノイローゼという単語は、「神経症」を意味するドイツ語である。精神的に少し不安定だと「君はノイローゼにかかったのじゃあないか」などと、しろうと診断に乱用された言葉だ。精神分裂症などのときにも、他人から差別されるのを恐れて「神経症になった」と言ってごまかす場合にも利用された。

ところが、この病名は社会に名をとどめているだけで、学問上ではもはや使われていない。「この診断名は、内容があいまいだ」というので、一九八〇年にアメリカ精神医学会が使わないことに決め、WHO（世界保健機関）の診断基準もそれにならった。

それより前には、精神異常のうちでも、非器質的（解剖学的な変化がないという意味）で、精神病ではないもの、精神的ショックなどの心理的原因がある、一定の性格傾向の持ち主、不安がある、無意識的原因がある、といった特徴をもっている病的状態を「神経症」という総称名で一括していたのであるが、それではあまりにもあいまいだということから、もっとはっきりした症状で細かく分類し直そうとしたのであった。

神経症という診断名は消えても、その症状をもっている患者が消えるわけではない。それでは、昔の神経症はどのような新しい診断名に分かれたのであろうか。パニック障害、全般性不安障害、抑うつ状態、単一恐怖症、広場恐怖（運動場を横切ることができない）、対人恐怖、病気恐怖、強迫性障害、転換性・解離性障害（ヒステリー）が大体昔の神経症の範囲に入る。

単一恐怖症は、高所恐怖、乗り物恐怖、閉所恐怖（電話ボックスや公衆便所に入れない）、尖端恐怖（刃物やペン先が目に刺さるような気がする）、動物恐怖（クモ、犬など）を含む。

病気恐怖は、心気症とも言われ、検査しても異常が見つからないのに、ガンにかかったなど、自分は病気だとかたくなに思い込む場合である。

強迫性障害は、無意味だとわかっているのに、ある行動や考えを止めることができないケースである。手を一日に何百回も洗う、自宅から学校までの道路沿いの家の扉に全部さわる、枕がベッドのちょうど真ん中にないと不安で、両側を物差しで測らないと眠れないなど。転換性・解離性障害は、昔「ヒステリー」と呼ばれたもので、身体的故障がないのに、急に目が見えなくなったり、歩けない、立てない、話せないなどの身体的症状が現れるものを指す。

これらの障害は、社会的に迷惑を及ぼすことはないが、自分が悩むので気の毒である。最近抗不安薬はかなり効くようになってきたが、それでもまだ、薬物療法だけで治ることはまれだ。心理的原因があるならば、それを心理療法によって取り除かなければならない。性格に偏《かたよ》りがある場合には、それを矯正《きょうせい》する必要がある。フロイトは、幼児期の性的体験が神経症の原因だと述べたが、それ以外にもたくさんの原因があると考えられている。

☞ 22 演劇的パーソナリティ障害　26 解離性同一障害　39 恐怖症　94 全般性不安障害　98 対人恐怖症　121 ヒステリー

74

心身症

――慢性ストレスが体に出たもの

学生ならば、テストになると必ず下痢《げり》をするし、社会人の場合には面接とか重要な会議、講演するなどの前日になると下痢が始まる人がいる。これはどう見てもストレスが影響しているとしか思えない。このように、ストレスとか性格が原因になって身体面に異常がおきるのを心身症と呼ぶ。しかしながら、「心身症」は病気の名前ではなくて、症状群の名前であって、冒頭の例の病名は過敏性(大)腸症候群なのである。日本心身医学会では、心身症を次のように定義している。

「心身症とは、身体疾患の中で、その発症や経過に心理社会的因子が密接に関与したために障害が認められる病態を指す。ただし、神経症やうつ状態など、他の精神障害に伴う身体症状を除外する」

心身症には、次のような疾患が含まれている。

消化器系〈過敏性〈大〉腸症候群、神経性嘔吐、胃かいよう、十二指腸かいよう、胆道ジスキネジー、移動性盲腸〉、呼吸器系〈過換気症候群〈過呼吸症候群〉、気管支ぜんそく〉、内分泌系〈神経性食欲不振症、大食症、肥満〉、循環器系〈心筋梗塞、発作性上室性頻脈、本態性低血圧症、心臓神経症)、泌尿《ひにょう》器系(過敏性膀胱《ぼうこう》、夜尿症)、筋肉系(チック、斜頸、筋緊張性頭痛)、自律神経系(自律神経失調症、起立性調節障害)、皮膚科系(円形脱毛症、じんましん、アトピー性皮膚炎、皮膚《ひふ》掻痒《そうよう》症)、耳鼻科系(メニエル症候群、アレルギー性鼻炎、失声症)

ヘレン・フランダース・ダンバーという米国の心療内科医が書いた本を読むと、自動車運転事故多発者までが心身症の例に含まれている。これは、ちょっと腑《ふ》に落ちないと思う読者も多いだろうが、もしあなたの周囲に事故多発者がいたら調べてみるといい。ダンバーによると、そういう人は無意識のうちに疾病利得《しっぺいりとく》(病気になると得をする)を狙ってケガ人になろうとする気持ちが働いてしまうのだそうだ。たとえば、夫婦仲が悪くて配偶者に愛してもらえない場合には、病気になれば看病という形で可愛いがってもらうことを期待できる、というわけだ。

過敏性(大)腸症候群の場合も、事故多発の場合も、普通の医学的治療(消化剤や骨折の骨接ぎ)で治らないだろうことは誰でもわかる。では、心身症の治療はどうすればいいのか。ストレスを気にしなくするとか、性格を変える必要があろう。心のことも体のことも熟知している心身症専門医が心療内科でストレスを取り除き、抗不安薬を与えるほかに、カウンセリングをしたり、精神分析や行動療法、家族療法、内観療法などの心理療法を加えなければならない。ドイツの大学病院にはすべて心療内科があるのに、日本の大学病院で心療内科・心身医療科があるのは七つだけという心細い現状である。一九九六年に心療内科という看板を掲げる許可が厚生省からやっとおりたばかりだ。約半世紀の立ち遅れである。

☞ 30 過敏性(大)腸症候群　70 十二指腸かいよう　86 青春期食欲不振症
46 甲状腺機能低下症　79 頭痛　97 大食症

75

人生の意味

——四つに分かれる答え

英国の作家ジョナサン・ギャベイが世界中の有名人一〇五人に「人生とは何ですか」というアンケートを送り、返ってきた回答を集めた本『ミーニング・オブ・ライフ 人生の意味』（人間と歴史社）を読んだ。回答者にはマザー・テレサや英国の動物学者デズモンド・モリス、台湾の李登輝総統（当時）などもあって、興味深い。むろん、考えは人それぞれで違うので、絶対的な答えなどあるはずもない。「人生に意味などない」と答えた人もいるが、そういう人でも「人生とは生きるに値するすばらしいものだ」と考えている。しかし、人生とは、生まれ、生き、死ぬことでしかない。現在自分が生きていることは事実であるし、世界は美しいが苦しいことも多い。

すべての被造物は運命を同じくしており、「生あるものは必ず死す」のだから、生命があるうちに、どう生きるかが問題だ。昨日は過ぎ去って二度と戻らないので、ないも同然だ。明日の命は保証されておらず、たった今、地震や交通事故で死ぬかもしれない。昨日も明日もないものならば、「今日、今を大切に生きる」ほかあるまい。明治、大正のキリスト教の無教会主義の独立伝道者だった内村鑑三《かんぞう》が「一日一生」と述べたのもそういう意味であろう。

人生とは、与えられるのではなくて探るものであり、自分で創造するものだ、という点では皆の考えが一致しているようだ。古代ギリシャの詩人ヘシオドスは、逆説的に「金もうけのために生きるのだ」と言ってみた。「そんなことは愚《おろ》かだ」と誰でも思うに違いない。金を持って死後の世界へ行けるわけではない。自分のことを考える人は、自己の人格や才能を磨き、精神を向上させようと思うだろうし、他人のことを考えると、助け合いたい、愛したい、と思う。もっと広く天下国家のことを考えれば、よりよい社会にしたいと思うだろう。さらに広く、自然や宇宙を考える人もある。そんな分類で、筆者はアンケートの回答を次のように整理してみた。

【自分を変える】①自分の存在は偶然ではなく、意味があると確信する ②自分の可能性を伸ばし、よりよい人間になる ③自分自身になれ、自分を好きになれ ④自己中心的あるいは非人間的な行動をしない ⑤生きる喜びを味わい、楽しむ

【他人と助け合う】①愛を分かち合い、最大に与え、他人の幸せのために尽くす ②自分がしてもらいたいように、他人にもしてあげる

【理想を追う】①神の御心に沿うように生きる ②善、価値があることを行う ③崇高な理念、自分の信念、目的を追い、精一杯努力する ④よりよい、正しい社会を作る ⑤差別をなくす ⑥平和と安全のために尽くす ⑦真実、確信、信仰、敬虔《けいけん》、尊敬、感謝、誠実、同情、思いやり、哀れみ、友情、親切、寛容、忍耐、柔順、平安、創造、理解、知恵、欲求、希望、期待、勇気、努力、勤勉、奉仕、達成感、満足、清貧、貞潔、を追究する

【自然・万物を尊重】①命の貴さに気づき、命を守る ②自然の一員になる

☞ 1 愛　32 感性　63 自死
12 生きがい　57 個性化　104 出会い

76

心臓発作（心筋梗塞）——ストレスが引き金に

厚生白書によれば、日本人の死亡原因のトップは悪性新生物（ガン）、第二位が心疾患である。心臓を動かす筋肉に血液を供給する血管を冠《かん》動脈と呼ぶ。これは、自動車にたとえるならば、エンジンにガソリンを送るパイプであり、このパイプがつまって燃料が届かなくなればエンジンは止まる。簡単に言うと、冠動脈がつまって血液が心臓に供給できなくなるのが心筋梗塞《こうそく》による死の本態だ。

そのほかに、突然死の原因は心室細動だという説がある。心臓がブルブルと細かくふるえ出すので、ドキン、ドキンと拍動できなくなり、したがって血液を送り出せない。

これら二つの死因が心理的原因によって引き起こされることは、最近の心身医学（サイコソマティック・メディシン）の常識だ。犬を怒らせると心室細動をおこしやすくなるという実験もある。鎖でつないだ犬に餌《えさ》を与えずにおいて、他の犬に餌を与えて食べるのを見せつけると、餌をもらえなかった犬は猛烈に怒って心室細動をおこしやすくなる。これは交感神経が興奮するためで、交感神経の作用を遮断する薬でそれを予防できることもわかった。

サルに社会心理的ストレスを与えた実験もある。一、二週間ごとにサルを新しいグループの中に入れてやるのだ。人間なら、転校や転勤というところである。そのたびにこのサルは見知らぬ連中に囲まれて不安におびえる。低脂肪、低コレステロールの餌を与えておけば冠動脈アテローム硬化（血管の内径をせばめる狭窄《きょうさく》病変）を防げそうなものだが、この不安ザルではどんどん硬化が進むという。食物よりは、むしろ心理的ストレスによって冠動脈の狭窄がおこり、心筋梗塞につながる。

前述の犬とサルでは、いずれもストレスが外から来ている。いわば対人関係のトラブルのようなものだ。ところが、心の中からくるストレスも心臓死を招くと言い始めたのは、米国の精神分析医ヘレン・フランダース・ダンバーで、野心的な欲望の強い人は冠動脈閉塞《へいそく》をおこしやすいことを一九五四年に指摘した。その三年後には、米国の心臓病医M・フリードマンとR・M・ローゼンマンが、「タイプA」と呼ばれる性格の人は冠動脈閉塞をおこしやすいと発表した。「タイプA」（血液型とはまったく無関係）とは中年になっても競争心や欲望が強く、野心に燃え、目立ちたがり屋、活動的、時間に追われて生活しているような性格を指す。この性格がストレスになるのだ。

一〇年間の調査によると、タイプAはそれ以外のタイプよりも心臓発作を三倍おこしやすく、血中コレステロール濃度とか、遺伝、喫煙などよりもこの性格のほうが心臓発作と関係がずっと深いのだという。けれども、最近になって、これは日本人には当てはまらぬとか「タイプA」でも心臓死を予測できぬという反論も出てきた。白人で、西欧的生活をしている人が「タイプA」ならば、冠動脈狭窄をおこす可能性が多少濃いとしか言えないというのが現在の結論だ。

☞ 80 ストレス　81 ストレスの避けかた　83 性格改造　145 欲望

77 心理的外傷後のストレス性障害（ＰＴＳＤ）
――恐怖の再現

「ＰＴＳＤ＝Post-Traumatic Stress Disorder（心理的外傷後遺症としてのストレスによる障害）」という病名は一九八〇年に登場し、阪神・淡路大震災の後遺症として有名になった。

自分自身や子ども、配偶者、近親者、友人などの命が危ういときとか、自宅や住んでいる町が破壊される、暴力を加えられたり、死にかけている他人を見る、離婚などがトラウマ（心理的外傷）を作る。こうしたトラウマを受けると、あとになって、悪夢にうなされる、ふるえが止まらぬ、恐怖が続くなどの現象がおきることは、ウィリアム・シェイクスピア（一五六四～一六一六）やチャールズ・Ｊ・Ｈ・ディケンズ（一八一二～七〇）の作品にも描かれている。しかし、この現象が注目され始めたのは、ベトナム戦争から帰還した米軍兵士らがこうした症状に悩まされてからのことである。近親相姦《そうかん》、婦女暴行、幼児誘拐、テロ、原子力発電所事故、カンボジアの強制収容所、長期間の監禁などによるトラウマでも症状がおきることがわかった。

トラウマとなった体験を繰り返して思い出してしまう。その事柄の夢を何回も見る。その出来事がまたおきたかのように感じたり行動してしまう。その事柄に似た出来事に遭うと精神的に苦しくなったりドキドキしたりする。こんな症状が続いていればＰＴＳＤなのである。

トラウマと関連がある刺激を避け続け、そのことを考えたくない。それを思い出させるような人、場所、行動や状況を避けたがる。それに関係ある重要なことをどうしても思い出せない（外傷性健忘）。幼児ならば、排便のしつけや覚えているはずの言葉を忘れる。他人から無視されるように感じる。愛情が湧かない。関心低下。将来に希望をもてない。眠りに入れない。興奮しやすい。怒りの爆発。集中困難。不眠、不安、イライラ、びくびくして驚きやすい。トラウマを思い出させるような状況に入ると動悸や冷や汗など身体反応がおきてしまう。こんな症状が一ヵ月以上も続く。これらの症状はトラウマを受けたあと六ヵ月以上もたってから初めて現れることもある。実際トラウマを受けている最中は、恐怖におののいて胸がドキドキし冷や汗が流れる。その状態が脳に焼き付けられて条件づけられたのであろう。

ナチスの強制収容所から生還した人の八五％にこの症状が現れた。ベトナムで戦った兵士では一七～二六％だったという。第二次世界大戦の捕虜は、釈放後に六七％がこうなったそうだ。

睡眠には、深い眠りと夢を見ている時のパラ睡眠（レム睡眠、逆説睡眠）とがあるが、ＰＴＳＤの患者では入眠後に第一回のパラ睡眠が始まるまでの時間が短く、パラ睡眠の回数も増えて、その期間中の眼球の動きも多い。これはうつ状態の患者と同じ変化だ。パラ睡眠を減らす作用をもっているのは抗うつ薬である。その抗うつ薬の一種、アミトリプチリンやイミプラミン、フェネルジンなどを与えると、悪夢だけでなしにＰＴＳＤのほかの症状も軽快する。一見、効きそうに思える抗不安薬のベンゾジアゼピンを与えると、ＰＴＳＤは悪化して、怒り出したりする。

☞
7 アダルト・チルドレン　78 心理療法　108 トラウマ
18 うつ状態　80 ストレス　144 幼児虐待

78

心理療法

——心の傷を癒すには

厚生省は一九九九年一月一六日に全国の児童養護施設百数十ヵ所に心理療法士を配置して、児童虐待によるトラウマを癒《いや》すことにしたという。心理療法とは何であろうか。

心理療法とは、心理的な問題を克服させるために行動、思考、情動などを変えるのを心理的な手段を使って援助する各種の方法の総称である。精神科医、臨床心理士などによって、入院でも外来でも行われる。カウンセリングや行動療法、論理療法などがある。クライエント（来談者、患者）と治療者との間に温かさと相互信頼の関係が必要で、治療は、クライエントの問題の原因を説明するか悩みを減らすような理論に基づいて行われる。クライエントに思考や感情を表現するように励ましたり、支持したりする。洞察《どうさつ》を促《うなが》し、新しい技術を学ばせる。実際には、無意識の葛藤《かっとう》を意識化させるとか、行動変容の技術を学ばせるなどの方法がある。特に問題を抱えていなくても個人的成長を望んでこれを受ける人もいる。

カウンセリングでは、米国の心理学者カール・ロジャーズ（一九〇二〜八七）が創案した「クライエント中心療法」が有名である。これは、カウンセラーが聴き役に徹し、クライエントが話しているうちに自分で解決法を悟《さと》るのを期待する方法である。しかし、うわべだけでただ聴いていてもだめで、相手を受け入れ、共感的な理解を示し、カウンセラーもあるがままの自分になりきり、見栄を捨てて誠意をもつ、無条件でクライエントを尊重するなど、カウンセラーの態度が重要な要因になるから、訓練が必要である。

行動療法は、条件反応を利用する方法だ。猫を怖がる幼児の恐怖症をなくすには、まず、遠くにいる猫を見せて、泣かなかったら御褒美にアメ玉を与える。距離を次第に縮めて最後には手が届く距離にし、少しでも触れたらアメをあげる。抱いたらもっとたくさんのアメをあげる。これを繰り返していると、恐怖症は消えていく。禁煙などでも、タバコの喫煙本数が一本減れば、お小遣いを五〇〇円あげるとか、テレビを一時間多く見てもいい許可を出すというふうに、御褒美を出す。「行動は刺激に対する反応だ」という考えだから、肥満に対する治療にも応用がきく。お菓子という刺激を目に触れるところにおかない。つまみ食いする癖があれば、なるべく外出する。冷蔵庫に鍵をかける。お菓子屋の前を通らないように迂回するなど。

論理療法は、基本的な考え方を改めさせるのが特徴である。失恋して悲しむのは、「万人が必ず自分を愛してくれるはずだ」という誤った思い込みにまどわされているからである。初めから、「ひとには好き嫌いがあるから、愛してくれない場合が五〇％だ」と思っていれば、失恋の痛手もより少ないはずだ。入試でも、同じことだ。心理療法には、このほかにも精神分析、森田療法などたくさんの種類がある。

☞
27 カウンセリング　49 交流分析　87 精神分析
47 行動療法　58 催眠術　139 森田療法

79

頭痛

——精神科入院患者の約二〇%が訴える症状

精神科では入院患者の五分の一、外来患者の半数以上がどこかの痛みを訴えているという統計がある。痛みは心理的な悩み、ないし心理的原因、うつ状態などでおきることがあり、心気症(病気だと思い込み不調や苦痛を訴える病気)の患者では特に多い。

心理的原因でおきる痛みは、主に頭痛《ずつう》、頸部痛、腹痛の形をとる。しかし、頭痛は心理的におきるだけではない。高血圧や脳腫瘍のときにも見られる。高血圧では、めまいや疲れを伴うことが多いし、脳腫瘍では嘔吐やかすみ目が並行して現れる。

偏頭痛《へんずつう》は、男で一〇人に一人、女では五人に一人に見られ、ときどき発作的に頭の片側が痛むもので、完全癖の人に気分変調を伴っておきることが多い。頭蓋外の動脈が拡張すると偏頭痛がおき、顔面も赤くなったり蒼くなったりする。患者の一五%位には、まぶしい光やのこぎりの歯状の線をもつ大きな暗点(閃輝暗点《せんきあんてん》)が見えるとか、片目だけ半側盲(左目なら左側だけが見えない)がおき、一~二時間後にそれが見えた目の反対側の頭が痛み始める。血管拡張が数時間続くと、血管が痛み、眼の充血、涙、鼻づまり、首の筋収縮による痛み、嘔吐《おうと》などがおきる。悪天候の前、疲れ、ストレス、音や臭いなどの強い刺激、熟睡後、酒(特に赤ワイン)、チーズ、避妊薬、月経前、頭を打つなどで偏頭痛が誘発される。偏頭痛の人は、出世志向型家庭に育ち、よい成績をとるように強制され、攻撃的言動を慎むようにしつけられていることが多い。両親や配偶者への敵意や性欲が抑圧されるので、葛藤《かっとう》や不安がおき、これが血管の病的状態をおこすとされている。

うつ的気分の人が多いので、こんな人は抗うつ薬（イミプラミンなど）が有効である。偏頭痛を繰り返す人には、怒りや敵意を発散させるような精神療法が有効だ。

緊張性頭痛（筋収縮性頭痛）は、額《ひたい》、後頭部、首、肩などに広範囲の持続的痛みをおこす。慢性の不安やあせりをもつ神経症性格（緊張や葛藤に過敏）の人におきやすい。うなじや頸の筋肉が持続的に収縮するとおきるので、しこりに触れることができる。筋弛緩《しかん》作用をもつ抗不安薬（ジアゼパムなど）が有効で、筋弛緩法や自律訓練法もよいし、葛藤を認識させたり、性格を変えさせるための精神療法も有効である。

群発頭痛は男性に多く、一週から三ヵ月の間、連日頭痛があり、発作は数分から数時間続き、夜半から早朝にかけておきる。いつも頭の同じ片側におき、キリでもむような激痛である。

頭痛は、以上のほかに、風邪《かぜ》、二日酔い、炭酸ガス中毒、急性ニコチン中毒、急性一酸化炭素中毒、酸素欠乏、むち打ち症、頭部外傷後、くも膜下出血、小脳出血、髄膜炎、三叉《さんさ》神経痛、脳出血、脳動脈硬化症、脳梗塞《こうそく》、てんかん、緑内障《りょくないしょう》などでもおきる。たばこの煙などの化学物質、食品添加物、コーヒー、トマトやナス、金属などによるアレルギーによって、頭痛がおきる人もいる。

☞ 54 心の治療薬　116 脳卒中
73 神経症

80

ストレス
——免疫力低下をもたらすもの

一九一九年、精神的ショックのあとで肺結核に侵されやすくなることがすでに日本で発見されていた。心理ショックの最大のものは配偶者の死だと言われており、六五歳以上の人の約半数はこれを経験している。悲嘆はあとに残された人の免疫《めんえき》力を低下させて、病気や死を引きおこす。男性で見ると、配偶者を失っていない人に比べて、死亡率が数年間にわたって一七倍も高いと言われる。乳ガンの妻をもつ夫のリンパ球を、妻の死亡前と後とで比べると、妻の死後二ヵ月間は免疫が低下している。

配偶者を失って悲嘆にくれている人の白血球は外敵への反応が鈍くなることをオーストラリアの研究者が一九七〇年代に見つけた。白血球の反応はいつか元に戻るが、免疫力は一年後になっても回復しないそうだ。配偶者の死ばかりでなしに、離婚や別居もまたガン細胞を退治するナチュラル・キラー(NK)細胞の活力低下をもたらすことがわかっている。

慢性のストレスや、アルツハイマー病の看病などでも免疫機能が低下する。ダイコクネズミのしっぽに電撃を与えるストレス実験によると、ナチュラル・キラー細胞の活性が弱まり、インターフェロンの生産量が減って、免疫が弱まる。一九七九年の米国スリーマイル島原発事故が周辺の住民に与えた不安は大きく、周囲七・五キロ半径の地域に住む住民を事故の三年後に調べたら、ガンの発病率が五〇%高かったというし、六年後でさえも免疫能力が下がっていた。これは事故による微量の放射能だけでは説明できないから、放射能の影響を長い間心配したストレスのせいで免疫能力が下がったのであろう。宇宙船の乗組員も外敵を防ぐ白血球数が減っていると言われている。オハイオ州立大学では、医学生の試験の時期にナチュラル・キラー細胞の免疫活性が減ることを見つけた。Tリンパ球がウイルスを殺す力も弱まり、インターフェロン生産量も減った。阪神・淡路大震災のあとでみられるようなPTSD（心理的外傷後のストレス性障害、一六四頁参照）でも免疫機能の異常が見つかっている。

免疫系と脳とが密接に関係していることは、条件反射の実験でも確かめられている。甘味料サッカリンの溶液を動物に飲ませて、同時に免疫を低下させる薬サイクロフォスファアマイドを注射することを繰り返すと、ついにはサッカリン液を見ただけで薬を注射されたのと同じ効果がおきて、動物は死んでしまう。

こうして、人間の実生活でも、動物実験でも、大きなストレスによって免疫能力が低下して、病気になったり、死んだりすることが明らかになった。したがって、健康に暮らそうと思うならば、精神的な悩みを減らし、ストレスを感じなくする工夫が要るだろう。

実生活から死別や別離をなくすわけにはいかないから、それによる悲嘆をいかにして弱め、かつ短くするかといった「グリーフ・ワーク（喪の仕事）」も必要になる。

☞ 40 グリーフ・ワーク　81 ストレスの避けかた　144 幼児虐待
70 十二指腸かいよう　91 精神免疫学　108 トラウマ

81

ストレスの避けかた

——全身の力を抜いてみよう

「暑さ、寒さ」のように体に感じるストレスもあるが、ストレスの大多数は心で感じる苦しみである。借金、入試、失恋、肉親の死など、すべて心の悩みだ。これらを苦しみとして受けとめなければ、それはストレスではなくなる。そうするには、論理療法、主張（断行）訓練法、気分転導法（気分を変える）が役立つ。

論理療法は、不合理な信念を捨てさせるのがポイントである。「自分は必ず万人から愛される」という間違った信念を抱いているから失恋に耐えられないのであって、「愛されなくても当然だ、恋愛の大部分は失敗に終わるものだ」と初めから思っていれば悲しみも少ない。主張（断行）訓練法は、思ったことを相手にうまく伝えることができるように訓練する方法だ。借金を申し込まれても断れなくて金を貸してしまい、それがストレスになったりするような人は、この訓練を受けてみるといいだろう。まず、気軽に挨拶を口に出す訓練から始め、一日に三回はお世辞を言わせる、商店に入ったら必ず店員に質問をする、などがその訓練である。気分転導法は趣味や他のことに気をそらせて、いつまでも失敗にくよくよとこだわらないようにすることだ。

このほかにも、逆手にとる（苦難をも喜ぶ）、後ろを見ない（過ぎ去ったことにこだわらない）、

「失敗は成功のもと」と考える、失敗してもすぐに別の進路を探す、悩みを聞いてもらうための社会的ネットワークをもつ（カウンセラーや親友など）など、自分の精神を操作して悩まないようにすることは何種類も考えられるが、自分の心を操《あやつ》ることの実行はなかなか難しい。

そこで、現在最も広く採用されているストレス撃退法は、全身の力を抜く「筋弛緩法《きんしかん》」である。心を操るのは難しくても、肉体を操るのはそれほど難しくない。ストレスがかかったときには全身の筋肉が硬直している。たとえば、山道でクマに出会ったとき、筋肉がゆったりしていないことは想像できるだろう。そのとき、「怖がるな」と言ってもだめだから、「力を抜きなさい」と言う。肉体を操ることによって、それにつられて精神状態も変わることを狙っているのだ。

しかし、人間は力を入れることをいつも繰り返してはいるものの、力を抜くことは未経験であるから、どうやったら力を抜くことができるかを知らない。そこで、筋肉に「これが力の入った状態、これが抜けた状態だよ」と覚えさせてやる。まず、左の手首から先の筋肉に、拳骨《げんこつ》を握ったり、だらりとさせたり、を繰り返してそれを覚えさせる。次の日には左の肘《ひじ》から先の筋肉に、次の日には肩から先の筋肉、というふうに次第に範囲を広めて訓練する。ついには、「エイ！」と命令すれば、全身の筋肉が一挙に脱力するようになる。全身脱力を一日に一〇分くらい行うと、ストレスが消失するので、高血圧症者の血圧や糖尿病者の血糖値がぐっと下がることがわかっており、筋肉の力が抜けたかどうかを測定する器械も売られている。

☞
34 気功
71 主張（断行）訓練法
80 ストレス
82 ストローク
128 プラス思考
150 笑い

82

ストローク――「ほめる」と「叱る」

精神分析を簡単にしたような形の交流分析（一〇八頁参照）で使われる言葉「ストローク」は、「あなたの存在を認めていますよ」という信号である。簡単に言えば、ほめたり叱ったりすることを指す。愛の反対は憎しみだと思われているが、そうではなくて、無関心だ。人は誰でも「愛されたい」と考えているから、無関心にされるのは厭だ。みんな「自分の存在を認めてほしい」、「可愛がってほしい」と思っている。そして、これは他の人による肉体的（たとえば、頭をなでる）、言語的（ほめる）ないしは非言語的（ウィンクする）なストロークを与えられることによって満足させられる。したがって、あらゆる社会行動は、「自分を認めてほしい」という気持ちから始まる。

ストロークには、陽性ストローク（ほめるなど）と陰性ストローク（批判、叱る、罰など）とがある。人間は、無視されるのを嫌っているから、たとえ陰性ストロークであっても、ストロークをほしいと思っている。別の分類では、ストロークは「あなたは勉強したからいい子だ」というような条件付きストロークと、「あなたはいい子だ。勉強なんかしなくても大好きだよ」というような無条件ストロークとに分かれる。無条件ストロークは、存在すること自体に対して発せられるから、いちばん好ましいストロークである。

乳幼児や子どもには身体的ストローク（抱きしめる、頭をなでる、キスしてあげるなど）が必要である。しかし、子どもだけでなしに成人にも、身体的ストロークや感情的ストロークが必要だと言われている。

誰でも自尊心をもちたいのであるが、自尊心はその個人が必要とするストロークをどれだけ受け取ったかによって程度が違う。自尊心を基にして、人生を肯定するか、否定するかによって、人生に対する態度は四種類に分かれる。「私もＯＫ、あなたもＯＫ」（自分を肯定しているし、他人をも肯定している）、「私はＯＫ、あなたはＯＫではない」（私は自分を肯定しているが、他人に対しては批判的である）、「私はＯＫでないが、あなたはＯＫだ」（自己を否定しているが、他人は優れていると思う）、「私もＯＫではないし、あなたもＯＫではない」（自分も、他人もだめな人間だ）。

いつもいつも叱られたり批判されたりしている人がいるとすれば、「自分はだめな人間だ」と思い込むに違いない。したがって、積極的に肯定的人生を送る性格の人を育てるには、陽性ストロークをたっぷり与えなければならない。テストで六〇点をとってきた子どもには「だめじゃあないか」と叱るよりも、「あんなに勉強しないのに、よく六〇点もとれたねえ。お父さんなら二〇点くらいしかとれないよ」と言うほうがいい。しかし、陽性ストロークと「甘やかす」のとは同じではないことに注意したい。

☞ 47 行動療法　128 プラス思考
49 交流分析

83

性格改造

――まず行動から変えよう

自分はいやな性格だと思っている人は意外に多いものだ。それにもかかわらず、性格を変えようとする人は少ない。それは「性格が変わらないものだ」と思い込んでいるからである。性格を変えるのは、思ったよりも簡単にできる。私の知人でも、あっと驚くほど性格を変えた人が少なからずいる。

性格は二階建ての家のようなもので、一階の基礎的な部分を変えるのはたいへんだが、二階の上乗せ部分は楽に変えることができる。もともと一人で静かに森の中でも散歩しているのを好むような内気な人が、会社の営業を任されているうちに、社交的になるなどはその好例である。

性格を変えるのは目に見えないものを扱うのであるから、どう取り組んでいいのかわからない。しかし、目に見える行動を変えるとなれば取り組みやすいであろう。そこで、行動を変えることを心掛けるとよい。たとえば、内気で口べたな人は、内気を治そうとしないで、口数を多くする。一五二頁に述べた主張（断行）訓練はその一法であった。

行動を変えるには七つの方法がある。①何かしたいと思う欲求の度合いを変えておく（パーティーで高カロリーのものを大食しそうならば、あらかじめキャベツをたくさん食べてから出席する）②自分の精神状態を変えておく（競技の前に大笑いする）③薬物を使う（酒や抗不安薬で気楽な状態を作っておく）④刺激（「禁煙」などの決心を紙に書いて壁に貼っておく）⑤褒美と罰（いいことをしたら自分に褒美を与える。旅行、映画、ケーキなど。悪いことをしたら罰を課す。家の周りを三〇回走るなど）⑥何かほかのことをする（話題を変えるなど）⑦時間を考慮する（午前が苦手なら、夕方にするなど）

性格を変えるには、まず考え方、生き方を改める必要がある。うつ状態になる人は、仕事熱心、凝《こ》り性、完全主義、正直、正義感、義務感、几帳面《きちょうめん》、他人のために尽くす、良心的、秩序を好む、柔軟性を欠くなどの「メランコリー性格」だと言われている。これらの項目を紙に書いて壁に貼っておき、朝おきたらそれを声に出して読み上げて、「これをなくそう」と自己暗示をかける。もっと融通《ゆうずう》のきく、しなやかな行動をとるように心掛けるとよい。それを実行できた日には御褒美を自分にあげる。

対人恐怖の本質は、他人が恐ろしいのではなくて、自分への恐れであり、自分の状態について不安をもっていることだ。自分の話し方が相手に不快感を与えるのではないかなど。これは正常な反応だから、追い払う必要はなく、それをそのまま受け入れ、あるがままにふるまうことを教えるのが森田療法（二八八頁参照）の極意《ごくい》である。人生をあるがままに受け入れる。「自分は話し下手だ。話し上手らしく見せかけることをやめよう」。そう開き直ると、こだわりが消えてうまく話せるようになる。

☞ 47 行動療法 58 催眠術 71 主張（断行）訓練法 82 ストローク 139 森田療法

84

性差——脳の神経構造に大きな差が

子どもを見ていると、男児は乱暴で、女児は優しいような気がする。そういう先入観が社会的にできあがっているから、そう見えるのか、そのようにしつけられるのか、それとも、遺伝的にそう運命づけられているのか。シモーヌ・ド・ボーヴォワール（一九〇八〜八六）は「女はつくられるのだ」と言った。教育やしつけによって女らしく形成されるのだというわけだ。

この疑問を調べる学問を性差心理学という。横浜市立大学医学部教授の田中冨久子が書いた『女の脳・男の脳』（NHKブックス）は、性差を生物学的要因によるのか、生後に学習的・適応的に作られたのか、を脳の視点から扱った好著である。この本によると、性差については次のことがわかっている。幼児期の特徴が大人になっても残る性質をネオテニー（幼形成熟）という。ヒトは類人猿に比べると発育がおそくてネオテニー的だと言われるが、米国の人類学者A・モンタギューによると男よりも女のほうが一層ネオテニー的なのだそうだ。

男の脳は、女の脳よりも平均で一〇〇グラム重いといった大きさの違いよりも、むしろ、脳の中でたくさんの神経細胞が集まっている神経核の大きさが男女で異なっていることのほうが性差の原因だと考える人のほうが多い。神経核を顕微鏡で見ると、脳という田園の中に広がっている市街地のように見える。

ダイコクネズミの視床下部にある視索前野内側にある性的二型核（SDN―PDA）はオスのほうがメスの五倍も大きく、神経細胞の数も多いことを二〇年ほど前に発見したのはカリフォルニア大学の解剖学者R・ゴースキーであった。ヒトのSDN―PDAは顕微鏡で見ると航空地図に似ている。その大きさの男女差は二倍ほどで、男が東京都の地図なら、女は横浜市の地図といった具合だ。このほかに、いくつかの神経核の大きさにも性差があることが発見されている。男性ホルモンであるアンドロジェンが出生直後までの時期に脳に働くと脳の性差ができるらしい。

ヒトの男性では、大食、攻撃的、視覚・空間認知・数学や科学が得意（幼児期には差がないが、青年期になると、男のほうが数学能力が優れているのは、遺伝よりは教育環境のせいだという主張が強まっている）である。

女性では字を書く能力が優れている、「まあ、きれい」など感情を口に出しやすい、相手が話したあとで間をおかずに話すなどの特徴があるのでオシャベリだと見られやすい。空間認知を司《つかさど》る右脳の発達を性ホルモンが促《うなが》すから、アンドロジェン不適応症候群の女性では空間認知能力が低い。脳卒中による言語障害の回復は女性のほうがいい。男では言語機能が左半球に集中しているが、女では右半球にも分散しているからだと思われる。しかし、一方で右半球の言語機能が発達すると、右半球が空間認知に専念できない可能性がでてくる。そのために、方向を覚えられない人が女性に多いのかもしれない。

☞ 14 異性の選択　24 男の脳、女の脳　104 出会い　19 右脳と左脳　66 失恋と離婚

85

成熟した人柄

——心理的な成長は一生続く

幼児を見ていると、すぐに泣く、情動不安定、わがまま、落ち着かないなどの特徴がある。しかし、成人になると、これらが消えて、しっとりと落ち着いた風情《ふぜい》が備わってくる。これは、心理的に成長した結果である。しかし、身長と違って、誰もが一定時期に一様な心理的成熟に達するわけではなく、大人になっても未熟で、子どもっぽい人もいる。両親が未熟だと、子どもの成熟を許せないので、子どももも成熟できない。

ライフ・サイクルから見ると、乳児は生後一年の間に基本的信頼感を獲得し、生後二〜三年の間に自律性を、生後四〜五年の間に積極性を獲得する。他人を愛することのできる大人になるのは、子ども時代に無条件で客観的な愛を経験した場合だけである。最初の基本的信頼感が傷つくと、成人後に不信感が現れ、もし他人とうまく行かなくなった場合には、未熟な行動をとり、食事や慰めをも拒否して、自分の殻に閉じこもったりする。したがって、成熟した人格になるには、幼児体験が大きな役割をもつ。

愛の衝動が拒絶されたり遮断《しゃだん》されたりしないで受容されれば、憎しみ、攻撃、暴力はなくなる。依存が大きいと、攻撃心も大きくなる。競争的な攻撃心は未熟の証拠であり、敵対心と競争心なしに自己の人格を肯定するのが成熟である。

男女の間でも、相手を衝動的に求め合うのではなく、お互いに補い合うと同時に、互いに「相手を一人の人間として認める」ことが望ましい。与えることと受け取ることが同等な関係になり、自己の限界や力を悟り、自分の性欲を素直に表現できるようになり、自分の本性を受け入れてこれと調和できると、「自己の本能的性癖よりもっとましに行動しなければならぬ」という強迫感から解放されるので、人あたりのやわらかな人間になれる。

米国の心理学者ゴードン・オルポート（一八九七〜一九六七）によると、成熟した人格の基準は、①積極的関心の広がり ②他者との温かい関係 ③情緒的安定 ④現実認識 ⑤技能の活用 ⑥自己客観視 ⑦自己の人生観に調和して生きる、である。ドイツの精神科医ミッチャーリヒ（一九〇八〜八二）によれば、成熟した人は、共感能力をもち、自己批判をできる人である。

相手を支配もせず、支配されることもない連帯性、他人と協働関係を維持できる能力、自他の人格を認めることができる、個性あふれる人間、それらが、健康な人柄の要件であろう。健康な人柄では、自分の環境を積極的に支配し、一定のまとまった性格を保ちながら、世界と自分を正しく位置付けることができるし、理性と感情の食い違いが少ない。愛、信仰、陽気、楽観、平静、情緒安定、自己洞察、自制心、社会的関心、理想、民主的、受容的などの特徴が見られ、事態への適切な反応、社会的責任感、仕事も遊びも楽しむ、目標を達成する、生存の勇気、意味の理解などが備わっている。これが、成熟した人柄の要点である。

☞ 1 愛　109 トランスパーソナル心理学　145 欲望
57 個性化　112 ニュー・サイエンス　147 ライフ・サイクル

86

青春期食欲不振症——やせ願望が基盤に

米国の雑誌『プレイボーイ』の調査によると、ここ二五年間にミス・アメリカの体重やバスト、ヒップのサイズは徐々に減ってきているそうだ。体重は全人口平均では増えているのに彼女らのこのサイズは下降カーブを描いている。つまり、女性ファッションはほっそり型歓迎ムードである。こんな社会風潮が青春期食欲不振症という奇病の増加を後押ししている。

ニューヨークで行われた調査によると、青春期食欲不振症は一九六〇年代に一二～一八歳の女性の一〇万人中〇・三五人だった。ところが一九七六年になると、こちらはロンドンでのデータだが、この数は二〇〇人に一人にまで増えた。現在では、軽症例も入れると英国では三〇人に一人に達するという報告もある。米国では約一％。患者の九〇％は女性だ。体重増加や肥満をひどく恐れて、身長（メートル）の二乗を二二倍すると得られる標準体重（キログラム）より一五％以上軽くしようとする。自分の体をありのままに感じることができず、実際にはやせていても太っていると感じる。さらに月経が続けて三回以上こない。先進国の思春期の女性にこんな症状が見られ、食欲がなければ、この病気にかかっている恐れが濃い。十分に治療しても、一〇年後に調査すると六・六％が、三〇年後では一八％が死亡しているというから、軽視できない。

なぜこんな状態になるのかはわかっていない。もっと魅力的になろうとしてダイエットをする、バレリーナやモデルが職業上の必要からダイエットをする、強いストレスや重病によって食べられなくなる――こんな食事制限をきっかけとして発病することが多い。ダイエットをする人はたくさんいるのに、ごく一部の人だけが食欲不振症に陥るのはなぜだろうか。思春期におきる肉体的変化が引き起こす性的な緊張や社会的緊張に対して、食物を恐れたり、食べることを避けることによってその緊張を減らそうという無意識の圧力が働いているのではないか、という説がある。また、温かいが消極的な父親を誘惑してよりかかりたい気持ちや、母親に対して尊敬半分憎しみ半分の攻撃的になる自分を責める気持ちが口を通しての行動に表れるのだという人もいる。ストレスこそが食欲不振症の原因だと唱える学者もいる。その証拠として、栄養が回復しても、月経再開までには時間がかかるし、心理状態がよくなると月経も再開するというのだ。この病気にかかると視床下部で放出されるコルチコトロピン(向副腎皮質ホルモン)の生産が増えるので、患者のコルチゾール量が変わり、その結果としてドパミン、セロトニン、ノルエピネフリン(ノルアドレナリン)などの神経刺激伝達物質の量が変わって、食欲や満腹感に影響する可能性も濃いようだ。

この病気にかかった人の家族に躁うつ患者が多い事実から、抗うつ薬のイミプラミン、アミトリプチリンや抗うつ作用をもっている抗ヒスタミン薬シプロヘプタディンで、青春期食欲不振症が軽快することがわかった。ところが、食欲不振症と大食症の両方の症状を交互に示す患者には、シプロヘプタディンは無効だというから、病因ナゾ解きの手がかりもプッツリ切れた感じだ。

☞ 24 男の脳、女の脳 55 心の治療薬の働きかた 97 大食症 122 肥満 123 肥満を防ぐ

87

精神分析

――心の構成成分を分けて考える

精神分析と聞けば、何か自分の心の中を全部見透かして読み取られる方法ではないかと勘違いしている人が少なくない。しかし、分析される人が自由に話すのを聴くだけであるから、こだわりの原因など、ごくかぎられたいくつかのことが明らかになるにすぎない。

オーストリアの精神科医ジクムント・フロイト（一八五六～一九三九）が創った「精神分析」という単語はときと場合に応じて、次の四つの意味で使われる。①人間の言葉や行動、夢、空想などに隠されている無意識的な意味を知る方法（深層心理学の研究法）②心理療法の一つの体系　③先の二つから得られた経験に基づく、人間の発達と行動についての心理学ないしは異常心理学の理論　④精神分析を広める運動

精神分析という名称は、ちょうど化学者が食品を分析して、糖質、脂質、タンパク質などの構成要素を取り出すのと同じように、複合的な産物としての精神症状や心理的現象を分析して、もとからある基本的な要素に分けて、患者にそれらを意識化させる操作をするので、そう名付けられた。分析で分けられた各要素、つまり、それまでは自我から分離されていた本能の働きを、すべて自我に統合させることが重要になる。

人間には抑圧された本能的衝動があって、それに対して自我を守る精神作用（自我防衛）が無意識におきて、それらが情動や行動に影響している。そのことを明らかにするために、精神分析は自由連想法、夢の解釈、ファンタジー、言い間違い、錯誤行動（しそこない）などを利用する。

精神分析療法では、無意識のうちに抑圧されている葛藤《かっとう》が存在していることを分析者が解釈・説明して、それを患者に自覚させ、それを意識化させることによって、その望ましくない作用や、葛藤の起源、情動や行動面に表れる不適当な症状などを減らしたり、なくしたりしようとする。

昔見たヒッチコックの『マーニー』という映画では、不感症と赤色恐怖症を抑えるために盗みをする女性が主人公だった。なぜ赤色だけに恐れを抱《いだ》くのかを精神分析していくと、その患者がまだ五歳だったときに、セックスワーカー（娼婦）だった母に暴力をふるう水夫を火かき棒で殴り殺し、その時の血の色が無意識の中に焼き付いてトラウマになっていることがわかる、というストーリーだった。三島由紀夫の小説『音楽』（中央公論社）では、セックスの際にいつも音楽が聞こえてくる。それは抑圧されていた幼時体験の繰り返しだった、という筋である。

治療に対する抵抗や転移なども治療上で重要な働きをする。転移というのは、昔（おもに親に対して）経験した感情、思考、行動、態度を現在の別の人物（分析者や教師、恋人など）に置き換えることである。幼児期に父の愛に飢えて育った女の子が、成人してから男性分析者に愛されたがり、プレゼントを贈ったりするが、実は分析者を愛しているのではなくて、父の代理人に見立てているだけなのだ。

☞ 58 催眠術 65 しそこない 108 トラウマ
60 自我 88 精神分析療法 130 防衛機制

88

精神分析療法

——自己実現を妨げるものを取り除く

精神分析はヨーゼフ・ブロイアー（一八四二～一九二五）とジクムント・フロイト（一八五六～一九三九）による『ヒステリー研究』（一八九五）の刊行でスタートしたが、ナチス・ドイツとソ連が精神分析を弾圧したので一時衰え、第二次世界大戦後になって、英米に亡命していた精神分析家たちの努力により精神医学や社会学などにもやっと採り入れられるようになった。

精神分析療法は、心に浮かぶ事柄を自由に話させる自由連想を患者にさせて、心の内容を治療者が分析・推定する。このため、毎週四回五五分間ずつ、三年間にわたって話を聴くなど、長時間を必要とし、費用もかかるのが欠点だ。

精神分析の理論は、いわゆる神経症の治療から発達したので、精神分析療法も当然のことながら初めは神経症を治そうとしたのだが、現在ではもっと範囲が広がって、境界人格障害や青春期食欲不振症、軽いうつ状態なども扱うようになった。

治療法としては、患者が思いついたことをありのままに治療者に話す自由連想法や夢についての報告が主になる。治療は、患者がこれまでの生活を思い出し、その生活の中で、自分自身の無意識内に抑圧してきた葛藤《かっとう》に気づいて、それに基づく不安から解放され、もともとの自我を取り戻すことを目標にしている。

　患者は自由連想をする間に、過去に満たされなかった欲求を治療者に向けてくることがあり、これを転移と呼ぶ。たとえば、父親に愛されたかったのに、アルコール症のために愛してもらえなかった娘は、父の代わりを治療者に求め、治療者を好きになったり、愛してくれと要求したりする（陽性転移）。逆に、憎しみが転移することもある（陰性転移）。

　こうして、無意識を意識化し、患者がそれを洞察《どうさつ》できるようになれば、症状が消える。

　たとえば、右手が震えて字を書けなくなった大学生がいた。精神分析をしてみると、彼は高校時代に同級生の女子と交換日記を交わしていた。しかし、あるとき、その女性の気持ちを裏切って、彼は一方的に日記を書くのをやめてしまった。その当初はなんとも思わなかったのだが、大学に入ると自責の念が強くなり、それとともに右手が震《ふる》えるようになった。つまり、彼は日記を書くことをやめた右手を自ら罰していたのである。そのことに気が付いて、女性に謝《あやま》った瞬間から手は震《ふる》えなくなった。

　精神分析の目標は、人のうちに潜んでいる可能性や能力を発揮すること、つまり自己実現の妨げになっている力を弱めることだ。真の自分らしさを成長させ、人々が自己実現できるように援助し、非合理的な感情を理性でコントロールできるようにしてあげることが狙いである。

せ
1 愛
57 個性化
58 催眠術
65 しそこない
87 精神分析
141 夢の解釈

89

精神分裂症

――幻覚や妄想などさまざまな症状が……

一九一一年に精神分裂症と名付けられて以来約九〇年の間にこの病気の定義も変わった。現在では、一三〇種類以上もの病気が似た症状を示すその症状群だろうと言う人も多く、したがって、その全部が遺伝性などとは考えられない。早期に治療すれば治せる。陽性症状としての、妄想、幻聴（実在しない声や音が聞こえる）、話や行動がまとまらない、陰性症状（感情鈍化、意欲減退）のうち、二項目以上が一ヵ月以上にわたってときどき現れれば精神分裂症と考えてよい。

急性期の症状は、病識なし（自分が病気だと思わない）、幻聴、すべてのことが自分と関係があるように思い込む関係妄想、自分の考えが操られるような気がするなどだ。ひきこもり、自発性減退、関心減弱、奇妙な思考などの慢性症状に移ると、治りにくい。

精神分裂症は五型に大別され、次の三つの型が多い。Ⓐ「崩《くず》れ型」（昔の破瓜《はか》型）は、①考えが一貫せず、とりとめがなくてまとまらない　②一貫した妄想はない　③感情は鈍くて、場にそぐわなかったり、子どもっぽかったりする。Ⓑ「緊張病型」は、①反応や自発運動が極度に減る　②拒否的　③異常興奮　④奇妙な姿勢を示す。Ⓒ「パラノイア型」では、①被害妄想　②誇大妄想　③嫉妬《しっと》妄想があり、被害または誇大的内容の幻覚を示し、「私は天皇の娘だ」などという妄想にとりつかれたりする。

精神分裂症になると、次に挙げる症状の中の一つ以上が短くても六ヵ月は続く。

①原因なしの奇妙な妄想（操《あやつ》られている、自分の考えが皆にわかる、考えを引き抜かれる、考えを吹きこまれる、考えが湧かないなど）②誇大妄想、宗教妄想、身体妄想（ただし被害的ないし嫉妬的内容を含まぬもの）③被害妄想か嫉妬妄想。幻覚を伴うこともあり ④自分の行動や考えを批判する噂が幻聴として聞こえる ⑤躁やうつ状態を伴わないで、三語以上の言葉が聞こえる幻聴 ⑥支離滅裂な考え、論理的でない考え、話の内容がまとまらない、が次の中の一つを伴う（a. 鈍くて、上がり下がり〈抑揚〉のない、場にそぐわぬ情動 b. 妄想や幻覚 c. 緊張病的ないし崩れた行動）。このほか、仕事や日常の身の回りのことなどを、きちんとできなくなる。

以上のようなはっきりした症状が現れる前か、消えたあとに、次のような前駆症状ないし後遺症が出ることがある（ただし、薬物依存や躁うつ状態がない、という条件つき）。①社会的孤立、ひきこもり ②仕事や学業をきちんとできない ③奇妙な行動（ゴミをためこむ、ひとりごとを言う、食物をためるなど）④身だしなみに気を遣《つか》わない（不潔など）⑤鈍くて、起伏のない、不適当な情動 ⑥話が、あいまいで主題からそれる、念入りすぎ、微に入り細をうがったり、隠《いん》喩《ゆ》的表現（たとえば「君は石だ」など）を使うようになる ⑦考えが奇妙、神がかり、迷信、千里眼、精神感応、他人に自分の気持ちが乗り移る、ある考えにとらわれる、すべてが自分と関係があると思い込む ⑧異常な感覚体験や錯覚が繰り返して出現する。

☞ 43 幻覚
90 精神分裂症の原因
135 無気力

90

精神分裂症の原因

――ドパミン過剰が幻覚や妄想を生む

なぜ精神分裂症の症状が出てくるのだろうか。最近の精神薬理学的研究によると、これは脳内の刺激を伝える仕組みの一つであるドパミンを含む神経刺激伝達物質が働きすぎるためという仮説が有力である。ドパミン系神経が働き過ぎになると、①ニューロン（神経細胞と神経繊維）が神経伝達物質であるドパミンを過剰生産する　②この大量のドパミンが代謝されずに残ったり使用後に再吸収されたりしてシナプス（神経のつなぎ目）にたまる　③つなぎ目の向こうにあるニューロンを過剰興奮させる――という三つの可能性を引き起こす。このうち、最も可能性が高いのは三番目だ。

神経情報はシナプスの受容器、やさしくいえば「鍵穴」に神経伝達物質がいわば「鍵」となって入ることで伝わる。ドパミンはその鍵の役割を果たす物質で、それを受け入れる受容器（つまり鍵穴）をふさぐ力が強い物質ほど精神分裂症の症状を抑える力が強い。またドパミンに対抗する作用をもつ薬レセルピンは分裂症の症状を抑える。逆にドパミンの力を強めるような覚醒剤メスアタンフェタミン（ヒロポン）は症状を悪化させる。

ドパミンが代謝された際の産物ホモバニリン酸が脳脊髄液中に増えないのを見ると、ドパミン系の働き過ぎは、どうやらドパミン過剰生産というより受容器の増加らしい。実際に分裂症患者の死体を調べると、脳の尾状核でD_2受容器（アデニル酸シクラーゼに関係ないもの）が増えている。

陽性症状（一八八頁参照）と陰性症状とでは、原因が別だという説もある。陽性症状の原因はドパミン系の過剰活動だが、陰性症状の原因はニューロンの減少だという。その根拠は、D_2受容器をふさぐ薬であるアルファ・フルペンチキソールが陽性症状だけを軽減するという事実だ。

ドパミン以外の神経刺激伝達物質であるノルエピネフリン（ノルアドレナリン）、セロトニン、ガンマ・アミノ酪酸《らくさん》などや、エンドルフィンなどの神経ペプチドも分裂症にかかわっている可能性があるが、よくわかっていない。陽性症状を示す分裂症患者の脳の扁桃核《へんとうかく》で特殊な作用をもつ腸内ペプチドが殖えており、陽性症状を示す場合には扁桃核と海馬《かいば》でコレシストキニンが減り、海馬でソマトスタチン（成長ホルモン抑制因子）が減っているなど、新しい発見もある。

X線CT（コンピュータ断層撮影法）によると、分裂症患者は前頭葉や脳全体が小さく、前部前頭葉契状《けいじょう》部や運動領皮質でニューロンが少ない。これらの事実は幼少時、たぶん出産時に脳内出血が原因で前頭葉がうまく形成されなかったことをうかがわせる。

大脳や小脳の萎縮《いしゅく》、脳室の拡大、大脳皮質表面にある溝の拡大などが分裂症患者の多くに見られることがわかっており、陰性症状や薬が効かないこと、認知障害などと脳室の拡大は関係があるという。

43 幻覚
55 心の治療薬の働きかた
89 精神分裂症
118 パーキンソン病

91 精神免疫学

——精神状態が免疫力に関係

ある病気にかからない、かかりにくい状態を免疫《めんえき》という。いったんかかった病気に再びかかりにくいのは体内に免疫の機能があるためだ。

免疫の仕組みは、血液とリンパ管の中にあるリンパ球の役割だ、と三〇年ほど前にわかった。リンパ球は、抗体を作るB細胞と、細胞免疫を担当するT細胞との二種類に分かれている。このうち、T細胞を観察すると免疫力が弱まったかどうかがわかる。

この免疫能力が精神状態によって影響を受けることが明らかになってきた。一九一九年、精神的ショックのあとで肺結核に侵されやすくなることがすでに日本で発見されていた。精神状態と免疫との関係に気づいたのは、英国の医師ジョージ・ソロモンで、一九七八年のことだ。ソロモンは、臨床的観察によって情動、つまり悲しみや怒りなど激しい感情の動きが、関節リューマチと密接な関係のあることを見つけて、その仮説を思いつき、ハツカネズミで実験をした。

たとえば、ハツカネズミを狭い檻《おり》で何匹も飼うとか、生後早くから乱暴に扱うなどしてストレスを与え、免疫力が弱まることを発見した。ハツカネズミに大きな音でストレスを与えると、免疫に二段階で影響が出る。つまり最初の二週間はT細胞の運動が減るが、次の二週間には反対に殖える。ダイコクネズミのしっぽに電撃を与えるストレス実験によると、ナチュラル・キラー細胞の活性が弱まり、インターフェロンの生産量が減って、免疫が弱まる。

ダイコクネズミにリンパ球の細胞分裂を刺激するマイトジェンという促進薬を与えながら、電気ショックを与えたところ、リンパ球の分裂は抑えられてしまった。しかし、これは電気ショック自体の影響ではなくて、そのストレスをかわす方法がないという絶望が原因のようだ。

ネズミを二群に分けて、一群には自分でスイッチを押せば電気ショックを止めることができる装置を与えた。だが、他の一群は自分でスイッチを押すことは不可能で、他のネズミが押してくれるのを待つしかないことにした。後者の絶望群では免疫力が弱まっていた。

免疫系と脳とが密接に関係していることは、条件反射の実験でも確かめられている。甘味料のサッカリンの溶液を動物に飲ませて、同時に免疫を低下させる薬サイクロフォスファアマイドを注射することを繰り返すと、ついにはサッカリン液を飲んだだけで薬を注射されたのと同じ効果がおきて、動物は死んでしまったのである。

配偶者を亡くして悲嘆にくれている人の白血球は外敵に反応しなくなることを一九七〇年代に発見したのはオーストラリアの研究者だった。白血球の反応はそのうちに元に戻るが免疫力は一年後になっても回復しないそうだ。

☞
15 癒す力
31 ガン患者の心理
33 ガンと性格
80 ストレス
81 ストレスの避けかた

92

性同一性障害

——自分の性に違和感

自分の性に強い違和感をもち、別の性になることを強く望む「性同一性障害」と診断された三〇歳代の女性患者について、埼玉医大の倫理委員会は一九九八年五月一二日に、性転換手術を認める結論を出した。これが、日本では大学の倫理委の承認を受けた初めての性転換手術であり、二〇〇〇年六月には六例目の手術が行われた。

失われた機能を取り戻したり、病気を癒すだけの医療から、積極的な人体改造時代の幕開けだ、とこれを評価する人もいる。これまでの日本では、三人の男性の性転換手術をした都内の医師が、正当な理由なく生殖を不能にする手術をしたとして、一九六九年に母体保護法違反の罪で起訴され、東京地裁で有罪判決を受けたことがあるが、それ以降は取り上げられたことがなかった。

生物的な性はXX（女性）とXY（男性）という性染色体の違いで決まると言われている。しかし、それによって決まった自分の性を脳がそのとおりに受け入れるか、それとも自分は別の性に属していると認識するかは別の問題である。自分が属していると認識している性が、必ずしも性染色体で決められた性と一致しない場合があることが最近になって明らかになってきた。これを性同一性（ジェンダー・アイデンティティ）の障害と呼ぶ。つまり、自分は別の性になりたい、自分は別の性に属しているはずだ、という強い考えを持続的にもっている人がいるのだ。映画『ボーイズ・ドント・クライ』はそういう人を描いている。ヨーロッパの統計では、男性の場合は三万人に一人、女性では一〇万人に一人、いるという。

これは、別の性になれば文化的に有利になる（たとえば、女性になれば兵役につかなくても済む）から性を変えたいといった利害得失から計算した欲望ではなく、いま属している性では違和感が強く、この性は自分にとって不適当だ、という感じが強い場合にだけ当てはまる。男性ホルモンであるアンドロジェンに感受性がない症状群とか、先天性の副腎皮質肥大などの身体的な中性症状（男女両性具有）があるからといった理由では性同一性障害だと診断できず、むしろ、社会的ないし職業的その他の面で不快や不都合がある場合に初めてそう診断される。

原因については、まだ断定できないが、胎生期ないし出生後しばらくの期間に赤ちゃんの脳に大量の性ホルモンないしはそれに似た化学構造の物質（たとえば、ストレスに反応して出る副腎皮質ホルモン）が血液に混ざって流れてゆくと、脳の性中枢の構造が異性の性中枢の構造へと変化することが考えられている。男性の外性器を備えた赤ちゃんが生まれても、脳の中身は女性の脳というわけだ。この変化がおきることは、妊娠中の母親動物にホルモン注射をするたくさんの実験によって確かめられているが、その事実が直接に性同一性障害をもたらすかどうかを証明できないでいるのが現状である。この障害をもった人の脳の微細構造を調べればすぐに結論が出るのだが、レントゲンやＭＲＩ（磁気共鳴画像装置）の検査では細かい構造がわからない。

☞ 5 アイデンティティ　84 性差　148 臨界期
24 男の脳、女の脳　107 同性愛

93

セルフ・イメージ（自己像）——悪くしているのは自分

誰でも、「自分は、たいしてハンサムでもなく、頭の回転は中くらいだが、親切で、几帳面《きちょうめん》で……」といった自画像が頭の中にすでにできあがっている。それをセルフ・イメージ（自己像）と呼ぶ。

遊園地へ行くと、ピカピカに磨いた大きな金属板が置いてある。その板は、平らではなくて、凹や凸に曲がって作られている。その鏡に自分を映すと、ひどくやせて見えたり、著しく太って見えたりするが、「曲面鏡だから太って見える」ということを自覚しているので、格別悲観する人もいない。ところが、たいがいの人は、自分の心の中にある鏡が曲がっていることに気づいていないから、そこに映っている自分の姿を見て、悲観して落ち込んでしまう。

長年の間に毎日毎日脳に刷り込まれてきた「だめで悲観的な映像」は、そう簡単に消えるものではない。セルフ・イメージが悪い人は、相手から「断られるだろう」という恐怖心をもち、断られる前に自分から断ってしまう、他人の気を引く、認められたがる、「誰も相手にしてくれないから」と思い込んで孤独でいる、操《あやつ》られやすいなどの特徴がある。

自分や他人から尊敬してほしいという欲求は、自己実現への一つのステップである。もちろん、誰でもだめな面をもっているのだが「その劣っている面を補おうと努力することによって、ユニークな人格が発達するのだ」とオーストリアの精神分析学者アルフレート・アドラー（一八七〇～一九三七）は述べた。動物と人間との違いは、肉体的欲求だけに基づかないで、善悪の道徳的判断によって行動を知的に選択する点や、ほかの動物には見られない人間らしさ（つまり愛、勇気、寛大などの精神的特性）である。これらが多いほど、自尊心が育ち、自己評価が高まって、セルフ・イメージがよくなる。自尊心は、自分には価値と能力があると考えることであり、自分を尊敬する気持ちと、自分を受け入れる気持ちとから成り立っている。

人は生まれたときからセルフ・イメージをもっているはずがないから、子どもが育つにしたがってセルフ・イメージができてくる。「発育の過程で、両親からの十分な愛と受容と同意が得られると、成功の自己同一性がはぐくまれて、子どもの自尊心が発達する」、と言ったのは米国の精神分析学者カレン・ホーナイ（一八八五～一九五二）であった。これらによって子どもの信頼感が育ち、安全感が生まれるので不安がなくなる。現実の限界のうちでの個人行動の自由を認めてあげることと、両親による注意の量と質や受容とが自尊心を伸ばす。自尊心（自信）があれば、たとえ他人から悪口を言われたとしても、まったく気にならないから、セルフ・イメージが悪くなるようなことはない。

逆に、自分はだめな人間だと思っている人は、他人の批判や中傷に敏感に反応して落ち込みやすい。つまり、セルフ・イメージを悪くするのは、他人ではなくて自分自身なのである。

☞
1 愛
2 愛着
3 愛着の影響
5 アイデンティティ
32 感性
82 ストローク

94

全般性不安障害

——仕事ができなくなる人も

お化けがこわいという恐怖は、対象がお化けであり、はっきり限定されている。しかし、不安は対象がはっきりしない。何となく不安だというのが特徴である。一〇〇年ほど前に、「この不安が神経症の中核だ」と指摘したのはジクムント・フロイト（一八五六～一九三九）であった。

人生に不安はつきものである。仕事の責任を果たせるか、家計の心配、家族の健康、子どもの将来、学業成績、自家用車の修理、約束に遅れないか、地震、核戦争、などなど。誰でもそういう不安を多少とも抱えてはいるが、それが精神面のすべてを占領して、他のことを考えることができなくなるようなことはない。普通は、それにふさわしい理由があり、それを表現できるし、他人にもわかってもらえる。また、そうした不安はそれほど長くは続かないし、いったん消えれば簡単には再発しないものだ。

ところが、不安のうちでも、理由なく、表現できず、他人に理解してもらえず、コントロールできず、長く続く、再発しやすいものがある。完全癖《へき》や自信喪失の人に多いのであるが、そうした不安や心配のために勉強や、仕事、社会的役割などができなくなれば病的である。その状態を全般性不安障害と言う。

自分が何となく死ぬような気がして、二〜三分おきに医師のところへ駆けつけて「私は大丈夫でしょうか」と尋ねずにはいられない入院患者がいた。医師は気休めに「大丈夫ですよ」と言うだろうが、本当のことを言うと、一分後に人の命がなくなるかどうかは、誰にもわからない。自分の頭上に飛行機が墜落してきて、巻き添えになって死ぬかもしれないのだ。しかし、普通の人はそんなことをいちいち心配しないものだ。そんな不要な不安・心配が頭いっぱいに広がってこびりつき、取り払うことができないのが全般性不安障害なのである。

この状態になると、仕事とか学業などいくつかのことについての極度の不安がおきて、将来についての取り越し苦労がやます、それらを自分で制御できない状態が数日続く。発作が六ヵ月以上継続し、一年位続く場合も多い。周囲の状況に関係のない、自由に浮動する全般的持続的な不安が中心にあり、将来についての心配を止めることができない。

不安と心配のほかに、落ち着きのなさ、疲れやすさ、集中困難、イライラ、筋緊張、不眠（入眠困難、熟眠感のなさ、早朝覚醒）などのうちの三つ以上の症状を伴う。ふるえ、くつろげない、ふらつき、発汗、頻脈、めまい、口渇、呼吸促迫《そくはく》、胸の不快感などを伴うこともある。

米国での調査によると、全般性不安障害が一般人の約三%に認められ、一生の間には五%の人がかかるという。女性のほうがわずかに多い。家族内で多発することがある。経過は慢性で、波があり、ストレスがあると悪化する。二〇歳以後に初発することもある。

☞ 27 カウンセリング　73 神経症
47 行動療法　78 心理療法

95

早期教育

——親子の絆と遊びの活用

三歳から五歳の子どもおよび幼稚園児・保育園児に対する小学校入学前の教育を早期教育と呼んでいる。一九八〇年代から流行し始めた早期教育の強調には、スイスの心理学者ジャン・ピアジェ（一八九六～一九八〇）やイタリアの教育学者マリア・モンテッソーリ（一八七〇～一九五二）らの理論も影響しており、家庭や知能教育センターといった施設で行われている。

胎児に対して妊婦が「リンゴは赤くて丸い果物よ」と教えたりすることも流行しているが、胎児はまだ視覚も認知力もないから、母の声に慣れる程度の効果しかないであろう。出生直後でも高音と低音の区別ができるという実験があるから、胎児でも音波を識別できるらしい。したがって、胎児にバロック音楽の曲を聞かせると右脳が発達するという説を否定できない。

生まれたばかりの脳は、まだハードウェアだけしかなく、脳の発達は、学ぶことや経験によってソフトウェアを組み込んでいって、脳の運転法を獲得していく可塑性《かそせい》に特徴がある。乳幼児期に各発達段階に応じた適当な刺激を与えれば、脳の能力が伸びることは確かだ。その好例は運動神経であって、二～一一歳の期間に運動神経や視覚を訓練しないと、絶対に一流の運動選手にはなれない。この期間に、各運動に合わせた脳の電線の配線が終わってしまうからだ。遊びと運動によって筋肉に力がつくほかに、各筋肉の共同運動の道がつき、筋肉と運動神経がうまく連動するようになる。バイオリンなどの楽器演奏や知能も同じことである。絶対音感の獲得も三歳から六歳の期間にピークがあって、六歳半以後だと獲得できないらしい。外国語の発音も一歳半以降では学習困難だといわれているから、幼児期に外国語のテープを聴かせると良い。

学習するための最初の道具として、遊びを活用するのが大事だ。モンテッソーリ方式では、子どもの運動、感覚、言語を発達させる教材（遊び道具）を用意して遊びの環境を整え、教師がお手本を示すにとどめてなるべく干渉しない。自由行動で子どもの自発性を尊重し、訓練によって感受性を高め、自分自身や自分の持ち物について気配りをする価値を強調する。一人の教師がなるべく小人数の児童を扱い、熟練した教師を養成することも大切だ。子どもには創造力が高まる「感覚の時期」が何回かあるので、この時期を利用して学習をさせ、子どもの興味に合わせることが大事だと、モンテッソーリは、述べている。家庭で、乳幼児の運動、認識、言語を発達させるには、わざわざ特殊な知育玩具を買わなくても、積み木やおはじきなどで十分である。

思考だけでなしに、感情、意志、模倣《もほう》衝動、感覚体験をも重視すべきであろう。

両親の積極的関与が、早期教育成功のカギであり、①親子関係の確立　②出生前から十分な物理的環境を整える　③零～三歳の時期に親子の絆《きずな》を強め、主に家庭でのプログラムに親がかかわる　④四～六歳では両親の関与を続けながら、施設のプログラムに基づいて児童の認知能力の発達に焦点を当てる、が大切である。

☞ 117 脳の栄養　19 右脳と左脳　148 臨界期

96

退行——無意識の赤ちゃん返り

幼児の行動を眺めていると、妹や弟が生まれたあとで異常行動が見られることがある。ある幼児は、出産した母親に向かって「花子ちゃんを病院においてきて」と言った。「花子」という妹が生まれた事実は理解していても、まさか母親が新生児を自宅へ連れ帰ってくると思わなかったのであろう。新生児に母親がかかりきりになるのを見て、もはや母親の愛を独占できなくなったことを知るのは幼児にとって大ショックである。そんなとき、幼児は母親のあとにくっついて離れず、むやみに甘えたがる、寝小便をする、トイレの訓練中ならば失敗率が増える、「赤ちゃん言葉」に逆戻りをする、指しゃぶりを始める、這い這いをするなどの「赤ちゃん返り」がみられることはまれでない。「私も今までのように可愛がってちょうだい」という意思表示が無意識のうちに幼児にもっと赤ちゃんぽい行動をとらせるのである。

このように、現実から逃避してもっと安全で楽しかった、より原始的な、一度失われた発達段階まで行動が逆戻りするのを「退行」という。進歩の逆だ。精神分析ではこれを自我防衛の一種と見なす。つまり、怒り、不安、葛藤《かっとう》、ストレスなどの不愉快な感情が自我を脅《おびや》かすときに、それらを減らしたり避けたりして自我を守るために無意識的に働く心の安全装置が退行なのだ。トラウマ（心理的外傷）が何だったのかを探るために催眠術をかけると、退行をおこすことがある。その場合にはその人が子どもだったときとそっくりの行動や話し方、考え方、文字の書体などが現れる。

成人に現れる退行は子供に比べるとわかりにくいが、未熟な感情や行動によって退行だとわかる。泣く、わめく、はしゃぐ、暴力をふるう、などの子供っぽい行動は退行の現れだと考えてよいことが多い。

もし、夫に対してすぐにすねてみせる妻がいれば、それでも夫が自分を愛してくれるかどうかを試しているのである。子供時代に十分な愛を受けなかったり、トラウマをもったまま育ったアダルト・チルドレンは、他人が自分に注いでくれる愛を信じ切れなくて、赤ちゃん返りなどの退行行動によって愛を試すのだ。成人が企業などで働き過ぎたために、家庭内で親としての機能を果たせなくなった場合に、家族に敵意や怒り、嫉妬をもって、暴力をふるうのも、退行のあらわれである。

ジクムント・フロイト（一八五六～一九三九）は退行を「対象退行」と「衝動退行」とに分類している。前者は、最近の状況に葛藤を覚えた人が、以前に快感を感じていた対象ないしは人物（母親とか昔の恋人など）のところへ戻ろうとするもので、妹が生まれた例や、失恋した人が昔の恋人ないしは母親のところへ戻ろうとするのがそれに当たる。第二の「衝動退行」は、欲求不満のときに「やけ食い」をする場合のように、ある衝動を満たし損ねた人がほかの衝動を満足させ、昔覚えた快感を得てごまかす場合だ。

☞
7 アダルト・チルドレン　58 催眠術　87 精神分析　130 防衛機制
37 境界人格障害　80 ストレス　108 トラウマ

97 大食症（ブーリミア）――ダイエットが引き金

以前、夜中に冷蔵庫に入れたはずのケーキが二〇個もなくなったという女子学生寮での盗難騒ぎがあった。大食症の患者がこっそり食べてしまったのである。映画『出逢い』などで名声をはせた米国の女優ジェーン・フォンダは、一二歳のころから大食症にかかり、腹いっぱい食べては吐き、また食べるということを繰り返していたそうだ。

女子学生などに患者が多く、就寝前に発作的に三人前も無茶食いをしたりする、いったん食べ始めると止められない。太るのを恐れて、吐いたり、下剤を飲んだり、浣腸をしたり、断食や過激な運動をしたりする。週に二回以上無茶食いをする。体の形や体重を必要以上に気にする。大多数は嘔吐《おうと》を繰り返すので胃酸によって歯がボロボロになるし、血中カリウムが減少して心臓が突然止まり死ぬことさえある。嘔吐や大食のために食道と胃が裂けるなどという悲劇もないわけではない。こんな症状を示す大食症は、青春期食欲不振症とはまったく逆のように見えるかもしれない。ところが、同じ人物にこれら二つの症状が交互に現れることも多いのだ。青春期食欲不振症の二五〜三〇％がときに大食症の症状を示す。大食症は女子高生や女子大生の一〜三％を占める。一方、大食症患者のうち一〇〜一五％は男だという報告がある。発病の平均年齢は一八歳というから青春期病といってよいだろう。

患者の四三・五％は情緒障害（躁病かうつ状態）を併発しており、一八・五％がアルコール依存や薬物依存の病歴をもっているというリポートもあるから、これら三者の間には何か共通した脳内の故障があると考えられている。大食症になるきっかけは、厳しいダイエットという例が多い。患者は空腹感や満腹感を感じることができなくなり、甘いものや油っこいものを他の食物と区別できなくなる。これらの情報を受けとる脳内のセンサーが故障しているらしい。

患者は、うつ、衝動的、怒りっぽい、反抗的、不安、こだわり、閉じこもり、特殊な考え方、適応の悪さなどの性格的特徴を示すので、これまではカウンセリングなどの心理療法が行われていた。しかし、うつ状態を併発する人が多いことから、抗うつ薬が効くのではないかと考えられ、実際これを与えてみるとよく効くことがわかった。抗うつ薬の中ではイミプラミンやデジプラミン、フェネルジンなどが有効であり、大食だけでなしに、うつの症状や不安をも減らしている。抗けいれん薬のフェニトインやカルバマゼピンも有効だと言われている。大食症の患者は薬の副作用を気にして、薬を中断しやすいので、少なくとも六週間は服用させ続けるようにしたい。

行動療法では、食べたいと思う食物を医師の目の前で思う存分に食べさせ、吐きたい気持ちが消えるまでいっしょに居てあげることが有効だという。フォンダは三五歳で二人目の子どもを妊娠したときに「よいお母さん、よい妻になろう」と決心し、自分で大食症を治したという。

☞
6 アイデンティティの危機　86 青春期食欲不振症
18 うつ状態　123 肥満を防ぐ

98

対人恐怖症

――自分への恐れが不安と緊張を生む

青年期の人が他人に会うと、不安と緊張が生じ、それが他人に不快感を与えるのではないか、嫌われるのではないか、と心配して、なるべく他人と接触しないようにするのが対人恐怖症である。

心理学者の小川捷之《かつゆき》によると、対人恐怖の悩みは次の八項に要約できる。①集団に溶け込めない　②自分に満足できない　③他人が気になる　④くつろいで付き合えない　⑤自分が気になる　⑥気分が優れない　⑦大勢の人に圧倒される　⑧変な人だと思われそうな気がする。

こんな人は、他人に会ったときに「相手がしかめっ面をしたり、咳《せき》払いをしたのは、自分を嫌っている証拠だ」と思い込んだりする。対人恐怖の本体は、相手を恐れているのではなくて、「自分が相手にどう思われているかが怖《こわ》い」のであって、自分への恐れなのである。つまり、相手を見ているのではなくて、相手の顔に映る自分の姿を見ており、自分の本質を見透《みすか》してしまうかもしれぬ相手に出会うのが怖いのだ。実は、「自分の劣等感を素直に認めたくないので、その劣等感を相手のせいにこじつけて自己防衛をしている」というわけだ。いつも、人に勝ちたい、他人によく思われたい、という気持ちが心の底にあると、現実にはそううまく行かないから、その矛盾に悩んで、劣等感と優越感の間を揺れ動くことになる。

「相手にいい印象を与えたい」といつでも邪念を抱いて他人に接すると、素直さが失われて、ぎごちなくなり、うまく交われない。そうなれば、人に会うのが怖くなる。したがって、他人に会うときには、はからい心を捨てて、あるがままの自分をさらけ出し、とらわれのない自然な態度で接することが大切になる。自分のことばかりにこだわっていると、他人との「生きた交わり」に入ることができない。フランスの哲学者ガブリエル・マルセル（一八八九～一九七三）はこの「生きた交わり」を「相互主体性」と名付けている。

自分を不安にさせるのは他人ではなくて自分自身であるし、他人との間に壁を作るのも自分である。この点になかなか気づかなくて、すべてを他人のせいにしていることが多いものだ。こういう人は自我が確立していないので自信がなく、うぬぼれた自己の像を心に描いてはいるものの、うぬぼれきれぬ点に悲劇がある。個人の社会的機能が自己の内的衝動（無意識の力）を抑制することができないと、いつも自分を見失って、他人と比べずにはいられなくなる。

対人恐怖は、近親者や、まったく見知らぬ他人と同席してもおきず、中間的な親しさの人に出会って身構える場合におきる。中年期に入ると対人恐怖は自然に治ることが多い。対人恐怖は韓国人や中国人にも見られるが、特に日本人に出現頻度が高いので、日本文化の特性と関係があるのだろうと言われている。

☞
13 いじめ

39 恐怖症60 自我71 主張（断行）訓練法74 心身症83 性格改造93 セルフ・イメージ

99

体内時計
――うつ状態だと針が進む

四〇〇〇年ほど前から、植物の葉や花弁が一日周期で閉じたり開いたりすることが知られていた。生物にはサーカディアン・リズム（概日《がいじつ》リズム）があって、およそ二四～二五時間周期で睡眠や体温、ホルモン分泌、尿量などを調節している。感覚の鋭さ、刺激への反応時間、学習効率、欲望の強さなどもこの周期で増減する（もっと長い周期としてはほぼ一ヵ月周期の月経などがある）。

米国の神経生理学者チャールズ・ガイスラーは、これを人間の体内時計（生物時計）のせいだと説明している。体内時計とは何だろう。それは右に述べた生体リズムをコントロールするセンターである。

アレルギー反応も朝よりは夕刻の方が激しいし、薬の副作用も服用した時刻によって程度が異なる。複雑な仕事の能率は正午前後に最高になる。この体内時計は各個人個人に生来固有のもので不変だということがわかっている。鳥では松果体、げっ歯類では視床下部の視束交差上核に体内時計がある。これは体内のリボ核酸の二四時間サイクルのプロセスと関連を持っているらしい。

うつ病の患者では、就寝・覚醒時間や体温の日内変動の減少、内分泌の日内変動の減少などがおきる。これはどうやら体内時計が狂ったためらしい。つまり、視床下部と脳下垂体、それに副腎をつなぐ神経経路（わかりやすく言えば電線に）故障が生じているらしいのだ。

パラ睡眠（レム睡眠、逆説睡眠、二三八頁参照）、体の動き、副腎皮質ホルモンの分泌量、体温などをうつ状態の患者で測ってみると、どうも体内時計の針が進んでいるとしか思えないので、うつ状態の原因は針が進むせいだという説が出てきた。

もう一つの仮説は「徐波睡眠（ノンレム睡眠）減少説」だ。うつ状態になると、眠りが浅くてこま切れになり、脳波で観察すると徐波睡眠が減ってパラ睡眠が始まるまでの時間が短くなり、初期のパラ睡眠時間が長引いて、しかも頻発する。つまり睡眠の経過が狂っているのだ。抗うつ薬を飲ませても、パラ睡眠が始まるまでの時間が長くなるだけで、徐波睡眠がすぐに増えるわけではないのが、この仮説には都合が悪い。

うつ状態の原因が体内時計の狂いにあるのならば、時計を合わせればうつ状態も治るはずである。まだ夜明け前に光を当てて室内を明るくするのは時計の針を進めるのと同じ効果になるし、夕闇が迫っても光を当てるのは時計の針を遅らせることになろう。この原理をうつ状態の患者に当てはめて光照射療法を行うと、五〜七日で軽快する人が多いことがわかった。光照射を続ければ、回復した状態を続けることもできる。四時間しか眠らせないという断眠療法や数時間睡眠を早めるのもうつ病を一週間だけ軽くする。一日おきにこれを繰り返すと数週間は再悪化しない。炭酸リチウムをも含めての抗うつ薬は体内時計の動きを遅らせる作用をもっている。

☞ 18 うつ状態　62 時差ボケ　113 眠気　114 眠り　137 メラトニン

100

多重人格

——心理的な外傷が遠因に

解離性障害の項（六二頁参照）で、解離性自己同一性障害（いわゆる多重人格、ＭＰＤ）について触れ、『ジーキル博士とハイド氏』を二つ以上の異なる人格（状態）の例として挙げておいた。解離というのは、「通常は統合されて一つになっている意識、記憶、知覚、アイデンティティなどの断裂」を意味しており、トラウマ（心理的外傷）体験を通常の記憶システムから排除する仕組みである。多重人格については、二重人格から四〇〇重人格までが観察されている。

多重人格者では、一つの人格が他の人格に移ると、その両者はまるでお互いに見知らぬ他人のようで、他の人格のときにおきたことを一切記憶していない。さらに、他の人格に移るプロセスを本人が止めたり進めたりすることもできない。

日本でも心理学者中村古峡《こきょう》が『変態心理研究』（大同館書店、一九一九年）の中で「二重人格の少年」を初めて報告したが、他には症例もほとんどなく、私が邦訳したクリフォード・アレン『異常心理の発見』（角川書店）の中のモートン・プリンスによるビーチャムについての報告（一九〇五年）が読まれた程度であった。しかし、一九七〇年代になって、米国で報告が急増、日本でもコルベット・Ｈ・ティグペンらによる『私という他人』（講談社）、ダニエル・キイスが書いた『24人のビリー・ミリガン』、フローラ・リータ・シュライバー『失われた私』（以上はいずれも早川書房）などが続々と邦訳されて、多重人格についての関心が一気に高まった。

圧倒されそうな出来事がおきると、その出来事を通常の意識や記憶から切り離す解離作用により、もともと一つしかなかった人格が二つまたはそれ以上の多数の人格（多重人格）を作る。これが、フランスの心理学者アルフレッド・ビネー（一八五七～一九一一）やピエル・ジャネ（一八五九～一九四七）以来の伝統的な考え方だった。しかし、新しい仮説では「人間はもともと多数の人格を所有しているのであるが、ふだんはそれを一つに統合しているのであって、何かのきっかけでその統合のタガがはずれると、多重人格になる」というのである。被暗示性の高い人が、衝撃的な体験（たとえば、愛する人との急激な別れ、暴力場面の目撃、幼時の身体的ないし性的虐待など）にさらされトラウマを受ける。その記憶を通常の記憶システムから排除する解離がおきたり、自分の感情や欲求を全面的に抑え続けると、多重人格発症の準備状態になる。その状態に対して、他者（親）による保護（愛着）や修復が与えられず、しかも、病気や過労、困難などに長期間さらされると発症する、というわけだ。

米国では一般人口の〇・一～一%、精神科入院患者の四%が多重人格者だ。多重人格者の八～九割が、幼少時に性的または身体的虐待などのトラウマを受けた人だという（米国での児童虐待は年間二〇〇万～三〇〇〇万件、幼児をもつ父の約一割にのぼる）。多重人格者の二五%は心理療法によって治ると言われている。

☞
5 アイデンティティ
26 解離性障害
58 催眠術
108 トラウマ
144 幼児虐待

101

注意欠如症

——集中できず多動併発

しばらくの間でも注意を集中しておくことができず、動き回り、衝動的な破壊行動をする注意欠如・多動障害の子どもが、小学校では男児の一〇％、女児の一％もおり、教育界で問題になっている。常に動いていて、走り、柱に登り、周囲に構わずに話し続ける。家庭でも、社会でも、また学校でも問題をおこす。ソフト神経症状（手先や運動が不器用、体のバランスをとりにくい）や言語発達障害、視聴覚障害、読書・書字障害を伴うことが多い。学習障害児と区別しにくいが、完全に同じとも言えず、学習障害児（ＬＤ）の三分の一が多動障害を伴っている。これを行為障害と区別できないことも多い。

六歳以上の「ソフト神経症的徴候」は次のようなものである。①頭を親がつかんで回すと、体も回ってしまう（六歳以上の普通児なら体は回らない）②立ったまま目を閉じて舌を出させると、その状態を続けられない③直線上を歩かせるとバランスをとれないので脱線してしまう④片足飛びを続けてできない⑤手のひらを上に向けたり下に向けたりの手首回転運動をうまくできない。

遊びにも仕事にも注意を集中できない、他人の言うことや指示を聞いておらず、不注意によるミスが多い、やりかけた仕事を継続できないので途中で放り出す。移り気、自分の順番を待つこともできない。忘れっぽいし、道具を紛失しやすい。

食事時や学校で、じっと座っていることができず、多弁、質問されている途中で口をはさむ、いつも動いており、静かに遊ぶことができない。永久に回っている高速モーターによって動かされているように見える。扱いにくく、気まぐれ、威張る、手に負えない。こういう子どもが一人いると、学級がかき乱されてしまう。知能は低くないのだが、教師の言うことを聴いていないので学業成績がふるわず、親密な交遊関係を結ぶことができないから社会的発達も妨げられる。

これは長期間続く障害であって、患者の三〇〜八〇％は思春期ないし成人後も症状が消えず、社会生活を送れないために精神病院に入院したきりの場合もある。

患者の大部分は、脳の器質的（解剖学的）変化に基づく機能障害を示す。脳のうちでも、運動や注意をコントロールする部位、つまり運動領前野、前頭上野の新陳代謝が不活発なことがわかったので、多動を抑制できなくなっているのだと思われる。これはちょうどアルコールを飲んだ状態に似ている。

鉛を含有しているガソリンの排気ガスを吸うとか、陶磁器食器の塗料から鉛を食べた赤ちゃんも似た症状を示す。子どもにサリチル酸や食品添加物の入った食物を食べさせると多動症になり、添加物を止めたら症状が消えたという報告もあるが、それは多動症患者の五％にすぎない。

☞ 28 覚醒剤　102 注意欠如症の治療
45 行為障害

102

注意欠如症の治療

——起床後の一杯のコーヒーが有効

サンフランシスコの小児科医ベン・F・ファインゴールドはアセチルサリチル酸(アスピリン)に過敏な人はじんましんが出るほかに、イライラ、落ち着きなさ、集中困難なども現れるのに気づいた。アスピリンをやめさせたり、サリチル酸を含む食品添加物を食物から取り除くと、これらの症状がぴたりと消失することも発見した。

そこで、ファインゴールドは多動症の原因が食品添加物だろうと考え、添加物なしの「ファインゴールド食」で多動児を治療し始めた。サリチル酸を含む食物には、果物、トマト、キュウリがある。添加物は、歯みがき粉、香水、パン、インスタント食品、マーガリンなどにも入っている。それらをとらないようにすると、半数の多動児に著しい効果が見られたという。が、別の研究者による追試では否定されているので結論を出せない。

チーズ、コーヒー、ヨーグルト、トマト、ナス、ジャガイモ、ホットドッグ、グルタミン酸ソーダなどによってもアレルギー性の偏頭痛《へんずつう》が起きるという最近の研究を見ると、ファインゴールド説も当たっているのかもしれない(このほか、パン、大豆、セロリ、カニ、カキ、ミルクなどでアレルギー反応をおこす人がいる)。

多動がおきる病気はこのほかにも、甲状腺機能亢進、低血糖症、鉛中毒、アレルギー、目が見えないなどの感覚障害、急性脳炎や慢性脳器質障害（脳の構造的損傷）のあとの脳損傷、恐怖症、性格異常、うつ状態などが挙げられる。抗てんかん薬のフェノバルビタールでも四〇％の子が多動になる。妊娠第一週から第二週に妊婦が感染症にかかったとか、出産時に酸素欠乏が起きた赤ちゃんにも似たような症状がある。

注意欠如症については、遺伝的要因との関係も指摘されるようになってきた。その根拠は三つある。①肉親、ことに男性肉親に注意欠如症があると、発症しやすい ②二卵性双生児よりも一卵性双生児のほうが、一致率（二人とも発症する率）が高い ③障害児の両親には認知障害をもっている人が多い。

治療として、「計画を立てたか」「どのようにして行うか」「行う前に言いなさい」などをカードに書いて渡しておく「催促カード」を使うと多少の効果はある。起床後にコーヒーを一杯飲ませるのも有効という。外国ではアンフェタミン（ヒロポンに似た薬）を治療薬に使うが、日本では覚醒剤に指定されているので、使うことができない。中枢神経刺激薬メチルフェニデイト（商品名リタリン）が患者の七五％に有効時間内だけ症状を抑える。これらはたぶん、運動興奮を抑える働きをする抑制センターを興奮させるので、多動を減らし、学業と仕事量を増やす。また、リタリンを服用すると攻撃性や反社会的行動が減る。しかし大量すぎると、友人とも話さず、部屋の隅で同じ本を何十回と読んでいたりするようになる。

☞ 28 覚醒剤 101 注意欠如症
45 行為障害 117 脳の栄養

103

超感覚

——常識を超える感覚外知覚

第一次世界大戦のときに、ある英国の婦人が白昼夢を見た。後方の連隊本部にいるはずの弟が、前線にいてドイツ兵に爆弾らしいものを投げられ、それが弟に命中するのを見た。その数日後には光を放つ霊がポプラの並木道に彼女を導き、そこには弟の死体が横たわっている白昼夢を見た。あとから聞くと、命中するのを見た時刻がちょうど弟が戦死した時間と一致していた。これは、シャーロック・ホームズ物語の著者だった英国の作家コナン・ドイル（一八五九〜一九三〇）による記録を引用したのであるが、日本でも似た体験をした人は少なくない。

普通の感覚では知覚できないはずの情報を、超能力をもっている人が知覚する現象をJ・B・ラインが一九三二年に「感覚外知覚、超感覚的知覚ESP（extrasensory perception）」と名付けた。伝書鳩や渡り鳥やサケの帰巣能力もその一種である。もし、それが他人の考えである場合にはテレパシー（読心術、透視術）とか霊的交流と呼ばれた。それが物体や過程の場合には千里眼という。ドイルが挙げた例のような、予告したあとで不思議な過程によって遠く離れたところで何かがおきる場合には予知覚という。触れることなしにメガフォンなどを移動させたり、スプーンを指で撫《な》でるだけで曲げるなどを念力、亡くなってしまった人の姿などを写真フィルムに感光させるのを念写という。今までは、これらは、詐欺と見なされてきたものであった。

たとえば、上から手をかざしただけで封筒の中の紙の色や文字を言い当てる、別室でトランプの札を示すのを言い当てるのは千里眼であり、陸上にいる人があることを考えると、その考えを海底の潜水艦の中にいる人が言い当てるなどはテレパシーである。こうした現象が実在するので、心理学的に研究しようというのをパラ心理学という。

米国のデューク大学での実験によると、五枚の紙に丸や三角など別々の記号を書いたカードを五組、つまり二五枚用意して、別室の被験者に今どのカードを見せているかを言い当てさせたところ、五枚とも的中させた人がいたという。多くの被験者は、普通の確率をはるかに超えて的中させたというから、何か正常の感覚以外の力をもっている人が存在するらしい。

手のひらをかざしただけで、病人の患部を言い当て、念力によってその病気を治すなどという人もいるというが、本当に念力で治ったのか、それとも、患者が暗示を受けて治癒力を得たのかは、わかっていない。

手のひらで手術をすると言って、血まみれの胃袋を患者から取り出したフィリピン人がいたが、よく調べてみたら犬の胃袋を握っていた詐欺であったなどのニュースを見ると私たちはつい懐疑的になるが、普通の常識では到底理解できないような不思議なことがしばしばおきるのもまた事実である。そういう現象に好奇心を抱《いだ》くのが成熟した人間だ、と米国の心理学者ゴードン・オルポートは述べている。

☞
38 共時性
61 至高体験
85 成熟した人柄
109 トランスパーソナル心理学
112 ニュー・サイエンス
149 臨死体験

104

出会い

——心の触れ合い

街角で隣家の飼い犬と出会った場合には「出会い」という言葉を使わないようだ。辞書には記されていないが「出会い」には、「心と心の触れ合い、それによる自己内面の変革」とか、「人と人、人とものがともに生活することになったときの持続的接触による精神的影響」という意味がある。

オーストリア生まれのイスラエルの哲学者マルティン・ブーバー（一八七八〜一九六五）は名著『我と汝』（岩波書店）の中で「真の生とは出会いである」と書いた。眠って食べ、自宅と職場を往復するだけの人生ならば、ハムレットでなくとも「人間とは何だ？　動物と変わりがないではないか」と叫びたくなるだろう。恋人との出会い、心を揺すぶる音楽との出会い、一生忘れることのできない書物との出会いなど、私たちは「生きていて本当によかった」と感じるひとときを体験する。「そんな時間こそが、人間が真に人生を生きた時間なのだ」とブーバーは言いたかったのだと思う。

列車に乗って、隣の空席へ誰かがかばんを置いた。かばんと私との関係は単なる品物（それ）との関係にすぎない。しかし、隣に恋人が座れば、「それ」に対して感じたのとは違う気持ちが生まれて、相手を「それ」ではなしに「あなた」と感じる。

そのときの「わたし」は、もはやかばんに相対していたときの私ではなく、「私」の心と「あなた」の心との間には交流が生じている。相手が人間でなくても、一枚の絵、一本の木に対して、「あなた」と「私」の関係を感じることがある。これをブーバーは「我と汝」の関係と呼んで、この特殊な関係を維持していくことを人間が生きていく目的だと考えた。永遠の「あなた」こそが神であり、隣人との間で「あなた」と「私」の関係を結べば、それが神に出会えるみちなのだ、とブーバーは説いている。

出会い、つまり心と心の触れ合いによる自己内面の変革を人工的に集団の力で引き起こそうというのが「エンカウンター・グループ」である。Tグループとか感受性訓練などと呼ばれることもある。一〇人前後の人が集まって、自分の外面につけたヨロイを取り去り、本当にみんながあるがままの人間になり、それをお互いに受け入れてあげ、本物の人間の心にじかに触れ合う機会を与える。これがエンカウンター・グループの目的だ。

参加者は、性格が変わるわけではなくて、グループのおかげで、これまで見えなかった自分自身が見えてくる。自分が生きている世界に気づき、感じなかったものを感じるようになるだけだ。

本音を知る。本音を表現する。本音を主張する。他人の本音を受け入れる。他人の行動の一貫性を信じる。他人とのかかわりをもつ。この六つがエンカウンター・グループでの体験だと聖徳栄養短期大学客員教授国分康孝は分析している。米国では一〇〇〇万人以上がこのグループに参加したそうだ。仮面をつけての生活に人間は耐えられないものらしい。

☞ 11 EQ　14 異性の選択　75 人生の意味
12 生きがい　32 感性　106 テクノストレスへの対策

105 テクノストレス——人間性喪失のゆがみ

最近のテレビの子どもマンガやテレビゲームでは、光線銃や弾丸でいとも簡単に敵を爆殺する。そこには血も流れず、うめき声や苦しみも聞こえず、人間的な同情をかきたてられることなしに非情な殺人が行われる。このようなシーンを毎日見て育った子どもは、人間的感情なしに殺人をする大人になる可能性が濃いだろう。

昔の旅人は弥次喜多《やじきた》よろしく、風景や花を眺めたりカバヤキの匂いをかいだり、風雨に当たったり、じかに人や自然に触れながら旅をしたものだ。一八三〇年九月一五日に英国でマンチェスターからリヴァプールまで世界最初の汽車が走って以来、人類の触れ合いの旅は次第に失われてしまった。今、新幹線やジェット機に乗って旅行する人は、二重窓に隔てられて、花に触れることもできないし、風景をゆっくり眺めることも不可能、風に吹かれることもなく、自然や現実に触れ合うことがまったくなくなってしまった。列車の窓から景色を見ていても、それは家の中で風景を放映しているテレビを一人で見ていることと少しも違わない。

テレビ・マンガや旅行の例で明らかなように、人間の感覚は次第に使われなくなって、鈍くなり、さびついてきた。これに追い討ちをかけるのがＶＤＴ（Visual Display Terminals・画像表示端末）である。新幹線の切符売り場にあるテレビのようなモニター装置がVDTであり、コンピュータやワード・プロセッサーにもついている。このVDTを見続けたための身体障害としては、職業性頸腕肩《くびうでかた》症候群（首、肩などが痛む）、手や腰の痛み、目の疲れやかすみ目、ものがぼやけてよく見えない（三五％の人に目の調節異常）、白内障、全身がだるいなどがあり、未確認だが不妊の可能性も出ている。五〇分ごとに小休止しないと仕事を続けることができない、緑色の文字面を終日眺めていると帰宅後に新聞の字が桃色に見えるマッカラフ効果、視力低下、音に敏感になる、イライラするなどを訴える人も増えている。

しかし、もっと怖いのはコンピューターなどによる精神的影響だ。今のところ、うつ状態や不安感のほかは、知的労働の負荷の増大、時間感覚のゆがみ、主導権喪失、社会的孤立感、欲求不満という五つの心理的圧迫が挙げられている。

まちがえないために神経を集中する緊張の連続を強いられ、仕事ぶりを監視されているように感じ、息つぎの暇もなく疲れる。いつも即答してくれる器械に慣れると、他人が即答しない場合にイライラして、「待てない人間」になる。機器に自分が使われているような気がして主体性を失い、人間らしい誇りが失われる。工夫《くふう》の余地がないし、仕事がつまらない。仲間と話をする暇もないし、共同作業もないので、一人一人が孤立してしまい、閉じこめられたように感じ、同僚がわずらわしくなる。仕事に興味を失い、やりがいもなくて、欲求不満の塊になるなどがその具体例である。こんな人間性喪失のひずみをテクノストレスと呼ぶ。

☞ 12 生きがい　45 行為障害　106 テクノストレスへの対策
18 うつ状態　104 出会い

106 テクノストレスへの対策

――よい出会いが人間性を取り戻す

米国の心理学者C・ブロードはテクノストレス対策をいくつか考えているので、次にそれを紹介しよう。①物事に黒白をはっきりつけない　②他人を社会階級で差別しない　③問題解決法は一つでないことをわきまえる　④内的体験の重要性を忘れない　⑤建設的プランを進める　⑥他人と親密な時間をもつ　⑦肉体的接触（スキンシップ）をはかる　⑧気持ちを素直に表現する　⑨画像表示端末（VDT）を扱う時間を制限する　⑩一人でひきこもらない　⑪こだわらずにさらりと忘れる　⑫内なる欲求に注目する　⑬愛や創造性を大切にする

VDT、コンピュータ、ロボットなどが日常化するはるか前から、すでに人間疎外が問題となっていた。孤独な汽車の旅で典型的に示されたように、産業革命とともに自由の喪失、孤独、人間性喪失、人間の平均化などが見られるようになり、失われた人間性をいかにして回復するかがずいぶん昔から大きな課題となっていた。無力性、無意味性、無規範、孤立、自己疎隔の五つを焦点とする人間疎外に対して、はたして有効な対策はあるのだろうか。

ドイツ生まれの米国の精神分析学者エーリッヒ・フロム（一九〇〇～八〇）は、疎外された人間の特徴として、「他人と直接に触れ合うことがないだけでなしに、自分自身とも触れ合うこと

がない」と指摘している。人々は、「自分の行為を創り出しているのは自分なのだ」という感じを失っている。これが、いわゆる「生産的構えを失った状態」なのだ。

このような「疎外された状態」から回復するためには、まず「疎外された状態にあることに気づく」ことが大切であるし、次には、「自分自身になる」ことが大事だ、とフロムは述べている。

人間疎外に対しては、人間的触れ合いの回復や、出会いの見直し、生きがいの充実が必要になる。スキンシップを十分に与えられない乳児院の赤ちゃんが笑えない子に育つことはもはや常識になっている。肉体的触れ合いが大切なだけではなくて、心と心の触れ合いもまた欠くことができない。

相手を単なる物質とかロボットなみに扱う「それ」との付き合いでなしに、心と心が通い合う「私」と「あなた」の関係がなければ真の出会いとは言えない。これを、オーストリア生まれのイスラエルの哲学者マルティン・ブーバー（一八七八〜一九六五）は「すべて真の生とは出会いである」と述べたのであろう。出会いは他人との間だけではなく、音楽との出会い、絵画との出会い、宗教との出会いなども考えられる。よい出会いによって、人は疎外を克服できるだろう。

よい出会いを作るには感性（価値を感じる感覚）や共通感覚（第六感、勘）が発達していることが必要だ。そのためには、自然や美しいもの（音楽、絵など）に触れる機会を増やして、感性を鋭く磨いておくのがよい。それが、人間性を取り戻すみちにつながる。

☞ 1 愛 12 生きがい 104 出会い
2 愛着 32 感性 105 テクノストレス

107

同性愛

——胎児期のホルモン異常が原因か？

アメリカの動物学者アルフレッド・チャールズ・キンゼイ（一八九四〜一九五六）らの調査によると、一万一〇〇〇人の成人に面接した結果、男性の四％が完全な同性愛者であったという。それ以外にも男性の一三％が一六〜五五歳の間に少なくとも三年間、主に同性愛の生活を送っていた。二〇〜三五歳の女性の二〜六％、既婚女性の一％が同性愛で、二八％がその体験をもっていた。

米国精神医学会は、かつて同性愛を異常性格だとする見解をとっていたが、一九五二年からは社会病的人格障害、一九六八年からは人格障害およびその他の非精神病的精神障害と考えるようになった。一九七四年になると精神障害ではなくて性的見当づけ障害、一九八〇年には精神・性的障害の中の自我異常緊張同性愛と規定した。一九八七年にはついに正常だと見なすことにした。このように、同性愛は科学的根拠なしに社会的見解によっていいかげんに異常だと見なされてきた。非西欧的な文化をもつ七六の社会を調べると、そのうち六四が同性愛を正常と考え、社会的にも受け入れられている。最近まで、同性愛を犯罪と同じに扱って刑罰を科していた西欧各国も、次第に同性愛を正常な行動だと考えるように変わってきている。

ダイコクネズミの脳では、内側視索前野の神経核の大きさがオスではメスの五倍も大きい。この大きさは、脳が発達する途上の一定時期に男性ホルモン（テストステロン）を多量に与えれば大きくなるし、逆に精巣摘出により男性ホルモンを減らせば小さくなる。

この一定時期を性分化の臨界期と呼び、これをすぎるとアンドロジェンという男性ホルモンをどんなに多量に与えても性分化は影響を受けなくなる。

ヒトの脳の性分化の臨界期は胎児期の五〜七ヵ月であり、この時期に胎児の脳が男性ホルモンにさらされると男性型の脳ができる。また、アンドロジェンがなければ女性型の脳になる。こうして胎児期のホルモン異常に基づく脳の異常形成が同性愛を作るらしいことがわかってきた。つまり、「遺伝による性」とは異なった異性の脳ができれば同性愛になるらしいのだ。体形は男でも、脳の中身が女なら、女らしい発想をするから、男を好きになっても当然なのである。同性愛者の脳が特異かどうかを調べるために女性ホルモンのプレマリンを注射する。注射後七二〜九六時間で、女性なら黄体形成ホルモン量が二倍になるが、男性では増加しない。ところが、同性愛の男性に注射すると、一・四倍に増えるのだ。つまり、女性の脳に近い反応を示している。

ドイツのフンボルト大学のダーナーによると、同性愛ができるのは、母親が妊娠中に強いストレスを受け、ホルモンのバランスが崩れるためだろうという。ベルリン空襲を体験した母から生まれた子が成人後に同性愛になる率が高かったのも、こうしたメカニズムによるらしい。

男の場合はアンドロジェン不足により女性脳ができ、女の場合はアンドロジェン過剰によって男性脳ができる。これが同性愛を作る秘密だというのだ。

☞ 24 男の脳、女の脳　84 性差　117 脳の栄養
80 ストレス　92 性同一性障害　148 臨界期

108

トラウマ——生き方を左右する心の傷

トラウマは、「虎と馬」ではない。ギリシャ語で「傷」を意味する単語から由来する言葉であって、直接の外力による肉体的外傷、またはひどい情動的急襲による心理的外傷を示す術語である。もともとは頭部外傷のように外から加わる力による傷を指したが、最近ではもっぱら精神的ショックによる傷、心が受けた傷（情動的傷害）を意味し、「心的外傷」と訳されることが多い。

精神的トラウマは、何か外界の出来事によって耐えきれぬほどの不安が突然に強く襲うことを意味した。やがて、外界だけではなしに精神内界からの刺激による圧倒的な不安をも意味するようになった。問題にならぬ程度の外界の出来事を、精神内界の主観によって悪く解釈した結果の精神的ショック体験をも含むようになったのである。自分が性的に発達してから、幼時に何心なく受けた性的いたずらを思い出してショックになるなどである。

たいしたことがない出来事でも、それが重なると刺激が蓄積するので、意識がそれを受け入れるには耐えられなくなり、その人は苦痛を無意識の中へ抑圧してしまってコンプレックス（無意識内のわだかまり）を作る。このコンプレックスが強まると、心の平衡が失われて心理的外傷体験（トラウマ）になる。

　ふだんは無意識の中で眠っているコンプレックスが、外的な危機状況が高まったり、内的緊張が高まったりしたときに異常心理状態としてあらわになる。神戸の大災害の際に、家の下敷きになって燃える母を見捨てて逃げざるを得なかった子どもの場合、母の死がトラウマになっており、ふだんは正常な心理状態にあっても、仲間が災害時の思い出話をするのを聞くと内的緊張が高まって、あたかも災害の現場にいるような心理になり、「お母さん、今助けるからねー」と突然に大声で叫び始めたりする。この異常心理状態をＰＴＳＤ（心理的外傷後のストレス性障害）と呼ぶ。

「出生トラウマ」は、出産が新生児の心身に与える激変を意味する。それは二度と癒《いや》しえない精神的ショックである。オーストリアの精神分析学者オットー・ランク（一八八四～一九三九）によると、「ある人はそのトラウマから立ち直れず、常に子宮内での快適だった状態に戻りたいと欲している」という。子宮内では、不安も厭な刺激もなく、暖かく包まれていたという快い思い出がある。

「水に満ちた暗い部屋から苦労して脱出する夢は、出生に関する無意識が現れるごくありふれた夢だ」と英国の精神分析医アーネスト・ジョウンズ（一八七九～一九五八）は言う。神話では、これが反転して、水の中から暗い部屋へ入る物語になっている。旧約聖書にある大魚に呑まれたヨナとか、ノアの箱舟の話などがその例である。

　トラウマを癒すには、抑圧された記憶を、記憶の中へ呼び戻さねばならない。

☞
7 アダルト・チルドレン　78 心理療法　100 多重人格
77 心理的外傷後のストレス性障害　80 ストレス　144 幼児虐待

109

トランスパーソナル心理学
――超個人的な自己実現

個人や理性を超えた、人間の自己超越的・普遍的な面を扱う新しい心理学をトランスパーソナル心理学という。テレパシー（読心術）やESP（鳩の帰巣能力などの感覚外知覚）などを扱うパラ心理学や、ウィリアム・ジェイムズ（一八四二〜一九一〇）、カール・グスタフ・ユングを除けば、一九七〇年代以前の西欧心理学は、魂、宗教、宇宙の意味などに関してはまったく無力・無関心であった。これまでの心理学で認められなかった意識状態や、神秘・不可解と考えられていた現象を経験した人々が、超越的な状態に対する洞察が必要だと感じ、心理学の「パーソナリティ」という枠を超える人間像の再検討が叫ばれるようになったのは一九三〇年代であった。

二〇世紀の心理学の代表と考えられる精神分析と行動主義には二つの共通点があった。それは、現実世界に適応する心理をよしとし、また、合理主義に基づくという点であった。それらの共通点を清算し、人間性、アイデンティティ、自己実現、個人性などを超え、人間の欲求や関心でなしに、宇宙の普遍的深みを探る心理学の必要性がおきた。現実に適応する生き方よりももっと充実した自己実現である至高体験を手がかりとして、人間心理を段階的な自己実現と見なす人間主義心理学をエイブラハム・マスロー（一九〇八〜七〇）はすでに一九三〇年代に提唱していた。

その自己実現には、個人としての自己実現よりもさらに高次の神秘的で宇宙的な自己実現があると考えて、超個人的な自己実現を目指すのが一九六九年に生まれたトランスパーソナル心理学である。その目的は、人間の意識を階層構造ととらえ、東西の心理学や心理療法を各階層に位置付け、自我と体、魂と身体、有機体全体と環境、を再統合し、取り戻すことである。

一九六〇年代後半の米国におきたカウンターカルチャーの運動は、ベトナム戦争反対運動やヒッピー、幻覚剤の流行、学園闘争、東洋への傾倒などを含んでいた。これら一連の文化革命は、一時下火になったが、一九六二年に発表されたトーマス・S・クーンのパラダイム論を踏まえて、一九七〇年代初めに科学と宗教をとらえ直す運動として復活した。西欧近代の世界観や科学を批判し、東洋思想を再評価し、西洋と東洋を統合した新しい文化を築こうとするニュー・サイエンスは、ニューエイジという新しい波をもたらし、物質主義・個人主義・科学万能主義への反撥を含んでいて、西欧的価値観をゆるがした。その波は、エコロジー、フェミニズム、ヒューマン・ポテンシャル運動、ホリスティック・ヘルス（全人的健康）、瞑想、至高体験、神秘体験、存在、本質、畏敬、至福、価値、驚異、自己超越、魂、調和、宇宙への気づき、同情、現実化、精神展開薬、人間性心理学などへの関心として開花した。これらが、すべてトランスパーソナル心理学の対象となる。一九六九年にエイブラハム・マスローやスタニスラフ・グロフが中心となってトランスパーソナル心理学会が創立された。

☞ 38 共時性 103 超感覚 149 臨死体験 61 至高体験 112 ニュー・サイエンス

110

内向性

——外部への関心が薄く、主観的価値を過大評価

性格を二つに分けることは古くから行われており、米国の心理学者ウィリアム・ジェイムズ（一八四二〜一九一〇）は粗野と優雅、英国の医学者ファノー・ジョルダンは熱狂的と非熱狂的とに分けた。一七世紀頃から使われていた「内向」という言葉は、考えが外の対象へではなしに、自分の心に向くことを意味していた。カール・グスタフ・ユング（一八七五〜一九六一）が一九二一年に発表した人間のタイプの分類の一つに「内向性」がある。対象に対する態度のとり方で、人間は二種類に分かれる。興味・関心が自分に向かうのが内向性であって、意識の働き方のうちで、どちらかといえば、内界のあり方に多くの刺激を受ける。これと対照的に、関心が外部に向かい、外界の他者や物事に多くの刺激を受ける性質をユングは外向性と名づけた。

この二つを、さらに思考・感情・感覚・直観という四つの機能に分けて、合計八種のタイプ（性格類型）を彼は考えたのだった。内向思考型、外向直観型といったタイプである。

内向性では、自分のことにとらわれて、外部の世界への関心が減っており、物静かで恥ずかしがりやである。内向性の人は、なるべく外的な状況から遠ざかろうとするが、それは、外的状況そのものからではなくて、自分が知覚・認識している外的状況からである。つまり、外界は自分

の考えを作るための素材として扱われるにすぎない。このように、外界を軽視するので、自分の自由の優位が保たれる。その代わり、自分の優位が外界によって崩される不安を拭《ぬぐ》い去れない。

そういう生きかたからすれば、自分の意識を形成する際に、客観的価値よりもむしろ主観的価値の方が大きな役割を演じている。絶対的要因は自分の内部にしか存在しないと考えているから、外部にも決定要因があるなどとは夢にも思わない。だから、主観的経験を過大に評価し、客観性をおろそかにする傾向がある。

内向性の人は、関心が内部に向かうので、どうしても原始的イメージや神話的な類型を活性化してしまい、象徴という言葉で物事を考える。したがって、外向性の人を見ても、「いやしい物質的な事柄しか理解できない、気の利かぬ人だ」と感じるし、逆に外向性の人が内向性の人を見れば「仕事をすることもできない夢想家だ」としか見えず、お互いに理解しあえない。

ドイツ生まれの英国の心理学者ハンス・ユルゲン・アイゼンク（一九一六〜九七）も、外向性・内向性という用語を使ってはいるが、それは相対的なもので、完全に外向性とか、完全に内向性とかいう人はいなくて、どちらかに偏っていると考えた。内向性の人は、脳の覚醒水準が高くて、外からの刺激を最小にして一人で静かに考えることを求める傾向が強い。また、外からの刺激には敏感で、罰に対する反応も過敏であり、そんな自分を抑えようとするので、控えめとか、内にこもりがち、とかに見える、とアイゼンクは考えた。彼によれば、読書好き、信頼できる、引っ込みがち、悲観的、静か、内省的、計画的、まじめ、秩序を好む、平静、が内向性の特徴である。

☞ 71 主張(断行)訓練法　143 ユング心理学　83 性格改造

111

ナルシシズム

——自分だけしか愛せない

ギリシャ神話にはナルキッソスという名前の非常な美しい青年が出てくる。彼は水に映った自分の顔を見てから己の姿にほれ込んでしまって、他のどんな人にも興味をひかれなくなり、自分自身だけが愛の唯一の対象になってしまった。彼は女性の間でたいへんな人気を集めていたが、自分のことばかり考えていたので、次々に女性を捨て、それを恨んだある女の訴えを聞いた復讐の女神によって彼は罰を受ける。

ある日、水に映っている自分の姿を抱こうとして身を乗り出したとたんに、水の中に落ちて溺れ死んでしまったのである。彼はスイセンの花にされてしまい、池のかたわらに咲いて、水面に映る自分の姿をずっと見続けることになった。

この神話に基づいて、他人を愛の対象としないで、自分だけを対象にする愛を「ナルシシズム」（自己愛性人格障害）と呼ぶ。精神分析を創ったジクムント・フロイト（一八五六～一九三九）は、このナルシシズムを四つの意味に使い分けている。それは、①人格の発達段階の初期 ②愛憎の対象 ③性脱常（性倒錯） ④自尊心に関する自我の状態、の四つである。

赤ちゃんは、母親が自分を熱心に世話してくれるので「私は全知全能なのだ」と誤解する。これが精神発達の最初の段階であり、成長後にこの段階へ逆戻りしてしまうと、他人を愛せなくなる。つまり、①は、親の愛情欠如、あるいは過保護によって、子どもの愛情発達が幼児段階で止まってしまい、その後の発達が妨げられた場合である。

子どもは、親による溺愛、ほめすぎ、他人からのへつらいなどによって自分が特別に優れていると思うことが多いが、逆に愛情拒否、敵意、無関心、軽蔑などに出会っても、それらのマイナス体験を埋め合わせるために、「自分は優れている」と考えて体面を保とうとする心理が働く。こんな子どもは、自分が特に優れていると思い、他人の気持ちに鈍感になり、他人を愛することを知らない。

ナルシシズムは次の特徴をもっている。①自分の重大さを過大評価する ②成功・権力・美・理想的な愛の空想にふける ③自分は特別だと信じる ④過度の称賛を求める ⑤特権意識 ⑥他者を利用 ⑦共感できない ⑧嫉妬しやすくて自分も嫉妬されていると思う ⑨横柄、高慢

ナルシストは、独占欲が強くて、感情が冷たく、自分の魅力による出世、財産、権力、名誉を人生の目的にする。お世辞に弱く、対等な人や、自分を追い越した人には厳しい。共感、理解、忍耐、感謝に欠け、相手の立場に立って考えたり、他人の成長や幸福を考えてあげたりすることができない。母親が子どもを可愛がる場合にも、自分の権力欲、所有欲、支配欲、自分のナルシシズムを満足させるためのこともある。

☞ 1 愛 3 愛着の影響 93 セルフ・イメージ
2 愛着 87 精神分析

112 ニュー・サイエンス——「心身統合体」を重視

今までの科学が機械論的で要素還元的だったという反省の上に立って、一九六〇年代末から新しいパラダイム（視座）をもった考え方が台頭してきた。「世界は断片に切り刻みえないものであり、有機体である全体としてしか存在できないものだ」というのがその基本的態度である。ライアル・ワトソン、フリッチョフ・カプラ、ケン・ウィルバー、グレゴリ・ベイトソンなどによるこうした新しい考え方を一括して「ニュー・サイエンス」と呼ぶ。それによると、病気や意識についての考え方も根本的に変わってきた。

現代医学は、デカルトが確立した心身二元論に基づいて、心と体が別のものだと見なしている。そして、たとえばルルドの泉（フランス南西部、ピレネー山脈北麓にある難病が治るという霊泉）で水浴して重病が治ったとしても、科学的に立証されなければ医学としては認めない。潜在的に驚くべき治癒力を秘めた心身統合体としての人間像は、現代医学では忘れ去られている。

米国のアンドルー・ワイル医師は人間の潜在能力、心身相関などに注目して、ただ「病気ではない」ことを目指すだけではなくて心・身・環境の調和を目指すホリスティック・ヘルス（全人的健康）を唱えた。薬は人間に本来備わっている自然治癒力を発動させる引き金にすぎず、患者がその治療法なり医師なりを心から信じたときに発動のスイッチが入る。信じるという心の力は、大脳皮質だけで作られるのではなくて、内臓や血管などにつながる自律神経が関与する脳の深層も参加して作られる。虫垂炎手術後の痛みに対して、生理的食塩水を注射して「モルヒネを注射した」と言うと、三五%の患者で痛みが治まる。これを「プラシーボ効果」と呼ぶが、なるべく心身に傷害を与えずにこのプラシーボ効果をもたらす治療法こそが理想である。ウイルス感染によっておきるイボをとるのに、ナメクジの汁を塗るのからオマジナイまで各種の民間療法が意外に効果があることは誰もが知っているはずだ。これもプラシーボ効果の一種である。現代医学では糖尿病や高血圧、腎臓病の場合に食事療法が採用されているが、ワイルによると他の病気でも食事療法が大切だという。たとえば、動物性脂肪や精製白砂糖をとらなければ、体質が変わって病気にかかりにくくなるし、かかっても治りやすくなる。

米国のトランスパーソナル心理学者ケン・ウィルバーは、一九七七年に『意識のスペクトル』を発表した。それによれば、意識は、心のレベル、実存のレベル、自我のレベルの三レベルからなり、超個、生物社会、哲学、影という四帯域が三レベルの間に介在している。欧米の心理学がこれまで触れずに来た意識の問題を取り上げたのは画期的進歩といえよう。意識を個人的意識と超個人的意識とに分けるのは、カール・グスタフ・ユングの普遍的無意識にも見られる考えであり、自我を越えた超個心理学（トランスパーソナル心理学）は心理療法にも新しい光をもたらしている。

15 癒す力
38 共時性
61 至高体験
103 超感覚
109 トランスパーソナル心理学
134 無意識

113

眠気
——睡眠中の無呼吸が誘発する慢性不眠

女性が月経前に眠くなったりするほか、若い男性にも大食症とともに現れる眠気（クライネ・レビン症候群）がある。さらにうつ状態に伴う過眠など、昼の眠さにもいろいろあるが、昼間に眠さを感じる人の八〇～九〇％は睡眠時無呼吸症候群とナルコレプシーおよびカタプレクシーだ。

慢性不眠症の一〇％は、脳に異常があって睡眠中にときどき呼吸が止まる中枢性睡眠中無呼吸症候群である。これに対して、昼間も眠い人の五〇～六〇％は閉塞性睡眠中無呼吸症候群といって、上気道（喉の奥）がつまるために呼吸できなくなるケースだ。

閉塞性によるものは中年の太った高血圧の男性に多く、女性は二〇％にすぎない。つまった気道で無理に呼吸するから、高いいびきをかく。不整脈、うつ病、脳の器質障害（時間や場所、人などがわからなくなる）、インポテンスなどを併発している人が多い。中枢性にせよ閉塞性にせよ、睡眠中無呼吸症候群では、一夜の睡眠中に三〇回以上の呼吸停止がおこり、十秒強も息をしない。二分間も止まると、酸素欠乏がおきて心臓の拍動が欠けることがある。夢を見ているパラ（逆説）睡眠期に呼吸停止が長引くことが多く、いったん目を覚まさないと呼吸を再開できない。

軽い閉塞性睡眠中無呼吸症候群は、体重を減らすとか、仰向けでなしに横向きになって寝るだけで治ることが多い。しかしながら、重症になると気管切開手術が要るから大変だ。

中枢性睡眠中無呼吸症候群の場合には、イミプラミンなどの三環系抗うつ薬とかアセタゾールアマイド、ロベリンなどが効く。睡眠薬やアルコールは症状を悪化させる。

昼間も眠い人の三〇～四〇％はナルコレプシーとその症状の一つであるカタプレクシーだ。これは男女ともに見られ、思春期に発見されることが多いが、三〇歳までに現れるようだ。電車を運転中に急に眠って事故をおこしたケースがあった。ナルコレプシーは、①運転中など不適当な状況で日中に発作的な眠さにおそわれる　②笑い、怒り、性的興奮などで急に体の一部または全身の筋肉の力がぬける（カタプレクシー情動性脱力発作）　③入眠直前や覚醒直後に体を動かせなくなる（誰かがさわると動けるようになる）　④入眠時に恐ろしい幻覚がある——という特徴を示す。しかしこの四つともあるのは患者の一一～一四％にすぎない。ナルコレプシーの患者は、人口の〇・〇二～〇・〇九％で、米国には五〇万人もいるという。日本でも三〇万人以上いるであろう。同一家族内におきることが多い。患者の一五～三〇％は夜間にミオクローヌス発作（筋肉のぴくつき）と睡眠中無呼吸をおこしている。

ナルコレプシー患者に、昼間「眠りなさい」と命じると、五分以内に眠りに落ち、しかも一〇分以内に逆説睡眠（夢を見る）を脳波で確認できる。メチルフェニデートやペモリンなどの中枢興奮薬、イミプラミンやプロトリプチリンなどの三環系抗うつ薬を少量、長期服用すると睡眠発作が消える。コデインやＧＨＢ（γ-ハイドロキシブチレイト）が有効という報告がある。

☞ 62 時差ボケ　114 眠り
99 体内時計　137 メラトニン

114

眠り——二種類の眠りが交互に現れる

人はなぜ眠るのか。その理由はまだ明らかではないが、眠りに二種類あることはすでに常識となった。睡眠中の脳波を観察すると、「ノンレム睡眠」とよばれる大きなゆっくりした波形を示す徐波睡眠と、「逆説睡眠」とか「レム睡眠」「急速眼球運動期」などと呼ばれる小さな速い波形を示すパラ睡眠とがある。パラ睡眠のときには、眼球がキョロキョロと動き、夢を見ていることが多い。このときには、体が眠っているので動くことができず、脳は覚醒している。だから、「金縛り」にあったように感じることもある。逆に、徐波睡眠のときには、体が目覚めているので寝返りを打つが、脳は眠っているので夢も見ない。

八時間眠ると、徐波睡眠とパラ睡眠を四～六回繰り返す。パラ睡眠の始まりから次のパラ睡眠の始まりまでは平均九〇分ほど。最初のパラ睡眠は約一五分間続く。徐波睡眠の継続時間は睡眠時間の後半ほど短くなり、逆にパラ睡眠時間が長くなる。

睡眠の様式は、三歳頃、思春期、三〇～四〇歳の三回で、著しく変わる。年とともに睡眠時間は短縮され、目覚める回数も多くなるのが普通だ。深く眠っている時間は、青年で睡眠時間の一五％、中年で三％、高齢で〇％となる。パラ睡眠時間も、青年の二八％から高齢の一八％に減っていく。六〇歳以上の人の二〇～三〇％は睡眠障害による呼吸障害やけいれんをおこしている。もし眠りを妨げると、意識がもうろうとするとともに、自律神経系が興奮するので、脈拍や呼吸が多くなる。妨げるのをやめると、最初の一時間は徐波睡眠が増えるが、その後にはパラ睡眠時間が長くなる。妨げが長引くと、錯乱、幻覚、妄想、疲労が出てくる。

パラ睡眠が始まるたびに揺り起こしてパラ睡眠だけを妨げると、パラ睡眠が頻発するようになり、イライラして非社交的になる。八〇％の人では幻覚がおきる。この妨げをやめると、パラ睡眠がぐっと増える。徐波睡眠を妨げると、肉体的疲労感が大きい。

長く眠らないとだめだという人と、短時間睡眠でも大丈夫な人とがいるが、徐波睡眠時間は両者とも同じだ。両者の差は、パラ睡眠時間を長くとるか、短くても済むか、という差らしい。長く眠る人は、軽いうつ状態や不安、心配性などの症状が出やすい。短い睡眠で済む人は、くよくよせず、世渡りがうまくて、野心的、精力的、自分や生活に満足していることが多い。つまり、くよくよしたり、心配したりすると、脳の疲れをとるためのパラ睡眠が長時間必要になるらしいのだ。何かに熱中していたり、満ち足りた気持ちでいると短時間の睡眠で足りる。だが、転職や精神作業、抑うつ、驚き、ストレス、肉体労働などのあとは長く眠らないと疲れてしまうようだ。

うつ状態の人の八〇～八五％は不眠であり、一五～二〇％は眠りすぎで、睡眠が正常でなくなっている。一晩徹夜させると、うつ状態の患者の三人に二人は一時的に軽快する。それどころか、躁状態に変化して、それが数日から数週間も続くこともある。

☞
18 うつ状態
62 時差ボケ
99 体内時計
113 眠気
137 メラトニン
141 夢の解釈

115

脳が壊れたとき

——損傷部分によって異なる症状

交通事故や脳出血などによって脳が壊れるとどんな症状が現れるだろうか。脳は一つの町のように地区別構成になっているから、どの地区が壊れたかで症状が違ってくる。地震によって商店街が破壊されるか、工場地帯が壊れるかで、町の機能が変わってくるのと似ている。脳出血により言葉のセンターが壊れると失語症になって、考えがあってもそれを言葉にして出すことができなくなったり、他人の言葉を理解できなくなったりする。

侵された場所によっては、筋肉運動に異状がなくても、マッチを擦れない、衣類を着ることができないなどの症状（失行症）が出ることもある。

後頭部にある視覚のセンターが壊れると、テレビのモニター（画面）が壊れたようなもので、眼球に異常がないのに、ものを見ることができなくなる。側頭部の記憶センターを壊されると記憶喪失になる。脳の中心部に近い神経繊維群のなかにある脳細胞の塊（大脳基底核という）である黒質や青斑核、線条体などが壊れると、手がふるえ、筋肉がこわばり、運動が減るパーキンソン病になる。これに対しては、基底核の神経刺激伝達物質であるドパミンを作る材料になるドパを与えたり、胎児の脳を移植したり、基底核を手術したりする治療法がある。

一九五〇年代に流行したロボトミーという精神分裂症に対する脳手術は、側頭部からメスを挿入して脳の中心部から前頭葉を切り離す手術だったが、妄想や衝動行為がなくなる代わりに、自発性も消えて、終日ボーと立ち尽くす患者が増えた。現在は、ロボトミーは行われていない。

こんなふうに、脳の中での地区別分業システムがかなり明らかになってきたが、まだわからない点も多い。

脳の故障には、機能的障害と器質的障害という二つの種類がある。機能的障害は、時計で言えば、器械は壊れていないが油が切れて動かなくなったような状態である。幽霊を見て腰が抜け、歩けないなどがそれだ。つまり脳細胞は健全だが働きが円滑でなくなっただけであるから、復旧も難しくない。ところが、脳の器質的障害は、時計で言えば部品が折れたようなもので、脳細胞や脳の構造が壊れておきる障害だから、復旧することが難しい。

この器質的障害では、時間、空間、人間、状況について見当づけをできなくなることが多い。今日が何月何日か、今は何時頃か、ここはどこか、家にいるのか、公民館にいるのか、相手は誰か、自分はなぜここにいるのかなどがわからなくなる（失見当識という）。高齢になってボケた場合も、大脳皮質にある脳細胞が壊れたり減ったりしているので、見当づけが損なわれる。ボケの半数を占めるアルツハイマー病では、発病早期から、自分が部屋へ入ってきた入り口がどちらにあったかを指で示すことができなくなる。

10 アルツハイマー病　50 高齢者痴呆　116 脳卒中
19 右脳と左脳　51 高齢者痴呆への対策

116

脳卒中

——痴呆を引き起こす生活習慣病

航空機が離陸したとたんに、「私はだれ？　なぜここにいるの」と質問し続けて旅仲間をあわてさせた旅客がいた。こんな前兆があると、高血圧の人の一〇～二〇％位が卒中発作をおこす。日本人の死亡率の第三位（死亡総数の一四・七％、一九九八年）を占める脳卒中は精神障害（特に痴呆）を引き起こす点で重要である。そこで、若いときから食生活に気をつけて、脳卒中を防ぐことが大切になる。脳卒中は、脳梗塞と脳出血との総称であり、意識消失や半身マヒを必ずしも伴わない。脳出血は、脳の血管が破れて脳内に血液が溢れ出ることを指す。血管が古いゴムのようにボロボロになる動脈硬化症が関わっていると昔は言われたが、本当は血管内の圧力が高まる高血圧症が原因のようである。高血圧によって、直径〇・二ミリほどの細い脳動脈に直径〇・五～一ミリほどの小さなコブ（小動脈瘤）ができてそれが破れるのだ。

脳梗塞とは、脳の血管が詰まって血が通わなくなり、そこから先の部分の脳が栄養失調に陥って細胞が死んでしまうことを指す。動脈硬化などで内径が細まった血管に血液がこびりついておきる脳血栓と、体内のほかの部分でできた血の塊が流れてきて詰まる脳塞栓がある。微細血管の多発性脳梗塞がボケの原因の大半を占める。脳卒中に基づくボケは、記憶力が著しく侵されても、判断力や理解力は軽く侵されるだけでムラがあるので「まだら痴呆」と呼ばれる。

脳卒中は高齢者ばかりでなく、二〇歳代の若者にもおきる。頭痛、吐き気、けいれん、手足のマヒ、痴呆、意識消失などがあれば、若くても脳卒中ではないかと疑う。発作がおきる六ヵ月前から、脳出血ではめまい、頭痛、頭重、肩こり、手足のしびれ、見当識消失（時・場所・人がわからなくなる）、計算力・理解力・判断力の低下があることが多く、脳梗塞ではこのほかに歩行障害、耳鳴り、不眠、情動失禁（突然泣き出すなど）、もの覚えが悪くなるなどが見られることが多い。

正常血圧者（最高一四〇、最低九〇以下）なら、六〇歳以下で脳出血がおきることはまずない。脳梗塞の原因となる動脈硬化は、血圧が高いと、正常血圧者に比べて一〇～二〇年も先の年齢なみに進行する。つまり血圧が高いと動脈硬化が進み、硬化が進むと血圧が高まる、という悪循環に陥る。脳動脈硬化症の症状は、頭痛、めまい、物忘れ、まだら痴呆、手足のしびれ感、言葉のもつれ、怒りっぽくなる、感情失禁、高血圧（最高血圧一五〇以上、最低血圧九〇以上）などである。脳卒中の原因としては、コレステロール、肥満、タバコ、糖尿病が挙げられている。

高血圧を防ぐには食物中の塩分を減らすことが最も重要である。普通の日本人は一日に約一五グラムの食塩をとっているが、これを六グラム位に減らし、若いときから薄味に慣らす。一日に数グラムしか塩分をとらないアフリカ先住民には高血圧症がない。味噌汁とつけものを減らすだけでも塩分量をかなり減らすことができるはずだ。肥満しない、便秘・過労を避ける、ストレスを減らす、運動をする、タンパク質をとるなども脳卒中を防ぐ。

☞ 10 アルツハイマー病 51 高齢者痴呆への対策 117 脳の栄養
50 高齢者痴呆 115 脳が壊れたとき

117

脳の栄養

——頭のよさを三歳までに決めるもの

たくさんの動物実験の結果を人間に当てはめて考えると、頭のよしあしは三歳までの栄養で決まると言えよう。訓練や刺激など、ほかの要素も考慮に入れなければなるまいが、簡単に要約すれば、大脳半球の神経細胞（電話機に当たる）の数と、それから出てくる枝ともいうべき軸索（電話線に当たる）が他の軸索につながる接続数が多いと、人間の知能は発達し、賢くなる。会社でも電話機や回線が多いほど仕事の能率が上がるのに似ている。

大脳に神経細胞が現れるのは、受胎後第九～二〇週であり、受胎後第一〇～一八週にかけてと、生後三ヵ月くらいのときに急速に増える。三歳くらいまでに、一本の軸索と他の軸索との間に三〇〇〇ヵ所以上の接続ができあがる。神経細胞の軸索を包む髄鞘《ずいしょう》（電話線の回りを包む絶縁用ビニール被覆《ひふく》に当たるもの）は、受胎後第一八週にでき始めて、生後二歳ころに最も活発に作られ、四歳まで続く。大脳皮質の神経細胞は、受胎後六～八ヵ月頃に早くも六層に重なって並び、大人なみの大脳皮質の構造となる。

これとは別に、神経細胞どうしの連絡や、神経細胞の栄養を司るグリア細胞が殖えるのは受胎後第一八週から生後二歳近くまでだ。こうして脳の各部分は別々の時期に細胞が増えるが、生後一八ヵ月で大脳・小脳・脳幹ともに神経細胞がピークに達して、成人と同数の約一三〇億個になり、これ以後には、ほとんど数が増えない。脳の重さと、脳内タンパク質は三歳を越すころまで増え続けるが、一歳半以降は、細胞数が殖えるのではなくて、一定の数の細胞が大きさを増すにすぎない。脳重量は四歳までにほぼ成人なみになる。

ネズミの場合には、出生後二一日の離乳時期までの栄養が悪いと、脳細胞が殖えないので、脳が小さく、成長してからでも治らない行動異常が現れる。人間では、脳細胞数が殖える受胎後第九週から生後一八ヵ月めまでの期間に、栄養失調がおきると、脳細胞数は一生涯少ないままで、知能が遅れ、永続的な行動異常をおこし、その後で栄養を与えても回復しない。アウシュヴィッツや南米の貧困地区で生まれた多くの子どもは、知能が低くて情緒不安定だったという報告がある。

したがって、頭をよくするには、胎児期と生後三年までの期間、特に生後一年半までに、脳細胞や軸索を作るのに必要な栄養（特に燐脂質、ゴマ）を十分に与えることが必要になる。胎児期の栄養は妊婦の食べ物から母体を通じて与えられるのであるから、妊婦はバランスのよい栄養を十分にとらなければならない。特に、ゴマ（すったもの）、納豆、牛乳を勧めたい。胎児の脳に栄養や酸素が届かなくなるので、妊婦の貧血や酸欠（自動車の排気ガスやタバコ、暖房の不完全燃焼など）は胎児の頭を悪くする。乳児の栄養失調や下痢、酸欠も知能の発達を妨げる。

☞
10 アルツハイマー病　51 高齢者痴呆への対策　115 脳が壊れたとき
50 高齢者痴呆　95 早期教育　148 臨界期

118

パーキンソン病

——手指がふるえ、うつ状態を併発

麻薬のヘロインそっくりの作用をもつ薬、MPTP（メチルフェニル・テトラハイドロピリジン）や抗精神病薬はなぜか副作用としてパーキンソン病と同じ症状を引き起こす。ここに精神病のナゾを解くカギがあるかもしれない。

パーキンソン病は、四〇歳前に始まるのはまれで、米国の例では五〇歳以上の人の〇・二五％におきている。日本人には少ないが、その三分の一としても約一〇〇万人の患者がいる勘定になる。

神経症状としては、筋肉のこわばり、手指のふるえ、体の動きの減少、特有の猫背姿勢、ヨチヨチ歩き、歩行時に手を振らない、能面のように表情を消失してしまう、よだれ、字や声が小さい、失禁、運動が鈍くなるなどが現れる。この病気の精神症状はボケ、つまり痴呆、それにうつ状態である。調査によって統計は異なるが、ボケは患者の二〇～九〇％におこる。重症のボケは三〇％程度らしい。

失語症のほか、たとえばタバコを見てもわからないといった物に対する認知能力の落ちる失認症、マッチを擦れないといった失行症などを含む大脳皮質性のボケに陥るケースもある。だが、大半はそれらを含まない皮質下性のボケで、やる気のなさ、動きのなさ、自動的に手足が動いてしまう、新しいことを記憶できないなどの症状を示す。ボケは神経症状よりもあとに始まる。

うつ状態はパーキンソン病の四〇〜九〇％に現れ、抗うつ薬で軽快する。三〇％という報告もある。うつ状態の重さは神経症状の程度に比例する。パーキンソン病にかかった高齢者の四人に一人は、精神症状が次第に悪化していく。そのうちでも、最も多いのは思考能力の低下で、頭の回転が鈍くなったように見える。注意散漫となり、認知能力が低下する。社会的にひきこもりがちになり、知能も低下するので、問題に適切に対処できなくなる。大部分の患者で感情の動きがなくなる。重い精神異常や錯乱に陥ることもある。

後期には、恐ろしい内容の幻視が始まるが、その症状について質問しなければ、自分から進んで訴えようとはしない。これらの精神症状には抗パーキンソン病薬が効かない。

皮質下核に薬物を注入する治療法では、一時的に認知障害がおきることが多く、まれにはこれが持続する。脳の黒質と線条体という部分でドパミンが不足するから症状がおきることがわかって以来、ドパミンを補うレボドーパを与えれば、症状の一部が軽快するようになった。レボドーパは、運動障害を軽くするが、うつ状態になる危険を増す。ドパミン受容体に作用するブロモクリプティンも有効だが、これらの二つの薬とも起立性低血圧とか、精神病、幻覚をおこすことがある。パーキンソン病に効く薬は、器質的精神障害を引きおこすことがある。アトロピン、トリヘキシフェニディールのような抗コリン作動性の薬は、興奮、妄想、幻覚をおこすことがある。

は
☞ 10 アルツハイマー病

55 心の治療薬の働きかた56 心の治療薬の副作用90 精神分裂症の原因115 脳が壊れたとき

119

パニック障害（恐慌障害）——発作への不条理な恐怖

何の理由も前触れもなしに動悸がして、胸が痛み、呼吸も苦しくなり、「心臓病がおきたのでは死ぬのではないか」と誤解して、強い不安に襲われる。病院に駆け込んで検査をしても身体に異状がない。こんな発作が度重なると「またおきるのではないか」と不安になって、外出もできない。「精神に異常をきたしたのではないか」と心配する。これがパニック障害（恐慌《きょうこう》障害）である。以前には心臓神経症、自律神経失調症、不安神経症などと呼ばれていた。

主な症状は、①動悸、脈拍数の増加 ②発汗 ③体や手足のふるえ ④息苦しさ ⑤窒息感 ⑥胸の痛み ⑦吐き気、腹部不快感 ⑧めまい、ふらつき ⑨現実ではないという感じ、自分が自分ではない感じ（離人症） ⑩精神が異常をきたすのではないかという恐怖 ⑪死ぬのではないかという恐怖 ⑫手足のしびれなどの異常感覚 ⑬冷感又は熱感 ⑭強い不安 ⑮破滅が迫っているという感じ、などである。

毎週一回とか、それ以上の頻度でおきることが多い。約半数の人がうつ状態になっている。いつ、どこでおきるか予測もできないままに、突然のパニック発作がおきて、しばしばそれを繰り返す。発作が再発したときに助けを求められない状況（公衆トイレ、列車、橋の上、一人で留守番など）を恐れるようになる人もある。それで、乗り物に乗ることができなくなったり、外出恐怖に陥ったりする。米国では生涯で見ると人口の三・五％の人におき、思春期後半と三〇歳代半ばに多い。他の不安症状をもった患者の八〇％にパニック障害が見られる。日本では三〇歳代後半に多い。電車の中、高速道路、トンネルの中で最初の発作をおこしやすい。

二卵性双生児よりも一卵性双生児のほうが発病一致率が格段に高いので遺伝性があると考えられ、親や兄弟にこの症状を示す人がいることが多い。炭酸ガス、カフェイン、乳酸ソーダなどでも発作がおきやすい。これらは脳内で神経伝達物質のノルアドレナリン（ノルエピネフリン）を増やすので、この物質が過剰に分泌されると発作がおきるのではないかと推定されている。ノルアドレナリン過剰分泌の肉体的素因をもつ人に心理的なストレスが加わると発作になる。βアドレナリンが働く神経系を抑える薬が不安を和らげるのに有効なのは、この系の過剰興奮が症状を引き起こしている証拠である。しかし、乳酸ソーダが引き起こすパニック症状を抗うつ薬イミプラミンが予防できるのに、βアドレナリン作動神経系遮断薬だとそれを予防できないことなどを見ると、発生の仕組みは単純ではない。自律神経系の混乱をおこすことがわかっている過呼吸がパニック症状を引き起こす。

症状を抑えるには抗うつ薬イミプラミンが効く。軽症ならば、ベンゾジアゼピンなどの抗不安薬、特にフルオキセチンなどのＳＳＲＩ（選択的セロトニン再取り込み阻害薬）が有効のこともある。

☞ 18 うつ状態　39 恐怖症　94 全般性不安障害
22 演劇的パーソナリティ障害　73 神経症　121 ヒステリー

120 悲哀感——話を聴いてあげよ

「会うは別れの初め」とか。人間の一生は別れの連続であり、死別以外にも、病気や単身赴任などにより、実際には死別でなくてもつらい体験をする人は多い。転勤、転職、引っ越し、失恋、結婚による独立、体の一部を失うこと、財産や大切なものを失うこと、自分の誇りや在り方を失うこと、留学、親離れ、ペットの家出なども悲しみを引き起こす。これら、その人にとって意味があるものとの別れを一括して「対象喪失」と言う。悲しみの程度がひどいものを悲嘆と呼び、苦痛、空虚感、絶望などが体験される。これは、ともすれば、病的現象のように見られがちであるが、別れによるストレスに打ち勝とうとする人間の健全な適応法の一つである。

亡くなった人との間に心のつながりが強ければ強いほど、喪失に対する悲哀も大きい。ジクムント・フロイト（一八五六〜一九三九）は、「知識としては、愛している対象がすでに存在しないとわかっていても、人間というものは愛着の方向を変えたがらず、代わりのものが誘っていてもその向きを変えようとしない」と述べている。つまり、悲しんでいる人は、現実から顔を背けてまでも、失った対象にこだわる、というのだ。

最も極端な別れである死別の場合、悲嘆は六ヵ月から一年ほど続く。その間に、私たちは故人に対する懐かしさ、怒り、後悔、自責の念などの、愛憎を体験する。この過程で、故人を安らかで穏やかな存在として受け入れることができるようになる。「ある人物と感情的に強く結ばれている場合にはいつも、愛の陰に敵意が隠されている」とフロイトは述べた。それゆえにこそ、故人を断念することが難しいのだ。故人に対して、恨みや敵意などのマイナスの感情を抱いていたことを認めるのはつらいから、無意識はそれを隠したまま封をしてしまおうとする。悲しみに直面するつらさから逃避するための防衛反応として、無意識のうちに、悲しみを抑えてしまう、死んだはずがないと思い込もうとする、死んだ人と自分とを同一視するなどがおきてしまう。この防衛反応があると、悲嘆の過程はいつまでたっても終わらず、ズルズルと長引いてしまうだろう。

悲嘆をバネとして自分が成長するためには、人や物を失ったことをありのままに受け入れるとともに、懐かしさ、怒り、後悔など上に述べた愛憎の念を、マイナス面をも取り除けずに受け入れ、体験することが必要になる。具体的に言えば、愛するものを失ったときの状況や、原因、無念さ、恨みつらみ、などを細大もらさず、家族、知人、親戚、カウンセラーなどに話すことが、悲嘆を早く終わらせることにつながる。「物言わぬは腹ふくるわざなり」とは、思っていることを口に出さずにいると、胃に食べ物がたまっている時のように、気持ちがさっぱりしないという意味だろう。勤務先で友人と口論をした日などには、帰宅後に母親や配偶者にそれをこぼすと、気分がさっぱりした経験は誰にもあるに違いない。別れのあとでは、悲しみをこぼすことも必要になる。周囲の人は、話をよく聴いてあげるとよい。

☞ 27 カウンセリング

40 グリーフ・ワーク78 心理療法108 トラウマ129 ペット・ロス・クライシス

121

ヒステリー

——心が体に現れる

ヒステリーという単語は、医学ではすでに歴史的な遺物になってしまった。かつては、性格異常から精神病にいたるまでの広い範囲の「適応障害を示す行動」に対して用いられ、夫婦げんかの最中に失神するなどのような「不快な状況を避けるために現れる症状」をヒステリー症状と呼んだ時代もあったが、差別的色彩を帯びていたので現在では廃止された。

しかし、日本語の日常会話では「ヒステリー」という単語がまったく違う意味に使われており、「妻がヒステリーをおこして、皿を投げた」などと言う。主に女性が嫉妬その他でカッとなって、引っ掻いたり、食卓をひっくり返したり、ものを投げつけたりする「病的な興奮を示し、感情を統御できず、激しく泣いたり怒ったりする状態」（広辞苑による）を指す。こうした表現も女性差別を含んでいるので次第に使われなくなりつつある。

一八八五年にパリに留学していたジクムント・フロイトは、サルペトリエール病院で神経学者のシャルコーの臨床講義を聴講した。急に脚がマヒして歩けなくなったある若い女性のヒステリー患者を教室へつれてきて、学生たちの前でシャルコーはその患者に催眠術をかけ、「あなたはすっかり治って、歩けるようになった」という暗示を与えた。すると、驚いたことにその瞬間から彼女は普通に歩けるようになったのである。フロイトはこの講義に深く影響されて、のちに無意識を探る精神分析学を創始した。彼の書斎にあった診察用ベッドの壁には、この臨床講義の模様をアンドレ・ブルイエが描いた有名な版画が掲げられており、彼はそれを宝物のように大事にして、ロンドンの亡命先にまで持っていって以前と同じように診療室にかけた。

パリからウィーンに戻ったフロイトが、シャルコーの学説に賛成して、「女性だけではなくて、男性にもヒステリーがある」と講演したとき、「ヒステリーという単語は、子宮を表すギリシャ語に由来している事実を見ても女性だけがかかる病気だ」などと反論されて、嘲笑されたとフロイトは感じたらしい。シャルコーの患者は、筋肉や神経には異常がないのに、心理的原因で歩けなくなったのだ。だから、心理的原因を取り除いてやれば、歩けるようになる。

こんなふうに、心理的な悩みやショックが身体症状を引き起こすのを、昔は「転換ヒステリー」と呼んだ。性的不満、劣等感、対人関係などの心理的葛藤《かっとう》が無意識的に身体面に運動・知覚障害として象徴的に転換されたという意味である。

その症状としては、手足がだらりとマヒして動かない（運動障害）、食べ物を飲み込めない、声を出せない、麻酔されたように痛みを感じない（感覚障害）、全身けいれんや失神をおこすなどである。このような症例を最近の精神医学の診断では「転換障害」という。日本では一九六〇年代になっても、「キツネがついたので急にこんな状態になったのだ」と解釈した地方もあった。

☞
22 演劇的パーソナリティ障害　73 神経症
58 催眠術　87 精神分析

122

肥満

——不安や怒りを忘れるために食べる

身長（メートル）の二乗を二二倍したときに得られる標準体重（キログラム）より二〇％以上体重が増えれば肥満だ。肥満は身体の問題だと思っている人が多いけれども、実は心が病んでいることの表れである場合が多い。

肥満は食べ過ぎと運動不足からおきる。やけ食いとか、やる気のなさの結果が肥満になるなら、これは心の不健康が露出したのにほかならない。家族の死、別居、愛しているものを失う、捨てられることや孤独への恐れ、敵意などで肥満がおきることがある。

食べ始めたら止まらないとか、満腹感が湧かない、空腹感はないのに不安や怒りを忘れようとして食べる。これが肥満につながるし、うつ病になると大食する人も少なくない。肥満の人がダイエットを始めると、それまで抑えていた不安やうつ状態が表面化することが多い。

動物実験では、脳の視床下部の前内側に満腹中枢、外側に空腹中枢があり、これらのセンサーが壊れると大食や食欲不振がおきる。刺激伝達物質であるドパミンやノルエピネフリン（ノルアドレナリン）、セロトニンがセンサーに関係しており、トリプトファン、アンフェタミン、シプロヘプタディンで食欲が変わるのは、これらの物質を介してセンサーに働きかけるためらしい。

肥満は経済状態と関係があり、米国では高所得者に比べると低所得者層に肥満者が六倍も多い。六歳以下と女性では、その差がことに著しい。五〇歳までは年とともに肥満者が増えていく。

両親とも肥満だと、子の八〇%が肥満、片親だけが肥満だと子の四〇%が肥満、両親が二人ともやせていると子の一〇%が肥満、という統計がある。食生活の影響もあるから、遺伝するとも断定できないが、肥満しやすい体質が遺伝するのかもしれない。米国では健康に悪影響の出るほどの肥満児が約六〇〇万人、その一歩手前の子どもが約五〇〇万人いる。思春期になってもやせない子は成人後も肥満が続く。

肥満だと、血液循環障害、心臓弁膜症、高血圧、糖尿病、寡呼吸、酸素不足、眠気、変形性関節症、皮膚障害、摩擦による発疹、骨関節炎、妊娠中毒症、黒色表皮腫、各種のガンになりやすい。特に糖尿病、高血圧、高コレステロール血症、妊婦糖尿病、冠《かん》動脈病、痛風、慢性肺疾患、関節炎の人は、肥満をなくすことが望ましい。心血管病による死と肥満とは密接な関係がある。男性では大腸、直腸、前立腺のガン、女性では胆のう、胆管、乳房、子宮、卵巣のガンによる死亡率と肥満とは密接に関係していると、米国ガン学会が発表した。標準体重より五〇キロ以上も体重が重いと死亡率は一二倍も高まるという。ことに二五〜三四歳の肥満者は死亡率が高い。

肥満を治すには、ダイエットと運動、胃のバイパス手術などの方法がある。ダイエットのためには、行動療法がよい。その第一歩は食事と行動の日記をつけることだ。空腹時に買い物に行くとケーキを買ってしまうことがわかれば、満腹時に買い物をするように改める。

☞ 47 行動療法

55 心の治療薬の働きかた86 青春期食欲不振症97 大食症123 肥満を防ぐ

123

肥満を防ぐ

――ストレスを減らし、摂食記録をつける

肥満の直接の原因は、食べ過ぎと運動不足だが、間接的には精神的原因が影響していることが多い。不愉快なことや不安があるときにヤケ食いをした経験は誰にもあるだろう。最近では若い女性に大食症（ブリーミア）という摂食障害が流行している。これは精神障害の一種で、抗うつ薬が劇的に効く。

標準体重（身長［メートル］の二乗を二二倍したときに得られる体重）の二〇％以上重い人は病的な肥満である。肥満になると、心筋梗塞、糖尿病、高血圧、脳卒中などが、他の人の二～五倍もおきやすくなる。

過干渉あるいは過保護な家庭に育つとか、欲求不満や失望を繰り返した子ども、親の期待が大きすぎる場合などに、子どもが肥満するとも言われている。愛情の満足を得る代用品として食に走るのであろう。

肥満すると、あわててダイエット（節食）をするのが普通だが、ダイエットをしている間は体重が減っても、やめるとまた増加する。体重が上がったり下がったりするから「ヨーヨー症状群」と呼ばれる。節食よりも、ヤケ食いのもとになっているストレスとか怒りや不安、欲求不満をな

くす必要がある。大食症になると一般の人の三倍ぐらいの分量を食べて、肥満になる人もいるが、肥満を恐れて嘔吐や下剤を服用することによって太らない人もいる。よく噛まずに短時間で食事を飲み込むので、大量に食べることができるのだから、よく噛むことが大食防止や肥満防止につながる。

食べ過ぎを防ぐには、方法がある。それは摂食記録をつけることだ。自分の行動をよく観察して、次の記録をつける。①何を食べたか ②どこで食べたか ③そのとき何をしていたか（テレビを見ていたなど）④誰がいっしょにいたか ⑤そのときどんな感情だったか（寂しい、怒っていたなど）。その記録を見て、もし怒っていたときが多ければ、怒らないようにするなどの作戦を立てる。行動療法では「食べたくなる刺激をなくす」ようにする。

生活のパターンを変えるのもその一つの方法（刺激統制法）である。①食事環境を変える（洋食を和食に変える、庭で食べるなど）②できるだけ暇な時間をなくす（暇だとつまみ食いをしてしまう）③社交を増やす ④台所、部屋の模様替えをする（つまみ食いをしにくくする）⑤疲れすぎない ⑥他の人に「自分は大食をやめる」と宣言する ⑦友人と体重減らしの競争をする ⑧ゆっくり味わいながら食事する ⑨ひどく空腹な状態にしない ⑩一定の場所以外では食べない ⑪食事のあとで買い物に行き、太りそうなものを買わない ⑫菓子類を自宅に置かないか、カギのかかる手の届きにくいところに保管する ⑬菓子屋の前を通らない ⑭テレビを見ながら間食する人は、テレビを見るのをやめる

☞ 47 行動療法　86 青春期食欲不振症　97 大食症　116 脳卒中　122 肥満

124

父性原理

——厳しさと秩序を示す父の愛

人間では、赤ちゃんが生まれてから母親が赤ちゃんを育て、心理的なつながりができるのに一年ほどかかる。その間に父親の愛情の支えがあると、母親は初めて心理的な安定を得ることができ、赤ちゃんに愛情を注ぐことができる。母親による育児の役割には、「環境としての役割」と、「対象としての役割」とがある。前者は寒くないように衣服を着せるなどであり、後者は母としてどう振る舞うかであって、可愛がる、泣いているときにあやすなどである。

母親に全面的に依存せざるを得ない赤ちゃんに対して、母親も育児に没頭する。この過程が周囲に対する基本的な信頼感や安全感を赤ちゃんに与え、母子の間に愛に満ちた結び付きをつくる。それがあると、子どもは安心して母親から離れていくことができる。

三歳から六歳までのエディプス期になると、母親と赤ちゃんという二人の間の関係に父親が参入し、父・母・幼児という三人の関係ができて、「求める愛」から「与える愛」へと、人間の愛情は成長していく。子どもはまず受動的に愛されることを知り、それによって次には能動的に愛することと、あるいは愛を生み出すことを学んでいく。ゴリラの父親は、遊びや採食を子どもに教えたり、母親離れや自立のきっかけを与えたりするという。

それと同様に、人間の子どもも父親を通じて外の現実や未知の冒険を体験し、父親を目標にして、自分を父親に積極的に同一化しながら赤ちゃんは自我を形成していく。父親は子どもの相手をするときに刺激を与え、それによって、子どもは身体の動かしかたを学んだり、外界に興味を広げ、興奮とか活力を学び取り、他人との付き合い方を学んだりする。母親は私たちが生まれた家であり、自然である。しかし、父親は自然界ではなくて、人工のものである思考、法、秩序、規律、旅、冒険などを表している。子どもを教育し、世間への道を教えるのが父親の役割なのだ。

こうして、愛に満ちた母性原理と、厳しさを含んだ父性原理とによって、バランスのとれた人格が赤ちゃんの中に育っていく。罪に対してそれを罰し、償わせるのが父性原理であり、罪を許すのが母性原理である。欧米では父性原理が優勢だが、日本では母性原理が優勢である。「観無量寿経」の阿闍世《あじゃせ》の物語にある母親との関係でもつ感情（母を憎む）が、エディプス・コンプレックスでの父を憎む感情に似ているので、これを日本人の「阿闍世コンプレックス」と呼ぶ。

子どもの家庭内暴力では、幼児期からの親の養育態度が問題になり、父性欠如と母性過剰が原因の一つだと言われてきた。つまり、単身赴任によって父親が不在だったり、実際には父親がいたとしても、心理的に父親としての役割を果たしていない場合には、母親がその穴を埋めようとして、一層子どもにかかわりを増やすので、過干渉、過保護になる。それがやがて子どもの暴力につながっていくことがある。

☞ 1 愛
2 愛着

125

物質依存

——アルコールや薬物へのよりかかり

アルコールと薬物（タバコを除く）などの物質の乱用による経済的損失は、米国だけでも年間二四六〇億ドル（一九九二年）にのぼっている。ここでいう物質とは、セメントとか水とかでなく、アルコール、アンフェタミン類（ヒロポンなどの覚醒剤）、カフェイン、カンナビス（マリウァナ）、コカイン、精神異常発現物質（幻覚剤）、揮発物質（シンナーなど）、アヘン類、フェンサイクリディン（幻覚発現薬）、鎮静薬、睡眠薬、抗不安薬、タバコなどである。

物質依存とは、右記のうちのある物質を使わずにはいられなくなる強迫的な行動を指す。依存には、身体的依存と精神的依存がある。身体的依存は、肉体が「もっとその物質をくれ」と要求するもので、その物質を得られないと、指がふるえる、痛い、けいれんする、発熱するなどの症状をおこし、その物質が与えられると症状はたちまち消失する。精神的依存は、「もっとその物質をほしいほしい」と思う衝動が抑えきれないほど強く、ほかのことを考えることができなくなり、落ち着かないが、その物質が与えられると瞬時で症状が消える。モルヒネとかアルコールの例を考えると理解しやすいであろう。

このほかに、次のようなことがおきれば、依存である。①ある物質を使った場合に、中毒や自分が望む効果をもたらすのに必要な量が日ごとに著しく増えていく ②同じ量を使っても効果が著しく弱まっていく ③ある特定の物質を使うのをやめると特異な退薬症状（禁断症状、たとえばけいれんなど）がおきる ④その物質を使えば、この退薬症状（禁断症状）をなくしたり予防したりできる ⑤その物質を大量かつ長期間にわたって使う ⑥その物質の使用をやめようとか減らそうと努力しても、中止できない ⑦その物質を使ったり、それを断ち切るために莫大な時間を使う ⑧その物質を使うために、重要な社会面、職業面、レクリエーションの面での差し障りがおきる ⑨身体的ないし心理的な問題がおきることを知っているにもかかわらず、その物質を使い続けることをやめられない。

ある物質を飲んだときの身体・精神の異常がおきると中毒と呼ぶ。つまり、その物質を飲んだり吸入したりしたときに、その物質特有の症状（注意力変化、情動不安定、知覚異常、思考異常、判断力低下、仕事の能力低下・対人行動の障害など）が一時的におきる。その物質が脳に及ぼす影響によっておきる不適切な行動変化や心理的変化、が中毒である。中毒には個人差が大きくて、それまでにその物質を使った経験があるかどうかによっても、中毒の程度が異なってくる。慢性（長期連用）中毒症状か急性（一回だけの使用）中毒症状かによっても、症状に差が出る。たとえば、メスアンフェタミン（ヒロポン）の場合、急性中毒では、不眠、興奮、けいれんなどが見られるが、慢性中毒では精神分裂症に似た幻聴などの症状が出てくる。

☞ 8 アルコール症 28 覚醒剤 140 薬物乱用
9 アルコールに依存する心理 36 共依存

126

不登校

——登校しないのも一つの生き方

不登校は、学校に行かないことの総称であり、一九九九年の統計では小学生で約二万六〇〇〇人（小学生の〇・三五％）、中学生で約一〇万四〇〇〇人（二・四五％）など、合計一三万二〇八人に見られ、過去最高となった。高校中退者九万八一七九人（二・一％）の中のかなりも不登校であろう。その中には次のようなさまざまな形の欠席が含まれる。

年間五〇日以上の欠席および三〇日以上の連続欠席を「長期欠席」と呼ぶ。長期欠席者の欠席理由に、身体的な病気がない、経済的な問題がないなど、特に登校への障害が見つけられない長期欠席者を「学校嫌い」と呼ぶ。学校に行きたいが行けないという心理機制の中には、無気力、甘え、回避、逃避、対人関係障害などの心理が働いており、その結果として登校しない者を「（神経症的）登校拒否」と呼ぶ。非行傾向が認められる不登校を「怠学」と呼ぶ。

以上の四項目を明確に区別できない場合もあり、また「一般児童・生徒の六割に学校を避けたい気持ちが見られる」という調査もあるので、いまや「不登校は特定の子どもの特定の問題ではない」（文部省）し、社会全体がかかわっている問題である。

不登校の原因としては、何らかの不快な人間関係、人間関係をとりむすぶのがつらい、学校への不適応があり、それが個人的なストレス回避能力を上回り、かつ、友人・保護者・教師などからの心理的な支えが得られない場合が多い。

一度不登校が始まると、「その方が楽だ」などの心理が働いて、不登校を続けることになる。したがって、不登校対策としては、原因をなくし、ストレス対策を立て、心理的に支えてやり、不登校の持続要因をなくす、ということになるが、実際にはそう簡単にいかない。

不登校者への最近の考え方にはいくつかの要点がある。不登校にも成長上のプラスの意味があるのだから、子どもの意思と個性とを尊重して、不登校を一方的になくそうとしない。「自分は自分であっていい、ありのままでいい」と子どもに思わせる。強制的に他の子にそろえる必要はない。自分らしさを出させる、認めてやる、したいことをさせる、のが大切である。

親が「登校しなさい」という刺激を与えないほうがいいし、無言の圧迫を加えないほうがいい。「子どもを教育してやる」のではなくて、本人が自分の力で育っていくのを見守ってあげるという親の態度が必要である。

不登校者のための相談学級、保健室、フリー・スクール、フリー・スペース、民間の塾や施設に通えば出席扱いになる場合も増えてきたので、かたくなに学校へ通学させることだけにこだわらないほうがよい。スクール・カウンセラーを配置している学校では、不登校の率が低く、対策が効果を上げていると、文部省は考えている。

ふ

☞ 13 いじめ　27 カウンセリング　45 行為障害

127

不眠症

——睡眠薬服用が有効

眠れないのは、予想以上に苦しいものである。最近では、比較的無害な睡眠薬もできているので、もんもんと眠れない夜を過ごすよりは、医師に睡眠薬を処方してもらって飲むほうがよい。薬店へ行っても、睡眠薬を手に入れることはできない。「依存症に陥って服薬をやめられなくなるのではないか」と心配する人があるが、医師の指導どおりに飲めば、その心配はない。ただし、長く続けた服薬を中止するときにはコツがある。一つは、急にやめないで、一週間くらいかけて少しずつ量を減らしていってやめること、第二は、薬をやめた夜は熟睡感がないかもしれないが、すぐに服薬に戻らないことである。これは不眠症が治っていないせいではなくて、服薬期間中に抑えられていたパラ睡眠（レム睡眠、逆説睡眠）の持続時間（夢を見る時期）が、服薬中止によるリバウンド（跳ね返り）によって増加するので、「夢ばかり見ていて眠った気がしない」と感じるのである。「中止後二～三夜は熟眠感がなくても当たり前だ」と思って様子を見ることが必要だ。

不眠症には、布団に横たわっても眠りに入れない入眠障害と、夜中に熟睡できず、眠りが浅い熟眠障害、夜中に目が覚めてしまう深夜覚醒、朝早くに目覚めてしまう早朝覚醒などがある。

一般的に、環境が悪いと眠れなくなる。寒い、騒音、振動、布団が薄くて背中が痛い、空腹、空気が汚染されている（新築家屋の建材から発生する化学物質とか、家具のにおい、印刷物から立ちのぼる印刷インクのシンナーなど）、慣れない寝室（旅館など）、といった理由があれば眠れなくても当然である。午後から夕刻に濃いお茶やコーヒーを大量に飲むと、カフェインに過敏な人は眠れなくなる。読書やテレビ、映画、悩み、けんかなどで興奮したあとや、不安があれば眠れなくてもしかたがない。昼間の疲れや、満腹、入浴、乗り物の振動などは入眠を促す。

眠れないときは、ヒツジを思い浮かべて、一匹、二匹……と数えれば、そのうちに眠れると言われているが、一万匹数えてもだめだった人もいる。「眠ろう、眠らないと明日の仕事に差し支えるから早く眠ろう」などと努力すると、その努力自体が悪い刺激になって不眠を強めてしまう。むしろ、「眠くなれば眠るし、眠れなければ眠らなくてもいい」という自然に任せる構えで、嫌いな数学とか哲学の本などを寝転がったまま読んで注意を不眠からそらすと、眠れる。

うつ状態、精神分裂症、脳動脈硬化症、頭部外傷、呼吸器・循環器疾患、薬物の影響などで不眠がおきるときは、その病気自体の治療をすれば、不眠も治る。六〇歳以降は早朝覚醒の傾向が見られる。実際にはよく眠っているにもかかわらず、眠れないと訴える不眠愁訴症候群は、睡眠に対する要求が過大であるためにおきる神経症的訴えであり、睡眠薬と心理療法が必要になる。

若い人の不眠は精神分裂症やうつ状態の初期的な症状として重要なサインであり、不眠だけを睡眠薬などによって治すと、サインが消えてしまって、病気治療のスタートが手遅れになる恐れがある。たかが不眠と軽視してはいけない。

☞ 18 うつ状態 62 時差ボケ 99 体内時計 113 眠気 114 眠り 137 メラトニン

128

プラス思考

――失敗は成功のもと

昔、泣き虫ばあさんと呼ばれている年寄りがいた。娘が二人いて、姉はワラジ屋へ嫁ぎ、妹は傘屋へ嫁いだ。雨降りの日には「ワラジが売れなくて姉娘が困っているだろう」と思っておばあさんは泣いていた。雨が降らない日には「傘が売れなくて妹娘が困っているだろう」と思っておばあさんは泣いていた。結局、毎日泣き暮らしたのである。

しかし、もし逆に考えて、雨降りには「傘が売れるだろう」、晴れの日には「ワラジが売れるだろう」と思えば、毎日笑って暮らせたはずである。「即心是仏《そくしんぜぶつ》」といって、求めさえすれば仏になれる、喜んで暮らせるというわけだ。

泣いても一生、笑っても一生、どうせのことなら笑って過ごすほうがいいに決まっている。笑って過ごすほうを「プラス思考」、英語なら「ポジティヴ・シンキング」と呼ぶ。ワラジと傘の話ならばよくわかるのだが、対象が別のものになると「プラス思考」をできなくなる人が多い。

砂漠の真ん中で水筒に半分しか水がなくなったとき、まだ「半分残っている」と考えるか、「もう半分しか残っていない」と考えるか。就職試験を五回受けて、一つの会社だけに合格したときに、「四つも失敗したから自分は無能でダメな人間だ」と思うか、「全部失敗する人だっているのに自分はラッキーだった」と思うか。失敗した会社に行っていれば、二年後にその会社が倒産することだってあるかもしれない、と考えるべきなのだ。

あらゆることをよい面から眺めて、プラスに評価するのは大事なことだ。ガンと診断されたときに、「たいへんだ、もうだめだ、死んでしまう、どうしよう」と悲観する人と、「これも何かの因縁だ。ガンを下宿させたつもりで、仲良く同居していこう。苦悩は人を磨くというから、得をした気分だ。神様のなさることにまちがいはない」とガンを平静に受け容れる人と、二種類に分かれる。ガンを受け容れる人のほうが、予後がよいのはガン患者の心理の項でも述べたとおりである（七二頁参照）。新車を買ったら「自動車事故で死ぬかもしれない」と心配するよりも、「新車でドライヴして楽しもう」と思うほうが、いいに決まっている。他人が成功したら、それを嫉妬するよりも「よかったねえ」といっしょに喜んであげるのがいい。

失敗しても「失敗は成功のもと」とにこにこしている。運が悪くても「禍福《かふく》はあざなえる縄のごとし」と、次には幸運が回ってくるのを確信している。人生は波のようなものだから、どん底があれば、次は山頂になるだろう。「明けない夜はない」のだ。これは、うつ状態になって悲観している患者を力づける言葉だ。

以前には、プラス思考も体験的によいとされていたにすぎなかったが、最近では、プラス思考をすれば免疫力が高まるとか、副腎皮質からのストレス・ホルモン（ステロイドホルモン）が出なくなるとか、体によいという理由が科学的にも立証されるようになってきた。

☞ 15 癒す力　82 ストローク
31 ガン患者の心理　91 精神免疫学

129

ペット・ロス・クライシス——喪失を受け入れる

近所の奥さんが長年可愛がって飼っていた猫がある日失踪してしまった。彼女は数日間泣き暮らし、一ヵ月たっても家事をする気にならず、不眠が治らない。このようにペットの家出や死亡の後に、飼い主が悲嘆反応をおこして、心や体の不調も訴える人が多くなった。これをペット・ロス・クライシスと言う。

大家族制度が崩れて、核家族になり、さらに子どもが育ったあとは高齢者夫婦だけの生活になるとか、離婚や晩婚が増えて独身生活者が増加するなどの社会的変化によって、ペットに慰めを求める人が多くなった。それ以外にも、コンピュータなどによってもたらされた人間疎外によって人間的絆《きずな》が弱くなったせいもあり、ペットに心の絆を見出して慰めを得ている人も増えた。犬や猫を飼うのを禁止されているマンションも多いから、ペットの種類も、犬、猫だけでなく、ハムスター、カナリア、文鳥、カメ、ヘビ、虫など多岐にわたる。

ペットの死後、悲しみ、喪失感を抱き、もっと早く獣医に見せれば死なせずに済んだのではないかと自分を責めたりする。なぜ、私のペットにかぎってこんなに短命なの、と神様を恨んだり、怒ったりする。食欲を失い、何もする気がなくなって、呆然と日を送る人もいる。これは、喪失体験から受けるストレスを克服するための健全な悲嘆反応であり、一種の適応反応である。

　この症状は、肉親や財産などを失ったときに現れる対象喪失症状の一つであるから、特別に異常な精神症状ではない。対象喪失は、引っ越し、罹災《りさい》、死別、生別、離婚などの生活重大事件によって、自分がそれまでもっていた「意味のある何か」が奪われる状態、またはなくなってしまう状態、心の絆を失う状態である。具体的に言えば、それまで大事にしてきた肉親・友人・ペット・家・家具・本・宝物・コレクションなどを失うことである。

　ペットを失った悲しみを乗り越えるのには、①存分に泣く ②悲しみをこらえない ③ペットが亡くなったときの状況を、知人などに詳しく話す ④亡くなった事実を受け入れる（まだ生きているなどと思わない） ⑤墓を作ったり、葬式をしたりして、死亡の事実を認識する ⑥喪失したものをあきらめる ⑦思慕の情、後悔、怒り、憎しみ、罪意識などすべての感情を排除しないであるがままに体験し尽くす ⑧似た状況の人と話し合う ⑨ペット・ロス・クライシスに陥った人のリポートや小説を読む ⑩軽い仕事をして気を紛らす ⑪閉じこもらない（外出する） ⑫自分の精神症状が当然の反応であると考えて隠さない、などの方法があるが、基本的には肉親を失った人の「喪《も》の仕事（グリーフ・ワーク）」（九〇頁）と呼ばれる癒《いや》しの手段と同じである。これは、「喪失をあるがままに受け入れる」という心の仕事である。対象が肉親であろうと、ペットであろうと、心理的には同じ痛みなのだ。

40 グリーフ・ワーク　120 悲哀感
108 トラウマ

130

防衛機制——いやなことを無意識にごまかして避ける

葛藤《かっとう》や欲求不満、不安、ストレスなど感情的に嫌なことを減らしたり避けたりするために、心の中で無意識に働く安全装置を防衛機制という。無意識だから、本人がわざとそうしているわけではないし、装置が現実をゆがめてしまうにもかかわらず、当人はそのゆがみに気づいていない。次に記す防衛機制の大部分は、精神分析の理論としてジクムント・フロイト（一八五六〜一九三九）によって発見された。

「抑圧」は、葛藤やストレスに関係していることだけを忘れるように働く。忘れてしまえば、いやなことはなかったも同然になるからである。つまり、「忘れたいから忘れる」のだ。幼児期の性体験や大失敗を覚えていないのが抑圧の例である。しかし、この忘れられた事柄は、けっして消え去ったのではなくて、無意識という冷凍庫の中に冷凍保存されているにすぎないから、何かのきっかけで解凍されて意識の中であばれ出して、精神症状を現すことも多い。

「否定」は、ガンだと診断されたときに、「自分がガンであるはずがない。誤診だろう」と思って他の医師を訪れるのに似ている。

「投影」は、自分自身の性格や動機を、他人がそうだと感じることである。ケチな人は「あいつはケチだ」と他人をけなしやすい。もし他人がケチでないと、ケチな自分はその他人を尊敬しなければならず、それがストレスになる。それを避けるために「他人もケチだ」と思い込むのだ。

「置き換え」は、対象を置き換える場合と、衝動を置き換える場合とがある。会社の上司に腹を立てると、帰宅後に妻に八つ当たりするなどが「対象置き換え」の例である。愛妻を失った夫が、娘を溺愛《できあい》するなども、しばしばみられる。上司に怒りをぶつけると、クビになるかもしれないし、亡くなった妻を愛することはできないからである。怒りや愛を表現しないでおくと、耐えられないので、どこかでそれを吐き出すのだ。「衝動置き換え」の場合には、対象を変えずに感情だけをすり替える。性衝動を攻撃性にすり替えたり、その逆もおきやすい。

「退行」は欲求不満に陥ったとき、人生の一段若い段階へと逆戻りする現象である。そのほうが、安全で快適なのだ。弟が生まれたときに、四歳の幼児が乳児返りをして、急に赤ちゃん言葉をしゃべったり、おねしょをしたりするのがよい例である。

「代償」は、劣等感をもつと不安になるので、他の面で優れようとすることだ。学業成績がふるわない児童がスポーツなどの学業以外のものに励むなど。「反動形成」は、本心では子どもを愛していないときに、溺愛の態度をとってしまうなどの場合である。継母が義理の子どもに何でも買い与えるなど。

「同一化」は、他人の性格を取り込むことである。自信のない人が、自分の上役がいばっているのをまねて、部下をいじめたりするのがその例である。

☞ 37 境界人格障害　96 退行　87 精神分析

131 マインド・コントロール——物理・薬理・心理の三法

化学、物理、心理的な手段によって、人間の精神を操ることをマインド・コントロールという。広義では、心理療法やカウンセリングもこれに含まれる。

マインド・コントロールは、もともと軍事的な目的で研究されていたのが主流であった。最近の戦略研究は、核弾頭をつけた大陸間弾道弾と、このマインド・コントロールとに重点が置かれているのだそうだ。

化学的方法として、一九五六年以来、アメリカ陸軍は一五〇〇人近くの兵士に、本人に知らせずに幻覚薬のＬＳＤ−25（リゼルグ酸ジエチルアミド）をのませ、さらに有志を募って計六九四〇人に人体実験を行った。『アメリカ大統領に対するロックフェラー報告』によると、ＣＩＡは、放射能、電気ショック、心理学、精神医学、社会学、幻覚薬などによる精神操作法を研究していたという。

物理的方法は、脳に電極を植え込んで電気刺激を与えるのが最初であった。この方法はスイスの生理学者ウォルター・ルドルフ・ヘス博士が開発した技術であり、猫や兎の脳を電気刺激して行動が変わることを発見し、ノーベル賞を受けた。スペインの生理学者ホセ・デルガド博士は、牛の脳に電極を植え込み、リモート・コントロールで電気刺激を与えることによって、闘牛が突然おとなしくなるという劇的な実験を示したこともある。映画『ジュラシック・パーク』の原作者マイクル・クライトンが書いた『ターミナル・マン』（早川書房）は、この方法を主題にした小説である。頭部外傷でてんかん発作をおこすようになり、発作中に無意識のうちに暴行を働く男の脳に電極を植え込んで暴行を防ぐ物語である。米国では、この方法を犯罪を繰り返す囚人に実際に応用して再犯を防ごうとしている。

麻酔剤を注射しておいて、意識のない間に頭部に一一〇ボルトの電流を数秒間流し、記憶喪失をおこす方法もある。映画『カッコーの巣の上で』の主人公マクマーフィはロボトミー（脳の一部を切り離す手術）をされて、意欲を失い、生ける屍《しかばね》にされる。このロボトミーはポルトガルの神経外科医エガス・モーニスが一九三五年に精神分裂病の治療法として開発したもので、一九四九年にノーベル賞を受けた。テレビの画面に目に見えないくらいの短時間映像を瞬間的に流すサブリミナル・スティミュレイション（閾下《いきか》刺激）は、意識しないうちに視聴者の記憶にその映像を焼き付けてしまうので、商品販売や選挙に応用される恐れが強いとして、米国では禁止された。

心理的方法は、催眠術をかけるとか、洗脳を使う。洗脳は、絶食や不眠、辱《はずかし》めなどで精神状態を不安定にしておいて、絶え間なしに「お前は犯人だ」などという言葉をエンドレス・テープで聞かせると、聞かされた人がそう思い込むようになるというものである。朝鮮戦争などで使われてから広まり、カルト教団の説伏などに応用されるようになった。

☞ 21 LSD-25　58 催眠術
43 幻覚　61 至高体験

132

マゾヒズム

――マゾとサドは裏表

オーストリアの作家レオポルト・フォン・ザッヘル＝マゾッホ（一八三六〜九五）が書いた作品『毛皮を着たヴィーナス』（河出文庫）に由来する術語であり、精神的・肉体的苦痛により自分を破壊し、傷つけ、辱める傾向、異性の主人に辱められ、性的快感をもつ傾向を指す。その作品の中では、愛する女性から残酷、痛み、苦痛、辱め、虐待を受け、彼女に服従して快感を感じるパラフィリア（性的脱常、性倒錯）の男性が描かれた。縛られたり、鎖でつながれるのもマゾヒズムの一種であり、ステファノウスキはマゾヒズムをパッシヴィズム（受動症）と呼んだ。

実際には実行されなくても、そうした空想を楽しむ人は少なくない。マゾヒストは、女性よりも男性に多く、その三〇％は、サディズムを併せ持っていてサド・マゾヒストと呼ばれる。つまり、「自分の内にある他人に向かうサディズムが自分自身に向かうのがマゾヒズムである」と考えられている。自信がない人は上役にへつらってマゾヒストとして仕えて虎の威を借り、部下には威張ってサディストとしてふるまって自信を保とうとする。この権威主義的性格の極端化がマゾヒストだと考える人もある。「精神的マゾヒズム」は、自分に対する敵意と破壊衝動を指す。「集団マゾヒズム」は、大勢の人が喜んで痛みと困難に身をさらすのを指す。

ジクムント・フロイト（一八五六〜一九三九）によれば、苦痛や不快がマゾヒズムの目的ならば、快感原則は当てはまらない。しかし、サディズムに由来しないマゾヒズムはありえない。他者への攻撃が自分自身への攻撃へと目標の転換がなされ、同時に能動性が受動性に転換し、他者が自分の役割（攻撃者）を引き受けてくれたものがマゾヒズムだと考えれば、快感原則も成り立つのだ。つまり、マゾヒズムはサディズムが裏返しになった二次的な現象だと思ったのである。しかし、のちには彼はこの考えを改めて、性欲動と自我欲動の葛藤《かっとう》を、生の欲動と死の欲動の葛藤だと思いつき、サディズムとマゾヒズムとは、ともに一次的なものだ、と考えるようになった。リビドー（性的衝動）が外に向かうとサディズムになり、内に向かうとマゾヒズムになる。去勢や、見捨てられることに対する幼児期の恐れをなくすための手段がマゾヒズムだとか、性行動に特別厳しい超自我に対して、事前に自分を罰しておくことによって性快感の許可を得ておこうというのがマゾヒズムだ、という説もある。

オーストリアの精神分析学者ウィルヘルム・ライヒ（一八九七〜一九五七）は、マゾヒストの行動の背後に権威へのあこがれを見た。本当ならば重罰に値する自分なのに軽い罰で済ましてもらおうという気持ちがある、というのだ。マゾヒストは、自分を「人間のクズ」と考えることによって、相手の不安を引き起こそうとする、とフランスの精神分析学者ジャック・ラカン（一九〇一〜八一）は述べている。自分が苦しんでいるときにこそ、何も応えてくれない他者の目の前で自分の存在を確信できるのである。

ま

☞ 42 権威主義的性格
59 サディズム

133

マタニティー・ブルーズ――家族が支えを

赤ちゃんを産んだ直後の産婦の一五〜二〇％程度に現れる軽いうつ状態をマタニティー・ブルーズと呼ぶ。

出産によって、胎盤中心のホルモン分泌が脳下垂体中心の正常なホルモン分泌に移行して、ホルモンのバランスが崩れることが主な原因と考えられる。しかし、睡眠不足や疲労、育児についての不安、病院の環境、ストレス、授乳、薬の副作用なども一因かもしれない。マタニティー・ブルーズの予防には、家族の温かい援助や、面会、夫の立ち会い分娩《ぶんべん》、母子同室などが有効といわれている。

症状は、涙もろい、声をあげて泣く、ゆううつ、情動不安定、不安、イライラ感、集中困難、物忘れ、頭痛、心気症（検査で異常がないのに、自分は病気だと思い込むこと）、不眠、疲労感、食欲不振、便秘など。このような症状が出産後三〜四日で軽く現れて、二〜三日続き、体が回復するにつれて消えていく。しかし、中にはうつ状態や不安神経症などに移行するケースもあるので、症状が長引いたら、精神科医に相談するほうがよい。抗うつ薬が効かないケースがある。

以前に精神障害を経験したことのある人は、マタニティー・ブルーズを契機としてそれが再発することもある。一般に、出産後六～八週間は精神障害の発生率が高く、産褥《さんじょく》期精神障害と呼ばれて、幻覚、錯乱、躁とうつの気分の波が現れることがある。

マタニティー・ブルーズを経験した産婦は、第二子出産後に、出産後うつ状態になりやすい。これは、出産直後に発病して、半年から一年続くかなり重いうつ状態である。罪業感、絶望感、疲労感、集中困難が強く、自死や赤ちゃん殺しに発展するケースもある。出産後うつ状態の特徴は、年齢に関係なく、妊娠回数に無関係に起こる。一度かかると、次の出産時に再発しやすい、以前に他の精神障害にかかった経験者とか、肉親に精神障害者がいるとかかりやすい、妊娠前に月経前困難症だった女性がかかりやすいなどと言われているが、確実な統計がない。米国では、産婦の三〇%に出産後うつ状態がおきるという統計があるけれども、これは多すぎる。出産しなかった女性のうつ状態発生率よりも少し多いだけだという統計もある。妊娠中絶後のうつ状態では出産に比べて五分の一程度の発生率である。出産後うつ状態の原因は、出産後のホルモンの変化だと考えられているが、それだけではない。葛藤《かっとう》、個人的失敗、ライフ・イベンツ（肉親の死や離婚など）、社会的支持の欠如なども原因になりうる。出産後うつ状態になった女性は、更年期うつ状態など、他のうつ状態にもかかりやすくなる。

マタニティー・ブルーズにしても、出産後うつ状態にしても、家族の精神的支援が大切である。本人は暗いトンネルを一人で歩いているような気持ちになっているから、手をつないでいっしょに歩いてあげる人が必要なのだ。

☞
18 うつ状態 146 ライフ・イベンツ
63 自死

134

無意識

——水面下に隠された遠い過去

人間の心の仕組みを解きあかそうとして、その謎に挑んだ人は少なくないが、わかったことは微々たるものだ。「水が湯になるのは熱を加えたからだ」というような因果関係を見つけにくいし、形としてとらえることができないのも、謎を神秘の館《やかた》に閉じこめてしまう。

明快な答えは期待できないけれども、多くの手がかりによって、心のカラクリがほのかに浮かび上がってきつつあるのが現状だ。たとえば、無意識などという簡単な言葉一つをとってみても、そんなものが実在するかどうかさえ定かではなかったのが、徐々にその実体がつかめてきた。

動物磁気という名で催眠術を使って精神障害を治したオーストリアの医師アントン・メスマー（一七三四〜一八一五）あたりが無意識を発見した先駆者であろうが、無意識の作用をはっきりさせたのはジクムント・フロイト（一八五六〜一九三九）であった。

その著書『ヒステリー研究』（一八九六）で、「夫の不倫を許せなかった女性患者の意識が、その記憶を無意識の内へ閉じこめ、忘れさせる」と書いたのだ。しかし、催眠術などによってそれを無意識から呼び覚ますことができる。彼は『夢判断』（一九〇〇）を書いて夢を無意識の現れだと唱えた。

個人が幼いときに受けた心の傷は無意識の内に蓄えられて、成長してから神経症の原因になるのだとフロイトは考えたが、カール・グスタフ・ユング（一八七五～一九六一）はそのような個人的無意識以外にも普遍的無意識というものがあると考えた。これは個人的にできるというよりは、人類一般に共通なものである。

私たちがヘビを恐れるのは、ハチュウ類全盛時代に祖先がヘビに悩まされた記憶が無意識の中にしみこんで子孫に伝わっているからだという話がある。いわば、記憶が遺伝しているようなもの、という見方である。

米国の女性精神分析者カレン・ホーナイ（一八八五～一九五二）は、無意識が性格を形づくるのだと考えた。幼時の親子関係が無意識の内へとしみこんでいくので、もしその関係がゆがんでいると神経症のもとになって、①人間のほうへ動く ②人間から離れる ③人間に反抗する、という三種類の病的傾向が現れると考えた。

彼らが仮定した「無意識」なるものは、もしあれば心の謎を説明するために便利だが、誰もその実体を目で見た人はいないのだから、実在するかどうかを証明できないと思われていた。ところが、一九四三年にスイスのホフマンが幻覚剤として発見したリゼルグ酸ジエチルアミド（LSD－25）という化学物質を飲むと意識状態が変わって、長い間無意識の内に眠っていた幼時記憶を思い出す人が出てきた。こうなると、無意識の存在を否定することは難しいようだ。

む

☞
21 LSD-25
58 催眠術
73 神経症
87 精神分析
141 夢の解釈
143 ユング心理学

135 無気力——興味と目標の喪失

何もする気にならないという無気力は、うつ状態や精神分裂症のときに最もはっきり現れるが、薬物中毒や脳の構造が壊れたとき（頭部外傷、脳出血、ボケなど）にも見られる。これがひどくなると、朝目覚めても、起き上がる気力がない、立ち上がらせてあげても、洗面所へ歩いていく気がないから布団の上に立ちつくしている、洗面所までつれていっても顔を洗う気がなくてボーと突っ立っている、食物を口に入れてやっても噛もうとしないので、看護者があごを持って動かしてやらねばならない。

そこまで重症ではなくても、おきるのがおっくうだ、登校や出勤をする気にならない、今まで毎朝読んでいた朝刊を読む気にならない（「朝刊シンドローム」と呼ぶ）などの症状が見られたら、現代ではうつ状態を疑うべきである。三〇年ほど前には、うつ状態になると、ゆううつ感、もの悲しさ、やる気のなさという三症状がそろっていたものだが、最近のうつ状態の初期には「やる気のなさと不眠」しか現れないことが多い。

精神分裂症の崩《くず》れ型では、最初にこの「やる気のなさとだらしなさ」が出てくる。以前はきちんと登校していたのに遅刻や欠席が目立つようになり、自室が乱雑のままである、爪が伸びたまま黒くなっている、身だしなみがだらしない、入浴しないなどが、中学・高校生に現れれば、精神分裂症の疑いがある。

一九二四〜三二年にシカゴにあるウェスタン・エレクトリック社のホーソン工場で電話機を組み立てている女子工員についてメイヨーたちが行った「ホーソン研究」によると、「何か新しいことに参加している」という気持ちが「やる気」を出させて作業能率を高めることがわかった。トリストたちが英国のタビストックで行った研究によれば、仕事の意味が見失われたり、疎外感（他の人や社会と関係がないという感じ）の増大、無関心、受け身意識の増大などで「やる気」が減るという。

人間は、自分がおもしろいと思うと熱中して何かをするという性質をもっているから、「やる気」を出させるカギは、興味をもたせることだ。嫌いだった英語の勉強でも、一度英国人との会話に成功すると興味をもって勉強するようになる。

さらに、目標も必要だ。英国に留学すると決まれば、自分が困るのを予測して一心に会話の練習をするだろう。今月はこの本を翻訳し、将来は翻訳家になる、というふうに短期と長期の目標を作るのもよい。この仕事が終わったら旅行に行かせてあげるなどの御褒美を設定するのは行動療法でも行われており、やる気を出させる方法の一つだ。

石ころの山をA点からB点に運び、それが終わったら、再びB地点からA点に運び戻すなどの無意味な仕事は「やる気」を失わせる。

む

☞
18 うつ状態
53 五月病
89 精神分裂症
115 脳が壊れたとき
136 無気力症候群

136 無気力症候群（退却症）――大学生に多発するモラトリアムの病

ロシアの作家ゴンチャロフの『オブローモフ』（一八五九）に描かれた主人公は、やる気をまったく失ってほとんど一日中ベッドの中で暮らしており、英語でオブローモヴィズムといえば「無気力」という意味だ。『オブローモフ』にちょっと似ているのがこの無気力症候群で、一九六一年にステューデント・アパシー（大学生無気力症）という名で米国人が初めて報告した。精神分析医の笠原嘉《よみし》の研究を以下に紹介しよう。

特定のものだけに対して無気力、無関心が見られ、強迫神経的な性格、負けることの辱《はずかし》めに耐えられない過敏性、自己同一性の混乱が無気力症候群の四大特徴である。大学生の場合には、入学前は問題のない、適応のよすぎるほどの、いわゆる「よくできる子」だったのに、大学三～四年生のときにごく小さなことがきっかけになってやる気を失い、ほとんど授業に出なくなるのが無気力症候群である。勉強しないとか登校しないだけで、たとえ家から一歩も出ない場合でも、日常生活は人体普通に保たれているので、家族は異常に気づかないことが多い。しかし、欠席が続くため、単位不足による留年の通知を受けて初めて家族が驚く、というケースも少なくない。

正常な学生でも、落ち込んで意欲を失い、やる気が出ないスランプ状態になることはあるが、普通は数日から数ヵ月で自然に回復するものである。ところが、この無気力症候群のやる気のなさは頑固で、放置すれば数年も続く。「趣味やアルバイトには熱心」という型と、「すべてに対して無気力」という型とに分かれる。

性格としては、小心でおとなしくて、まじめすぎる、礼儀正しい、人に世話をやかせない人間だが、反面、頑固なまでに強情なところがある。積極性や攻撃性に欠け、強迫的な面があって、几帳面《きちょうめん》な完全主義者だ。負けるのが厭なので、勝負の前におりてしまうようなところがあり、自分が何者だかよくわかっていない。自分の感じたことを述べるのが苦手で、親友もいないことが多い。このような学生の家庭を見ると、三種に大別される。第一は両親がともに教師、第二は両親とも学歴が低いけれども、父は成功者で立派な人である、第三は家庭内で母親が実権を握っていて、父は影が薄い、というものだ。

大学受験というようなはっきりした目標がないのになぜ勉強するのかわからない。何を勉強してよいかわからない。自分が本当に何をやりたいのかわからない。このように自己同一性が確立していないことからおきる葛藤《かっとう》につまずくと、急速に勉学に対する意欲を失い、頑固にその場所で足ぶみして、前進をやめてしまった状態が無気力症候群なのである。本人は不安、イライラ、苦しみ、後悔などを感じていない。自分のことをたいして心配しておらず、治してほしいと思って援助を求めることもなく、まるでひとごとのように考えているのも特徴の一つである。

む

☞ 6 アイデンティティの危機　18 うつ状態　135 無気力
12 生きがい　53 五月病

137 メラトニン——時差ボケ、不眠に有効

宇宙飛行上は睡眠周期が狂うので、向井千秋さんもメラトニンを服用して眠ったそうだ。メラトニンとは何だろうか。

メラトニンは、脳の中心部にある松果体から夜間に分泌されるホルモンである。この松果体は昔から「生命力や精神力のセンター」だと考えられてきた。紀元前四～前三世紀のギリシャの医師へロフィロスは動物精神の流れをコントロールする器官が松果体だと考えた。古代インドでは、松果体を「完全な安静とハーモニーへの入り口」だと考えた。一七世紀になるとデカルトが松果体を「精神の座」と呼んだ。

ボストンの医師マーク・アルトゥシューレは三八の図書館から一八〇〇の関係論文を集めて検討した結果、松果体抽出物が精神分裂症に効くらしいと考え、一九五〇年代に注射してみた。数例は効いたらしいが、医学界では無視されてしまった。その後に、メラトニンが分離され、合成されるようになって、ウォルター・ピエルパオリがハツカネズミに与えて寿命を二五%も延ばした。人間で言えば、一二〇歳まで生きることになる。それだけでなく、ネズミは活発で若々しく、性行動も盛んになった。

このホルモンを人間被験者に注射したところ、リラックス、鎮静、抗不安、多幸などの作用が見られ、古代インドの考えどおりになった。現在では、うつ状態、躁うつ病、分裂症、アルコール症、自閉的障害などに有効だと言われている。七五ミリグラムのメラトニンを含んでいる避妊薬を飲んだ女性が「気分がいい」と言い出したことから抗うつ作用に注目され始めたのだった。一九八〇年代の末には、うつ状態の少年患者を調べたところ、メラトニンの血中濃度が少ないことがわかった。一七歳以前に両親と別れるトラウマ（心理的外傷）を受けた人のメラトニンは少ないという。うつ状態で自死した人の松果体のメラトニンは極度に減っていた。五ミリグラムのメラトニンが多幸をもたらし、大量では一五〜二〇分後に眠くなり、四五分後に覚醒した。突然死する乳児は、松果体が小さく、血中のメラトニン濃度が低いらしい。

使用量〇・二〜二〇ミリグラムでのメラトニンの主な作用を挙げておこう。抗けいれん作用、抗自閉的障害作用、抗老化作用、よく眠れる、風邪を引きにくい、傷が早く治る、血中コレステロール・血糖値・血圧を下げる、糖尿病を防ぐ、気分をよくする、イライラしない、強力な抗酸化剤である、コレステロール値の高い人のコレステロールを減らす。心臓病や乳ガン、白内障を減らす。免疫を強め、乳児突然死症候群（ＳＩＤＳ）を予防する。寿命を長くする。体内時計を修正して、海外旅行でおこる時差ボケを直す。他の睡眠薬はパラ睡眠を抑制する副作用があるが、メラトニンはこの副作用なしに眠らせる。しかし、長期使用の安全性や催奇形性がまだ確かめられていないので、時差ボケと不眠に短期間使うだけが好ましいとされている。

☞ 62 時差ボケ 113 眠気 127 不眠症 99 体内時計 114 眠り

138

メンタル・ヘルス——心の健康を守るには

メンタル・ヘルス（精神保健）とは、「心の健康を守る」ことである。具体的にいえば、心の不健康を予防し、心の障害や病気からの回復を早め、より健康な心を作ることだ。

心が健康であるとは、どのような状態を指すのか。これについては、いろいろな説があるが、デュアーネ・シュルツ博士は、精神分析の権威たちが定義した心の健康のモデルを次のように七つに分類した。①成熟した人（ゴードン・オルポート）②完全に機能している人（カール・ロジャーズ）③生産的人間（エーリッヒ・フロム）④自己実現する人（エイブラハム・マスロー）⑤個性化した人（カール・グスタフ・ユング）⑥自己超越した人（ヴィクトール・フランクル）⑦今、ここに生きる人（フレデリック・パールズ）

この中で、「生産的人間」というのが、わかりにくいから、説明しておこう。これは、精神的なものをも含めて、自分が欲するものを社会の中で積極的に創り出すことのできる人、自分自身を、自己の力や豊かさの積極的な担い手として感じることのできる人、自己の生きた本質・実質内容を客観化した一個の貧しい「物」として感じる疎外された人間ではない人、を指す。自己超越した人というのは、物事にとらわれない人である。パールズの「今、ここに生きる」は、刹那《せつな》主義ではない。過去は過ぎ去って、取り戻すことはできないし、未来はあるかどうかわからない(いつ死ぬかもしれない)。したがって現在を精一杯よりよく生きよう、という考えだ。死後に、あの世で楽になろう、などと別の場所を考えてはならぬ。

WHO(世界保健機関)は、「健康」を定義して、「単に病気でないというだけではなくて、肉体的にも心理的にも、社会的にも幸福な状態にあること」と述べている。つまり、心の健康は、医学的な面だけにとどまらないのだ。一九四八年に開かれた国際精神保健会議は、メンタル・ヘルスを「個人を最適に発達させる状態」と定義し、良い社会とは「自己の発達を、他の社会に許容される範囲内で保証するような社会」だ、としている。

メンタル・ヘルスを狭く考えれば、精神障害の発見・診断・治療・社会復帰のための社会的・医学的な対策を指すのであろうが、それだけにとどまってはならない。精神障害を持っていない人の心の健康を積極的に守り、向上させるものでなければならない。適応できないことや、不安、葛《かっ》藤《とう》をなくし、脳の働きを正常に保ち、脳が持っている能力を十分に発揮させることが望ましい。

メンタル・ヘルスの運動は、米国の精神障害者だったクリフォード・W・ビーアス(一八七六〜一九四三)が自分の悲惨な体験を記した『正気に戻った心』を出版して、一九〇八年にコネティカット州に一三名の同志を集め、精神障害者の取り扱いや施設の改善を求める「精神衛生市民運動」をおこしたのが最初だ。日本でも呉秀三《くれしゆうぞう》が同じような目的で一九〇二年に精神病者慈善救治会を創った。その後、意味が曖昧だとして、メンタル・ヘルスに改称されたのである。

め
☞ 57 個性化 85 成熟した人柄 117 脳の栄養

139

森田療法

――あるがままを受け入れよ

森田療法は、日本が生み出した心理療法であって、世界に誇ることのできるものである。一九二〇年頃に私立東京慈恵医院医学専門学校（現慈恵医大）教授だった精神科医の森田正馬《まさたけ》（一八七四～一九三八）により創案された。

神経質者は、よりよく生きたいという「生の欲望」と、生に執着するがゆえの病気や死への強迫的恐れとの相克に悩まされる。西欧の心理療法では、不安や恐れ、葛藤《かっとう》を異物として心から取り除こうとするが、森田療法では、神経質者の不安や葛藤も健常者の不安や葛藤の延長だと考えて、それらを異物として取り除くことをせず、それらからの逃避欲求をあるがままにしておいて、排除に使われるはずだったエネルギーを自己実現欲求を伸ばす方向に導き、目的本位、行動本位に実行させる。「あるがまま」を受容することによって、「かくあるべし」という完全欲へのとらわれや、こだわり、はからいなどをなくさせる。大原健士郎（元浜松医大教授）は森田療法の本質を創造性と体験的理解と考えている。

この療法で治せるのは、自己内省的、理知的、心気症（体のどこかに病気があるという妄想）的な神経質素質のうえに発展した神経質、恐怖症などであり、四〇～六〇日に及ぶ入院治療は次の四期に分けて行われる。

第一期（絶対臥床《がしょう》期）：約一週間寝たきりにする。患者を隔離して、食事と排泄《はいせつ》だけを許し、面会、会話、読書、テレビを見ること、新聞を読むこと、喫煙など一切を禁止する。自分の悩みにいやと言うほど直面するが何もおきないことを確認して安心し、不安や葛藤を排除しないことを学び、生の欲望が強まる。

第二期（起床適応期）：禁止事項は第一期と同じであるが、寝ている時間を七～八時間に短縮させ、昼間は外に出て日光と戸外の空気に触れさせる。夕刻に日記を書かせる。起床時と就寝前に万葉集などを音読させる。「あるがまま」でいいのだということを学ばせる。生の欲望を伸ばす。

第三期（軽作業期）：掃除、庭仕事、炊事などの軽作業をさせる。しかし、交際、遊び、共同作業、散歩、体操などは禁止する。読書を許す（官能的な本、思想的な本を除く）。作業を通じて、精神操作法を学び取らせる。

第四期（日常生活訓練期）：普通の日常生活に戻る準備期。作業を通じて患者は精神操作のコツをつかむ。「手を洗わなければならぬ」といつも考えている不潔恐怖の患者にカマドで薪を燃して御飯を炊かせる。御飯が吹き上げてきた瞬間に薪を引き出して火を弱めないと何十人分もの御飯が黒焦げになる。いつ薪を引き出すべきか、今か今かと緊張して釜を見つめている瞬間には手を洗わなければならぬとの考えは消える。そのコツを覚えれば、強迫観念は消える。

☞ 39 恐怖症　78 心理療法　94 全般性不安障害
73 神経症　83 性格改造　98 対人恐怖症

140

薬物乱用

——身体的依存と精神的依存

いちばん乱用されやすい薬は睡眠薬である。メサクアロン（商品名ハイミナール）が引き起こす酔っ払い気分が魅力で、ひと頃はやった。アダリンやカルモチンなどは作家に愛用されたものだ。眠れないので睡眠薬を連用しているうちに、次第に効きが悪くなり、つまり薬に強くなって、増量しなければ眠れない、飲まなければ暮らせなくなる。これが睡眠薬依存症である。

依存症には、身体的依存と精神的依存とがある。身体的依存では、薬を飲まないと身体にふるえ、けいれん、発熱などの症状が出てくる。精神的依存は、飲まないとイライラするとか、考えがまとまらない、薬を飲みたくてたまらないなど心理的症状が現れる。薬の種類によってこれら両方が出るものと、精神的依存だけしか出ないものとがある。

睡眠薬は、自分勝手に買って飲んでいると依存症に陥るので、必ず医師の処方で飲むようにしたい。

最近では、精神科ばかりでなく、内科でも婦人科でも外科でも抗不安薬（精神安定剤）を飲ませるので、たくさん飲まないと落ち着かないという抗不安薬依存症がまれに見られる。

鎮痛薬のオプタリドンも、陶酔感があるので依存症をおこしやすい薬だ。

以上の薬はどれも、依存症をおこしたのち急に服薬をやめると不眠やけいれんをおこす。

普通では手に入らないが覚醒剤も乱用しやすい薬だ。日本ではメスアンフェタミン（商品名ヒロポン）が大部分で、受験勉強のときの目覚まし薬として、またやせ薬として秘かに使う人がいる。この薬は精神的依存をおこし、一度使うとまた使いたくなる。一ヵ月ほど連用していると、精神分裂症そっくりの症状を示すようになり、人に看視されている、跡をつけられている、危害を加えられる、という被害妄想や、ない声が聞こえてくる幻聴などがおこり、殺傷事件をおこしたりすることもある。似たような覚醒作用をもつメチルフェニデイト（商品名リタリン）も、同じ症状をもたらすので、覚醒剤に指定されてはいないが用心しなければならない。コカインも覚醒・興奮作用が強く、精神的依存症に陥りやすい。

ひと頃大流行したシンナーも陶酔感を引き起こすので、乱用されがちである。一リットル入りのビンにマウスを入れて、シンナーを二ミリリットル注ぎ、ふたをすると、マウスは数分でけいれんをおこして窒息死する。シンナーによる呼吸マヒは回復しにくいので死亡率が高い。

シンナー吸入を繰り返していると脳波異常が出るから、脳に回復不能の変化がおきると思われる。小学校の図工の授業で板にラッカーを塗らせていたら、生徒がみんな倒れた事件があった。換気しないでシンナーを吸ったためだ。接着剤を使った新築家屋などもシンナーやホルムアルデヒドが蒸発するので危険である（シック・ハウス症候群）。風通しをよくして、においがなくなってから入居するとよい。

8 アルコール症　21 LSD-25　52 コカイン
9 アルコールに依存する心理　28 覚醒剤　125 物質依存

141

夢の解釈

――無意識を読む

ギリシャ時代には、夢が神ゼウスによるお告げだと信じられており、アテナイの雄弁家デモステネスもそう記している。オーストリアの精神分析医ジクムント・フロイト（一八五六～一九三九）が一九〇〇年に書いた『夢判断』（新潮文庫）は、無意識の存在を発見した本として二〇世紀の思想界に大きな影響を与えた。彼は、夢に無意識が形を変えて現れるとか、性欲が関係していると考え、それが露骨に現れるとまずいので、無意識の検閲によって「置き換え」とか「圧縮」とかいう加工作業を施されてから夢に出てくるのだと言った。映画やビデオで、露骨な性行動を画面に出すと発売禁止になるので、暴風のシーンなどに置き換えて示すのと同じことである。「圧縮」は、二人の人間を一人のように見せかけるなどの作業である。子どもの夢には「置き換え」などの加工作業がされていないので、願望がそのまま現れる。昼間船遊びが短くて物足りなかったときには、船に長く乗っている夢を見るのである（願望充足）。

夢が物語るものが「夢の顕在内容」であり、その後ろに隠されているものを「潜在する夢の思考」と呼ぶ。前者は後者の一部をほのめかして象徴的な形にしたものである。ヘビや杖は男性器を意味すると言うのだ。ところが、いつでもヘビは性器かというとそうはいかない。「夢占い辞典」などという本を見ると、画一的にそう書いてあるが、個人の人生経験や、その日に体験したことによって、夢の内容が変わってくるからである。夢の解釈は学派によっても異なる。

ユングが挙げている、ある同性愛の女性の夢は次のようだった。彼女は川を渡ろうとするが、橋がない。ちょうど渡れそうな浅瀬があったのでそこを歩くと、大きなカニに脚を挟まれて目が覚めた。フロイトによると、川を渡るのは、愛しあっている同性愛の友人と別れることを意味する。カニに挟まれたのは、性交の象徴で、その友人が離してくれないのだ。アドラーによると、カニに挟まれた状態は、愛情のハサミで彼女をしっかり捕まえている友人との権力闘争だ。ユングによれば、川は彼女の無意識の流れであり、直面している問題だ。カニは、無意識中に潜んでいるコンプレックスである。そのコンプレックスを理解しなければ、問題は解決しない。このコンプレックスは、彼女の無意識の中にある未発達な男性性である。これをもっと発達させると、彼女の女らしさが育って、同性愛も解消する。これが、ユングの解釈である。

睡眠には熟睡状態の徐波（ノンレム）睡眠と比較的眠りの浅い状態のパラ（レム）睡眠がある。このうち、夢を見ていることが多いのは、パラ睡眠とよばれる状態だ。これを発見したのは、米国シカゴの生理学者ナサニエル・クライトマンらで、四〇年ほど前のことだ。クライトマンらは眼球がキョロキョロ動くのをパラ睡眠開始の指標にして、眠っている被験者を繰り返し揺り起こし、夢を中断すると、パラ睡眠が頻発することを知った。てんかん研究で有名な英国の神経医J・H・ジャクソンは「夢を研究すれば、精神異常のすべてを知ることができる」とまで言った。

ゆ
☞ 58 催眠術　88 精神分析療法　114 眠り　142 夢の仕事　143 ユング心理学

142

夢の仕事
――検閲による変形

新約聖書使徒言行録《しとげんこうろく》第一〇章には、ペテロの見た夢が記されている。大きな風呂敷のような布の中に各種の動物がたくさん入っていて「さあ、殺して食べなさい」と言う声が聞こえた。「主よ、汚れたものを食べたことがありません」と答えると「神が浄《きよ》めたものを、浄くないと言ってはなりません」と言われた。このことが三回繰り返された。そのとき「異教徒にキリストの福音を教えてくれ」という依頼が来た。ペテロは、「古い律法に逆らってでも教えなければならない。どんな異教徒でも汚れていると言ってはならない」と神が夢で告げているのを悟った。これは、夢をうまく解釈した例である。

目覚めたあとで思い出すことができる夢を顕在夢（右の例では、布の中の動物を食べる）と呼ぶ。その裏には潜在夢（異教徒に説教する）が隠れており、そのままの形では自我や社会を脅かす場合に「夢の仕事」によって検閲されて、異教徒は動物に変形されている。日頃はまじめな教師が、酒を飲むと痴漢になったりするのは、心の奥底に第二の心（無意識）が潜んでいることの証拠であり、この第二の心が潜在夢になり、それが別の形をとって現れるのが顕在夢である。夢を変形する「夢の仕事」には、圧縮、置き換え、物語化、象徴化などの種類がある。初めの二つについては「夢の解釈」（二九二頁）で述べた。物語化というのは、潜在思考（説教する）が視覚化されて、しかも無害なもの（動物たち）にゆがめられ、無意識が意味するもの（異教徒への説教）をわからないように隠す変更である。象徴化とは、漠然とした暗示や類似を利用して一つの観念を別の観念に置き換えることだ。たとえば、平和をハトで、情熱を炎で表す。

ジクムント・フロイト（一八五六～一九三九）は、抑圧された心の活動が否定的なゆがんだ形で夢に現れると考え、夢を通じて無意識の中をのぞき込むことができるだろうと思った。初めのうちはフロイト説の賛成者だったカール・グスタフ・ユング（一八七五～一九六一）は、「夢は偽装をして意味をわかりにくくしている」「願望充足だ」「性欲の表れだ」などというフロイトの説にはついていけなくなった。ユングは、無意識をもっと肯定的なものとしてとらえ、夢はそれを見た人の正常な可能性を暗示しており、自発的、創造的な形で現れたものだと考えた。あるシンボルが一つの観念の置き換えだという考え、つまり、バナナはいつでも男性器のシンボルだとするフロイトの還元主義に反対して、ユングはシンボルにはもっと弾力性があり、神話や伝説などと関係する別の解釈もありうると主張した。精神活動は十人十色《といろ》であるから、夢の解釈も一様には行かず、公式を当てはめるようなことはできない。夢を見ているときに揺り起こすことを繰り返すと精神障害になるという実験があるから、人間は夢を見ることによって悩みを癒《いや》されているのかもしれない。

58 催眠術
88 精神分析療法
114 眠り
141 夢の解釈
143 ユング心理学

143

ユング心理学

——元型と普遍的無意識

心の謎を明らかにした一方の雄がジクムント・フロイト（一八五六～一九三九）ならば、他方の雄はカール・グスタフ・ユング（一八七五～一九六一）だろう。精神分裂症という病名を作ったバーゼル大学のオイゲン・ブロイラー教授（一八五七～一九三九）のもとで精神医学を学んだユングは、スイスの牧師の子どもだった。ユングは、まず言語連想法で有名になった。赤と聞けばリンゴ、青なら空を連想することを精神病の診断などに応用した。ナイフで殺人をした犯人は、「ナイフ」「血」「刺す」などの単語を聞くと、用心して連想語を答えるので、反応語が普通の品物でないし、反応までの時間が長くかかる。

フロイトの『夢判断』に感激して、ユングは一時フロイトと行動をともにし、一九一〇年には国際精神分析学会の会長にもなった。しかし、思想の違いから一九一三年にはフロイトとたもとを分かった。その直後に軽い精神異常状態に陥り、その体験に基づいてユングは分析心理学を創った。分析心理学はフロイトと同様に無意識を重視するが、個人的無意識のほかに普遍的無意識を設けた。個人的無意識は、好ましくないとして抑圧されたり、忘れ去られたもので成り立っている。それが感情で結合されたのがコンプレックス（心のわだかまり）である。

143 ユング心理学

普遍的無意識は、個人を超えて人類全体に共通なものである。各民族の神話や昔話を調べると、その内容が、夢や空想、精神病者の幻覚や妄想の内容と似ていることが多い。そこで、ユングは人類の心の奥底には各民族に共通の心像、つまり元型が潜んでいると考えた。これは原型とか太古型と翻訳されることもある。元型を意識することはできないが、元型的心像として意識にのぼってくるので、夢分析を通してそれを知ることができる。これによりシンボルやイメージが示す意味を知り、普遍的無意識の内容を意識化することをユングは「個性化」と呼んだ。

意識の中心が自我であり、それに無意識をも加えた精神の全体の中心を彼は「自己」と呼び、個性化によって自己を知ることを「自己実現」と呼んだ。自己実現が達成されると、意識と無意識の両方から自分を知っている、自分の本質をあるがままに受け入れる、人格のすべての側面・態度・機能を総合する、といった状態になる。それは、調和がとれた人格で、他人をあるがままに受け入れることができ、神秘で未知なものをも受け入れるようになる。ユングは、これが理想的な人間のあり方、究極的な個人の姿だと考えた。そこで、ユング派の心理療法では、患者が意識と無意識の両方に目を向けて、自己実現をもたらすように努めるのである。影（人間のもつ好ましくない面）、アニマ（男の中の女性的な面）、アニムス（女の中の男性的な面）、太母《たいぼ》、老賢人などは、ユングが考えた元型である。

個人の関心や興味が外へ向かう外向性と、内へ向かう内向性を区別し、さらに思考・感情・感覚・直観の四型で性格を分類したのもユングだった。

☞
29 影
57 個性化
87 精神分析
110 内向性
134 無意識
141 夢の解釈

144

幼児虐待

——早期発見が大切

子どもは可愛いものだと思っていたが、逆にいじめる親がいるから驚きだ。米国では子ども一〇〇〇人につき三・四人がこの被害者だという。このうち、一・七人は肉体的虐待で、一・〇人は精神的虐待らしい。米国では毎年、二〇〇〇人以上の子どもが肉体的虐待によって殺されている。被虐待児の一〇~二〇%は重傷を負っていると言われる。英国でも子ども一〇〇〇人に一人が骨折とか脳出血といった重傷を負っているというから恐ろしい。日本でも全国の児童相談所に寄せられた児童虐待に関する相談が、一九九八年度は七〇〇〇件にのぼっている。

偶発的な事故でケガをしたと言って、親が子どもを医師のところへつれてくることが多いが、近親者や隣の人などが警察に訴えて、暴行がわかることがある。打ち身の多発、かすり傷、やけど、骨折、唇の裂傷、網膜出血、腹部や頭部の外傷、くも膜下出血があって、親を怖がり、暗く、用心深くて、年齢不相応に大人っぽい子どもは親にいじめられている疑いが濃い。親がしどろもどろに説明するケースも怪しい。

発育の遅れ、反応の鈍さ、皮膚病、飢餓状態などで三歳までに病院につれてこられるケースが多く、病気だったり、いじけた性格になっていたりしている。こんな場合の親はうつ状態になっていることが少なくない。子どもが正常に反応しないとすぐにイライラして暴力をふるったりする。子どもが身体障害者だったり、精神障害者だったりする場合にも、子の能力以上のことを要求して、それができないといじめるのだ。いじめは、肉体的虐待、精神的虐待、性的いたずら、放置の四つに分けられている。開発途上国では、このほかに栄養不良、厳しい身体罰、捨て子、物乞いやセックス・ワーカーをさせるための人買いなどが加わってくる。最近では胎児虐待も問題になっており、肉体的乱暴や妊婦によるアルコールや薬物の乱用などが含まれる。

厳しくて冷たい家庭に育った子や親にいじめられて育った子が親になると、また子どもをいじめることが多い。これでは悪循環で、いつまでたっても子どもいじめは減るはずがない。被虐待児の家庭環境を見ると、家庭内暴力があったり、学校や住宅、就職が不満などという問題があると幼児虐待がおきやすいようだ。親が若すぎる、異常性格、精神分裂症やうつ病といった精神病、貧困、社会的孤立、離婚ないし家庭内離婚、犯罪者なども子どもいじめに走りがちである。

子どもの側から見れば、未熟児として生まれた子、親に早くから別れた子、新生児期に手がかかった子、先天性奇形児、慢性の病気の子、ひがみっぽい性格の子らが虐待されやすい。

ラッセルの調査によると、女性の三八%は、一八歳までに親による性的いたずらを経験している。男性の場合はその六分の一ぐらいと少ない。犠牲者は六歳以下である。こんな子どもたちは外傷による身体症状とか感染、PTSD（心理的外傷後のストレス性障害）を示し、自尊心がなくなる。飲酒や薬物乱用、多重人格、うつ病、性の抑圧・乱れなどに走ることも多い。

☞ 7 アダルト・チルドレン 100 多重人格 140 薬物乱用
80 ストレス 108 トラウマ

145

欲望

――究極は「自己実現」

人間は、いつも山海の珍味をたらふく食べたい、美酒を傾けたい、美しい異性をはべらせたい、贅沢な自動車や家をもちたい、大金持ちになりたい、偉くなりたい、といった欲望を抱いてきた。しかし、ギリシャの哲学者ディオゲネスは一切の物質的贅沢をやめて、最小限の生活必需品だけで生きるのが最高の幸福だと説いた。カップ一つだけをもって裸で樽《たる》の中で暮らし、王様が訪れて「望みのものを与えよう」と言ってくれたときにも「そこをどいてもらうのが望みです。日光が当たりませんから」と答えたそうだ。聖フランチェスコ（イタリア中部の都市アッシジでフランシスコ会を創設した人物）や信仰団体・一灯園を創った西田天香《てんこう》もまた無一物だった。

ものに執着すると、欲望は限りなくエスカレートする。家庭内暴力の子どもが、親を困らせるためにオートバイや自動車など高価な品を買わせていたが、しまいには二階の自室までエスカレーターをつけろと要求したという話を私たちは笑うことができるだろうか。物質的な欲望を満足させても、本当に「生きた」という充実感を得ることはできまい。

米国の心理学者エイブラハム・マスロー（一九〇八～七〇）は欲求の五段階層説を唱えた。人間はまず生理的欲求（飢え、渇き、排泄、睡眠、性欲など）を満たしたがる。これが満足されると、次には安全欲求（恐怖や苦痛、危険、病気からの回避）が現れ、それも満たされると愛情欲求（愛、所属など）、次に尊敬欲求（認められたい）が現れる。これらがすべて満たされたときに出現するのは自己実現欲求だという。

自分がもっている可能性を十分に発揮して、最も自分らしく生きたいと望んで、外界との交流によって自分の能力を開花させ、外界を変化させることを通じて自分をも変化させ、現実へ何物かを付け加えたいという自己実現欲求。こうして自分を十分に豊かに生かすことが、真に「生きる」ことになるのであろうか。

米国の心理学の創始者カール・ロジャーズ（一九〇二〜八七）は、人間はみんなドングリのようなものだと考えた。ドングリは将来、カシやクヌギ、ナラなどの大木になる素質を小さな体に秘めている。あなたは桜、私はケヤキの大木になるのかもしれない。暗い倉庫の中でジャガイモの芽が差し込んでくる日光の方に伸びていくように、人間は「より完全な発達」へと向かう傾向をもともともっているのだ、と彼は言う。

米国の精神分析医カレン・ホーナイ（一八八五〜一九五三）は、すべての人は心の中に「真の自己」をもっており、それは機会さえ与えられれば、その人に特有の可能性を発展させる力だと主張した。彼女は、この「真の自己」が発展し成長していく過程を自己実現と呼んだ。

仏教でも「一切衆生《いっさいしゅじょう》、悉有仏性《しつうぶっしょう》」（時節がくれば、人の中に潜んでいた仏の性質が現れてくる）という。自己実現欲求こそ最も人間らしい欲望である。

☞ 57 個性化 139 森田療法

よ

146

ライフ・イベンツ——生活激変が最大のストレス

最近のストレス研究では、光や音といった物質的な刺激よりも、むしろ社会心理的な刺激のほうが問題になってきている。中でも、ライフ・イベンツ、つまり一生涯の間の大事件というか、生活の変わり目で引き起こされたストレスが大きな影響を及ぼすらしい。

自分の結婚式、妊娠、近親者の死、退職などのライフ・イベンツに重みを考慮して点数を割当てた「社会適応スケール」を作ったのは米国の医師ホームズとラーエだった。配偶者の死は一〇〇点、離婚は七三点、別居六五点という具合である。一年間の点数を加算すると、翌年の病気を予測できるそうだ。

『石狩平野』（新潮社）を書いた作家の船山馨《かおる》の場合には、本人の死後一四時間で夫人も亡くなられている。夫が亡くなったストレスによって、その後一年以内に妻も死亡するケースがかなりあり、死別後二週間目と八週間目に調べると免疫の力が弱まっている。妻を失った夫四〇〇〇人を調べた結果、妻の死後六ヵ月以内に夫が死亡する率は、妻を失わぬ人より六七％も高かったという報告が、一九六九年に出ている。しかし、定年退職や悲哀感が必ずしも健康を損ねるもとになると言えないという反論も出てきた。一九八一年に米国のジョンズ・ホプキンズ大学で調べたところ、配偶者を亡くした四三一二人を一二年間追跡しても、五五〜七五歳の男性だけが死別後二年目に死亡率がわずかに高かったにすぎず、心臓病による死も特に増えてはいない。

悲しみよりも、食事の変化とか老人ホームに入るなどの生活激変が影響するらしい。社会的孤立や、支えのなさも大きく影響する。その証拠に再婚した夫の死亡率は普通なみに戻っている。カリフォルニアで七〇〇〇人を調べた研究によると、地域社会とのつながりや支えが切れた人は亡くなりやすいという。それにライフ・イベンツが重なると四倍も亡くなりやすくなるそうだ。

ところが、心臓発作に関しては、ライフ・イベンツもあまり関係がないらしい。五〇〇〇人の中年労働者を一五ヵ月間にわたって調べたデータでは、このうち心臓発作をおこした三一二人とライフ・イベンツとは無関係だったという。社会的支えの有無や、どんな状況でライフ・イベンツがおきたかによって、ストレスの強さが変わるのだろう。心臓病の人の死亡率に影響するのは、悲哀感よりもむしろうつ状態だといわれ始めた。心筋梗塞《こうそく》の後には、うつ状態に陥りやすい。あせりや強迫的な考えを伴ううつ状態は心臓発作を悪化させる。うつ状態では血中にカテコールアミンや副腎皮質ホルモンが増えるので、心臓に悪いのだろう。しかし急激な感情的ストレスで突然死がおきることも確かで、突然死一〇〇人中一三人は数時間前のストレスが原因だったという。カッとしやすい人では、怒りで不整脈がおきるし、心室細動で突然死となるらしい。敵意も心臓病者の死亡率を高めるし、ガンにかかりやすくもする。怒りをぐっとこらえておいて敵意を燃やすといちばん危ないそうだから、「気にしない」という生き方が理想的なのだろう。

☞ 18 うつ状態　91 精神免疫学　80 ストレス

147

ライフ・サイクル――ハードルを越して成長

人の一生をライフ・サイクルとしてとらえる考え方がある。それぞれの年代に応じて生物的、心理的、社会的に適応して、人格の統合を行いながら年をとっていく過程がライフ・サイクルである。米国の精神分析学者エリク・エリクソン（一九〇二〜九四）は、精神分析学から見た心理的発達に基づいてライフ・サイクルを八段階に分けて考えた。そのいくつかを紹介すると次のようになる。

幼年期（〇〜二歳）は、身体的には口唇《こうしん》期で、吸う、噛む、離乳が見られ、飲み込む（得る）、依存性、攻撃性を身につける。保育者（普通は母親）に依存しているから、信頼または不信が芽生え、愛着が形成され、社会的には、個人的人間が造られる。

児童初期（二〜四歳）は、身体的には肛門期であって、筋肉をコントロールすることによって、排泄または貯溜《ちょりゅう》を覚える。心理的には排泄的（残酷、無秩序、破壊抹殺）、貯溜的（強情、ケチ、強迫）、統制的（自尊心、価値意識）を身につける。自我、超自我、性的同一性が芽生え、自己中心的で、幼児的である。社会的には、親としての人間を自分とは別の存在だとして意識できるようになる。自律性と恥や疑惑を覚える。

学齢期（六〜一二歳）は、身体的には潜伏期で、目立った変化がなく、心理的には外的世界、社会性を学び、訓練する。性衝動が抑圧され、自我理想が形成される。能力などを理解でき、生産性や劣等感を覚える。社会的には、近隣や学校を理解する。

青年期（一三〜一九歳）は、身体的には性器期・思春期であり、心理的には性的・社会的役割や位置付けを見出し、両親からの解放（独立）、再現などが見られる。自己同一性の確立が課題であり、それに失敗すると自己同一性拡散が現れる。社会的には、仲間集団、モデルを学ぶ。

高齢期（六五歳以上）は、性器的で、身体の老化が見られ、社会的・経済的基盤が低下し、心理的には隠退（離脱）、再現、を学び、統合性と絶望が見られる。死をどう受け入れるかが問題になる。社会的には人類、わたしの人種を考えるようになる。

たとえば、異性や死に対する考え方を採り上げてみればすぐわかるように、「あんなつまらぬ異性になぜ熱中したのか」と、晩年になってみれば考え方も成熟してくるものである。しかし、その年代ごとにそれぞれの発達段階があるのだから、幼児に青年の、若い人に熟年の考え方をしろと要求しても無理なのである。これは、ハードルを跳び越しながら走る競走のようなもので、各段階ごとに設けられているハードル（課題）をクリアしないと、完全には次の段階へ移行できず、前の段階の一部を引きずりながら成長することになり、いつまでも子どもっぽかったり、未熟な大人になったりする。「子どもは小さな大人ではない」と認識されたのは一九世紀になってからであるが、「大人も大きな子どもではない」。

ら

☞ 5 アイデンティティ　7 アダルト・チルドレン　96 退行
6 アイデンティティの危機　85 成熟した人柄　148 臨界期

148

臨界期——一定時期を過ぎると脳は覚えない

　ニワトリのヒヨコが卵から孵化《ふか》したあと暗いところに置いて、一五〜一六時間後に明るいところに出すと、そのときにヒヨコが最初に目にした動く物の後をずっと追いかけるようになる。それは必ずしも親ではなくても、他の動物、おもちゃの動く自動車、扇風機で動く風船など、何でもよい。もしも、この時期を失すると、この行動は一生涯おこらず、正常に発達出来なくなる。アヒルやカモにも見られるこの現象を、一九三五年に、オーストリアの動物行動学者コンラッド・Z・ローレンツ（一九〇三—一九八九）が灰色雁《はいいろがん》で発見し、「刻印付け」（「刷り込み」「インプリンティング」）と名づけた。この場合に、この現象が成り立つある短い期間のことを「臨界期」という。しかし、他の場合には、その期間は必ずしもそれほど厳密な短時間ではなくて、もっと緩やかな期間もあることがわかり、それを「敏感期」と呼ぶ。

　米国の神経生理学者デイヴィッド・H・ヒューベルとトーステン・ウィーゼルは、外部からの刺激を断つ実験をするために、生まれたての子猫の片目を閉じて縫い付けた。数週間後に縫い目を開けてみると、その片目は永久に視力を失っていることを発見した。同じことをおとなの猫に行ってみたが、視力は失われなかった。発達中の脳は一定の時期、つまり臨界期に感覚刺激を受けない限り、その刺激に対する感受性を永久に失ってしまうのである。これらの研究で二人はノーベル生理医学賞を受けたが、「刻印付け」に比べると、その重要さがあまり知られていない。

脳は、ある一定の時期だけにインクを受け付ける白紙に例えることが出来、その時期を過ぎるとインクをはじいてしまうので文字を書き込むことが出来ない。このことは、絶対音感や外国語の発音などについて人間の赤ちゃんでも証明されていて、こうした脳の可塑性の重要性をいくら強調してもしすぎることはない。

一七九九年にフランスのアヴェロンの森で発見された野生児は推定年齢一一〜一二歳で、医師J・M・G・イタールがその後六年間も熱心に教育したが、ついに言語をほとんど習得できず、正常な人間らしい行動を覚えなかったという。これらの野生児の例を見てもわかるように、脳は初めから出来あがっているものではなくて、発達途上の時期に受けた刺激をとりこんで、それに反応するように作られていくのである。したがって、乳児期に愛情を受けなかった赤ちゃんが、愛を感じることが出来ない子どもに育ったり、離別不安に陥った赤ちゃんが、母親が戻ってきた後もなつこうとしなくなったりするわけである。

人間の脳は、受胎後の第九週から生後三年までに大体完成するので、各種の臨界期も生後三年までに限られるものが多いであろう。この期間に、もしも栄養不良、薬物、アルコール、妊婦への慢性的ストレス（胎児の脳へのストレス・ホルモンによる過剰刺激）、農薬などが胎児ないし乳幼児の脳に影響すれば、成長後に異常人格や暴力、犯罪などが現れる可能性もある。

☞ 4 愛着の波　16 インナー・チャイルド
7 アダルト・チルドレン　95 早期教育　117 脳の栄養

149

臨死体験——「悟り」が人格変化をもたらす

バーバラ・ハリスは一九四三年生まれの米国人女性である。背骨が湾曲する先天性の病気に苦しみ、入退院を繰り返していたが、三二歳のときに病室で二度の臨死体験をして、『バーバラ・ハリスの臨死体験』（講談社＋α文庫）を書いた。それによると、彼女はサークル・ベッドに縛り付けられたまま意識を失い、体外離脱現象をおこした。ナース・ステイションの裏側にある洗濯室で、尿で汚れた枕を看護婦が洗いもしないで乾燥機に入れるのを見たし、「バーバラは今後六ヵ月間も胴体ギプスをはめたままだろう」としゃべっていたのを聞いたのである。体は確かにベッドに縛られていたが、「私はベッドから離れていた」と彼女が看護婦に言っても信じてもらえなかった。

交通事故で意識を失い、死にかけている患者が、あたかも魂が天井近くに浮遊しているかのように、自分が手術される状況を見下ろしていて、医師の人数や救命器具の配置など、実際に見た人以外にはわかるはずがないことを、あとで意識を回復してから医師に話すなどの体外離脱はしばしば現れる現象である。

長くて暗いトンネルを通り抜けると、その向こうは光明の世界で、そこには死んだ肉親や友人たちが立っていて、「まだ来る時期ではないから引き返せ」と指示したので、戻ってきたら意識を取り戻して、自分は救急室のベッドの上にいた、という体験も、それほど珍しくない。臨死状態にある人がしばしば経験するこんな体験を「臨死体験」と呼び、心理学者ケネス・リングによれば、安らかさ、体外離脱、トンネルを通る、光を見る、光に入る、という五段階の時間的展開があるという。

魂だけが肉体を離れて、あの世に行くのか、それとも、瀕死状態の人間の脳には血液が不足して悪夢のような幻覚を見るのかはわからない。コネティカット大学精神科のグレイソン教授によると、臨死体験では、次の四種のうちのいくつかがおきる。①時間のゆがみ、加速度的思考、人生再現、すべてを理解できる感じ　②心の平安、幸福感、喜び、愛、神秘的光を見る、宇宙的一体感　③未来予知、体外離脱、超能力　④神秘的存在との出会い、死者の霊的存在を目撃、その声を聞く。

臨死体験には、年齢、性別、人種、宗教、教育、性格、意識状態などによる差は見られない。臨死体験のあとでは、次のような人格変化がおきることが多い。自分がはるかに大きな存在の一部だと気づく、宇宙や自然の一部だと感じる、人生には意味や価値があると感じる、生きているという実感が強まる、他人に強い親近感を抱く、死が終わりではないと知る、自分を許容する、不思議な能力を発揮するようになる。以上のように、認識面・心霊能力面・精神面での変化（クンダリニー体験）をもたらす臨死体験を、人間を悟りに導く高次の意識レベルへの人類進化の触媒として働いているものと考える研究者もある。

43 幻覚　103 超感覚　112 ニュー・サイエンス
61 至高体験　109 トランスパーソナル心理学

150

笑い——免疫を強める効果も

笑いの効用とは何だろうか。「笑う門には福きたる」と言って、にこにこしていれば、社交を円滑にするなどの効果はある。しかし、それだけではない。

夜中に、人気のない山道を歩いていてススキが揺れるのを見ると、お化けに見えたりして恐怖心にかられる。そんなときにわざと豪傑笑いをすると、怖くなくなるので、恐怖心を消すのに利用されている。

最近は、このほかに、免疫を強めることもわかってきた。一九九〇年まで『サタデー・レビュー・オブ・リテラチャー』の編集長を五二年務めたジャーナリストであるノーマン・カズンズは一九六四年に急に首、腕、手、指、脚がまるでトラックにひかれたように痛んで動かせなくなった。寝返りもうてない。膠原病（関節炎やリューマチ）であり、強直性脊椎炎で、回復不可能と診断された。ストレス学説の創始者ハンス・セリエによれば、「不快な情動が人体の化学作用にマイナスの効果を及ぼす」というから、「快適な情動はプラスの効果を与えるのではないか」とカズンズは勝手に考えた。それで、彼はそれまでの薬物療法を全部やめて、喜劇映画を見たり、笑い話を読んだりして笑えば、いい効果があるのではないかと思った。それを実行して、一〇分間も腹を抱えて笑うと、約二時間は痛みが治まって眠れることがわかった。膠原病の患者には、ビタミンCが不足していると知って、彼は一日に二五グラムのビタミンCを点滴で静脈内に注射してもらった。笑いとビタミンCによって八日で痛みが治まり、数ヵ月で職場に復帰できた。（カズンズ著『笑いと治癒力』岩波書店、同時代ライブラリーによる）

ＮＫ（ナチュラル・キラー）細胞はガン細胞などを殺す免疫機能の主役であり、これは年齢とともに減少する。ところが、日本笑い学会理事の昇幹夫《のぼりみきお》医師によると、大阪の吉本興業の協力によって行われた実験では、三時間笑うとＮＫ細胞が増えて、正常値に上昇したそうだ。京都でも同じ結果が得られている。ほほ笑むという表情の変化だけでもＮＫ細胞が増加するらしい。日本医大の吉野教授の実験では、中等度から重症の慢性関節リューマチ患者二六名に一時間落語を聞かせると、血液中のリューマチ悪化促進物質が激減した。

ただほほ笑むだけでも右脳にアルファー波が出るが、鏡で自分の顔を見ながら家族や友人の顔を思い出しながらほほ笑むと、右脳だけでなしに左脳からもアルファー波が出るということを近藤友二医師が発見した。大笑いすると、腹式呼吸になり、ふだんは使われない肺胞を使うので、細胞を活性化する作用もある。米国の雑誌の日本版『リーダーズ・ダイジェスト』に笑い話を集めた「笑いは百薬の長」という欄がずっと連載されていたが、科学の発達により、本当に笑いが健康のためにプラスになることが明らかになってきたのである。

☞ 31 ガン患者の心理　120 プラス思考
91 精神免疫学

心の健康を保つための50カ条

A 生き方

1 「今、ここ」をベストを尽くして生きる（過去は戻らない、未来はわからない）
2 常に希望をもつ
3 生きがいをもつ
4 心理的成長（成熟）を心掛ける
5 あるがままを受け入れる
6 マイペースで生活する（自分に見合ったスピードで）
7 遠い目標と、近い目標とをもち、成功で自信をつける
8 積極的に、責任をもって、できる仕事を引き受ける（背負い込みすぎない）
9 創造と経験とを喜ぶ（生きる価値）
10 人間的態度の尊重（人間の価値）
11 困難・不安・悲しみから逃避せずに、乗り越える（時間が癒す）
12 趣味・娯楽をもって、社会生活を楽しむ
13 明朗に、のんきに、幸せだと思って、笑って暮らす（ユーモアのセンス）
14 緊張なしにのんびりして、静かに考える時間を毎日設ける

B 考え方

15 プラス思考をする（よい方に考える、悲観的にならない）
16 何に対しても関心をもつ
17 真善美聖に対して素直に感動する
18 美しいもの（絵画や音楽など）や自然と触れる機会を増やす
19 自分以外の、大きな意味のあるもの（家族、恋人、仕事、社会など）に献身する
20 性を「汚らわしい」と思わない（性に偏見をもたない）

C 自分自身について

21 自分を好きになる
22 自分を客観視して、自分らしい自分になる（自己実現を心掛ける）
23 自分の失敗を笑って済ます余裕をもつ
24 情緒的安定を心掛ける

D　他人との関係

25 仲間（特に異性）と温かい関係をもち、ともに成長する生活技術を身につける
26 賢明な独立をする（誰かに依存しない、支配されない、支配しない）
27 心の触れ合いを大切にする
28 相手をかけがえのない一人の人間として考える（モノとして扱うな）
29 他人を理解し、思いやって、相手の幸せと成長とに心づかいをし、愛する（いじめない）
30 他人をほめる（けなさない）
31 何でも打ち明けることのできる親友をもつ
32 気軽に声をかける（挨拶や、「ご苦労さん」など）
33 喜怒哀楽の感情や悩みを、自分の内に閉じこめるよりも表現する
34 幼児期のトラウマ（悲しかったこと、嫌だったこと、など）を他人に話す

E　禁止項目

35 過ぎ去ったことをくよくよしない（失敗は成功のもと）
36 働きすぎない
37 急がない
38 自己中心的にならない（極端な利他主義もよくない）
39 見栄を張らない
40 金銭欲や物欲（ドレス、宝石、邸宅や高級車など）にとらわれない
41 食品添加物、防腐剤、農薬を食べない
42 薬（ドラッグ、シンナーなど）やアルコールに溺れない

F　病気

43 不眠が続いたら一応、精神科医に相談してみる
44 やる気が出なくなったら、うつ状態ではないかと疑う
45 ストレスをうまくかわす（筋肉の力を抜く、など）
46 病気（ガンなど）になったら、悲観しないで、病気と共生する（下宿させたつもりになる）
47 環境汚染に注意する（ダイオキシンなどの環境ホルモン、放射能、毒物に注意）
48 ボケを予防する（減塩、コレステロールを摂らない、肥満予防など）
49 エイズを予防する
50 毎日一万歩ずつ歩く

ブルーバックス宇宙科学関係書

241 相対論的宇宙論 佐藤文隆／松田卓也
516 宇宙の運命 R・モリス 湯浅学監訳
753 宇宙のはてを見る 磯部琇三
789 超ひも理論と「影の世界」 広瀬立成
897 第二の地球はあるか 磯部琇三
1044 宇宙論の危機 M・D・ルモニック 小林健一郎訳
1069 21世紀星空早見ガイド 林完次
1098 もう一つの宇宙 F・A・ウルフ 遠山・大西訳
1164 新版アインシュタインを超える M・カクほか 久志本克己訳
1165 万物の死 小原秀雄編
1174 消えた反物質 小林誠
1220 宇宙のからくり 山田克哉
1248 地球と生命の起源 酒井均

ブルーバックス　CD-ROM付シリーズ

1160 パソコンで見る複雑系・カオス・量子　科学シミュレーション研究会
1179 Visual Basicで始めるプログラミング　江藤　潔
1194 パソコンで絵をかく　奈和浩子
1198 パソコン楽々統計学　新村秀一
1206 英語リスニング科学的上達法　山田恒夫　足立隆弘ほか
1233 分子レベルで見た体のはたらき　平山令明
1235 孫子の兵法の数学モデル　実践篇　木下栄蔵
1250 パソコンらくらく数学　新村秀一
1263 英語スピーキング科学的上達法　山田恒夫　足立隆弘ほか
1266 パソコンで見る動く分子事典　本間善夫　川端　潤
1272 CD-ROM付　実務のためのExcelマクロ　山形庫之助

1181 ギネスとっておきパズル　D・ウェルズほか／芦ヶ原伸之監訳
1186 理系のための研究生活ガイド　坪田一男
1188 金属なんでも小事典　増本 健監修／ウォーク編著
1189 発想のタネになる科学の本　馬場錬成&Quark編
1190 筆跡から性格がわかる　槇田 仁
1192 元素111の新知識　桜井 弘編
1194 パソコンで絵をかく　奈和浩子
1198 パソコン楽々統計学　新村秀一
1202 団塊世代はなぜインターネットが苦手か　三木光範
1204 川のなんでも小事典　土木学会関西支部編
1206 英語リスニング科学的上達法　山田恒夫 足立隆弘ほか
1207 アンモナイトは〝神の石〟　三輪一雄
1209 大事故の予兆をさぐる　宮城雅子
1210 図解・できるパソコングラフィクス　加藤 燊
1217 エコロジー小事典　M・アラビー編／今井勝・加藤盛夫訳
1221 科学・178の大疑問　Quark&高橋素子編
1228 パソコンはいらない　小幡浩二
1231 「食べもの情報」ウソ・ホント　髙橋久仁子
1232 サラブレッドの科学　日本中央競馬会 競走馬総合研究所編
1234 子どもにウケる科学手品77　後藤道夫
1237 自分の暮らしがわかるエコロジー・テスト　高月 紘編著
1239 科学101の未解決問題　J・トレフィル著／美宅成樹訳
1240 ワインの科学　清水健一
1243 高校数学とっておき勉強法　鍵本 聡
1245 「分かりやすい表現」の技術　藤沢晃治
1247 生薬101の科学　清水岑夫
1250 パソコンらくらく数学　新村秀一
1257 調べる・身近な環境　小倉・梶井／藤森・山田
1258 男が知りたい女のからだ　河野美香
1261 そうだったのか！　J・イングラム／東中川 徹訳
1263 英語スピーキング科学的上達法　山田恒夫 足立隆弘ほか
1266 パソコンで見る動く分子事典　本間善夫／川端 潤
1267 ふしぎ体感、科学実験　オンライン自然科学教育ネットワーク　檜上慎二
1272 CD-ROM付 実務のためのExcelマクロ　山形庫之助

85 原色 宝石小事典　崎川範行
126 パズル・物理入門　都筑卓司
305 物理質問箱　都筑・飯田・宮本
327 電卓に強くなる　気賀康夫
330 酒飲みのための科学　加藤伸勝
333 超常現象の科学　都筑卓司
358 楽器の科学　橋本尚
429 ジャンボ・ジェットはどう飛ぶか　佐貫亦男
431 鉄道の科学　丸山弘志
446 新しい気象学入門　飯田睦治郎
447 トレーニングの科学　宮下充正
467 パラドックスの世界　田村三郎
468 釣りの科学　森秀人
484 瞑想の科学　石川中
569 毒物雑学事典　大木幸介
573 健康のためのスポーツ医学　池上晴夫
586 食生活をデザインする　鈴木正成
637 教室では教えない植物の話　岩波洋造
655 リーダーシップの科学　三隅二不二
658 疲労と体力の科学　矢部京之助
659 刃物雑学事典　橋本萃文
664 馬の科学　日本中央競馬会競走馬総合研究所編
678 電池の科学　橋本尚
679 アンテナの科学　後藤尚久
696 調べる・身近な水　小倉紀雄
715 リラックスの科学　F・J・マクギーガン　三谷・森訳
724 歩きの科学　藤原健固
732 速読の科学　佐藤泰正
733 紙ヒコーキで知る飛行の原理　小林昭夫
736 怪談の科学　中村希明
775 「病は気から」の科学　高田明和
779 「2＋2」を5にする発想　E・E・ハーディ　上出洋介訳
780 頭がよくなる栄養学　中川八郎
795 水のなんでも小事典　土木学会関西支部編　盛岡通ほか
798 タイムマシンの作り方　N・ハーバート　小隅・高林訳
816 犯罪の心理学　中村希明
829 老化を防ぐ科学　藤本大三郎
840 科学・面白トピックス　馬場錬成&Quark編
878 データで検証！地球環境のウソ・ホント　大浜一之
925 アイデアはいかに生まれるか　後藤尚久
929 レーシングカー・技術の実験室　高齋正
944 名画はなぜ心を打つか　瀬木慎一
950 カードの科学　瀬川至朗
952 バイオ食品の驚異　石倉俊治
954 「超能力」と「気」の謎に挑む　天外伺朗
960 確率でみる人生　鈴木義一郎
973 科学一〇〇一の常識　J・トレフィル　美宅成樹訳
975 超能力はたしてあるか　大槻義彦
988 論理パズル101　デル・マガジンズ社編　小野田博一編訳
991 マジックは科学　中村弘
999 武道の科学　高橋華王
1000 科学・あの話題はどこにいった　大浜一之
1001 「月いちゴルフ」で100を切る科学　清水徹
1007 秋山仁の遊びからつくる数学　秋山仁　吉永良正
1030 パズルで挑戦！　IQ150への道　笹山朝生
1039 オーディオ常識のウソ・マコト　千葉憲昭
1045 40ヵ国語習得法　新名美次
1058 不思議発見！アイマジックパズル82　馬場雄二
1061 新作・論理パズル77　小野田博一
1065 科学のことば雑学事典　久保田博南
1067 屋久島　湯本貴和
1068 名画修復　瀬木慎一
1069 21世紀星空早見ガイド　林完次
1081 速読トレーニング　佐藤泰正
1083 格闘技「奥義」の科学　吉福康郎
1099 発表の技法　諏訪邦夫
1109 理系のためのサバイバル英語入門　東大サバイバル英語実行委員会
1112 頭を鍛えるディベート入門　松本茂
1114 トイレットのなぜ？　平田純一
1118 パズル・身近なふしぎ　P・ゴーズ／D・ホーム　笠耐訳
1122 酒の科学　野尾正昭
1125 科学・知ってるつもり77　東嶋和子　北海道新聞取材班
1137 マンガ パソコン通信入門　荻窪圭原作　永野のりこ漫画
1150 音のなんでも小事典　日本音響学会編
1157 0ヵ国科学用語事典　久保田博南
1167 身近な自然のつくり方　藤本和典
1169 車選びの指針　影山夙
1173 個人データベースを作る　山形庫之助
1177 巻き貝はなぜらせん形か　高木隆司
1178 スポーツ障害を防ぐ　中原英臣
1179 Visual Basicで始めるプログラミング　江藤潔

1063 自分がわかる心理テストPART2 芦原 睦監修
1066 看護婦に教わる在宅介護 片山麗子/由井りょう子
1075 精神鑑定とは何か 福島 章
1079 エイズウイルスとの闘い 岡本 岡田・畑
1080 傷ついた子供の心の癒し方 C・モナハン 青木 薫訳
1082 心と体を活かす性 石濱淳美
1085 感染するとはどういうことか 中原英臣/佐川 峻
1087 人間にとって顔とは何か R・ブル/N・ラムズィ 仁平義明監訳
1089 男は女より頭がいいか J・ニコルソン 村上恭子訳
1091 現代の犯罪心理 中村希明
1093 ひざの痛い人が読む本 井上和彦/福島 茂
1096 眼の健康の科学 坪田一男
1102 医者に上手にかかる法 高柳和江
1104 画像でわかる私のからだ 川上憲司監修
1105 新カルシウムの驚異 藤田拓男
1110 薬の飲み合わせ 澤田康文
1112 頭を鍛えるディベート入門 松本 茂
1116 詐欺の心理学 取違孝昭
1117 リハビリテーション 上田 敏
1123 金属は人体になぜ必要か 桜井 弘
1126 イルカ・セラピー B・スミス 青木・佐渡訳
1130 近視を治す 坪田一男
1132 医者の言葉がよくわかる 米山公啓
1134 女性はなぜ長生きか 宮城重二
1138 活性酸素の話 永田親義
1139 誤診 大鐘稔彦
1143 腰痛・肩こりの科学 荒井孝和
1146 精神科医は何をしてくれるか 安藤春彦
1147 バイオスフィア実験生活 A・アリングほか 平田明隆訳
1153 催眠の科学 成瀬悟策
1154 がんとDNA 生田 哲
1155 左右を決める遺伝子 柳澤桂子
1156 脳のしくみとはたらき C・テンプル 朝倉哲彦訳
1161 めまいは恐い 坂田英治
1170 アトピーは治る 西岡 清
1176 考える血管 児玉龍彦/浜窪隆雄
1178 スポーツ障害を防ぐ 中原英臣
1180 分子レベルで見た薬の働き 平山令明
1182 ヘリコバクター・ピロリ菌 緒方卓郎
1184 脳内不安物質 貝谷久宣
1190 筆跡から性格がわかる 槇田 仁
1200 足の裏からみた体 野田雄二
1206 英語リスニング科学的上達法 山田恒夫 足立隆弘ほか
1212 肥満遺伝子 蒲原聖可
1218 汗の常識・非常識 小川徳雄
1222 遺伝子診断で何ができるか 奈良信雄
1223 姿勢のふしぎ 成瀬悟策
1225 タンパク質の反乱 石浦章一
1227 環境ホルモン 筏 義人
1229 超常現象をなぜ信じるのか 菊池 聡
1230 自己治癒力を高める 川村則行
1231 「食べもの情報」ウソ・ホント 髙橋久仁子
1233 分子レベルで見た体のはたらき 平山令明
1238 人は放射線になぜ弱いか第3版 近藤宗平
1244 脳の老化と病気 小川紀雄
1247 生薬101の科学 清水岑夫
1252 検証アニマルセラピー 林 良博
1253 人の体はどこまで再生できるか 小野 繁
1258 男が知りたい女のからだ 河野美香
1263 英語スピーキング科学的上達法 山田恒夫 足立隆弘ほか
1269 脳と心をあやつる物質 生田 哲

ブルーバックス医学・薬学・心理学関係書（I）

46 小事典 からだの手帖　高橋長雄
183 改訂新版 薬の効用　佐久間昭
237 不安のメカニズム　C・ウィークス 高木信久訳
238 ストレスとはなにか　田多井吉之介
281 眠りとはなにか　松本淳治
330 酒飲みのための科学　加藤伸勝
447 トレーニングの科学　宮下充正
449 薬の効果・逆効果　佐久間昭
475 新しい免疫学　大原達
484 瞑想の科学　石川中
569 毒物雑学事典　大木幸介
573 健康のためのスポーツ医学　池上晴夫
578 老化はなぜおこるか　藤本大三郎
582 DNA学のすすめ　柳田充弘
586 食生活をデザインする　鈴木正成
605 脳の手帖　久保田競ほか
642 脳から心を読む　大木幸介
658 疲労と体力の科学　矢部京之助
669 癌の生態学　佐藤博
670 精神分析で何がわかるか　福島章
681 免疫とはなにか　野本亀久雄
684 ヒトのガンはなぜ生じるか　永田親義
688 脳死とは何か　竹内一夫
699 脳の探検(上)　F・E・ブルームほか 久保田競監訳
700 脳の探検(下)　F・E・ブルームほか 久保田競監訳
706 ボケに強くなる　大友英一
710 人体スペシャルレポート　Quark編
715 リラックスの科学　F・J・マクギーガン 三谷・森訳
724 歩きの科学　藤原健固
731 男のからだ・女のからだ　Quark編
743 脳内麻薬と頭の健康　大木幸介
768 はじめてナットク！大腸・内幕物語　坂田隆
775 「病は気から」の科学　高田明和
778 からだの中の元素の旅　吉里勝利
780 頭がよくなる栄養学　中川八郎
782 右利き・左利きの科学　前原勝矢
812 RNA学のすすめ　柳川弘志
816 犯罪の心理学　中村希明
820 血液の不思議　高田明和
829 老化を防ぐ科学　藤本大三郎
844 人体・ふしぎ発見　高田明和
846 酒飲みの心理学　中村希明
848 親が知らない子どもの心　安藤春彦
850 肝臓病から身を守る　石井裕正
859 脳 100の新知識　森昭胤編
869 人の一生の性　石濱淳美
870 三千年の知恵 中国医学のひみつ　小髙修司
871 改訂新版 身近な血液ゼミナール　笹川しげる・渡部準之助
874 薬に賢くなる本　水島裕
880 「病は気から」の科学PART2　高田明和
882 こんな野菜が血栓をふせぐ　山口・並木・五十嵐
883 心理学おもしろ入門　中村希明
901 薬は体にどう効くか　樋口亮一
921 自分がわかる心理テスト　芦原睦 桂戴作監修
923 遺伝子治療とはなにか　E・K・ニコルス 高木俊治訳
931 漢方の科学　細谷英吉
955 やる気を生む脳科学　大木幸介
958 子どもはこんなに疲れている　安藤春彦
959 シビレを感じたら読む本　橘滋国
961 これでわかる病院の検査　奈良信雄
963 登校拒否・子どもを救うカウンセリング　石郷岡泰
967 ストレスと免疫　星恵子
972 薬物依存　中村希明
976 関節はふしぎ　高橋長雄
979 対人関係の心理学　三井宏隆
985 きつねつきの科学　高橋紳吾
992 鍼《はり》とツボの科学　神川喜代男
1005 ここまでわかった！女の脳・男の脳　新井康允
1008 心でおきる身体の病　芦原睦
1015 出社拒否　石郷岡泰
1017 過労死を防ぐ栄養学　小柳達男
1021 人はなぜ笑うのか　志水・角辻・中村
1023 判例からさぐる医療トラブル　塚本泰司
1027 しのびよるダイオキシン汚染　長山淳哉
1033 愛と憎しみの心理学　石田幸平
1049 免疫と健康　野本亀久雄
1050 歯科医療の最前線　卜野正基
1052 脳が考える脳　柳澤桂子
1053 「病は気から」の科学PART3　高田明和
1056 肺がん時代　加藤治文・福島茂
1060 医療技術の最前線　永井明

発刊のことば

科学をあなたのポケットに

二十世紀最大の特色は、それが科学時代であるということです。科学は日に日に進歩を続け、止まるところを知りません。ひと昔前の夢物語もどんどん現実化しており、今やわれわれの生活のすべてが、科学によってゆり動かされているといっても過言ではないでしょう。

そのような背景を考えれば、学者や学生はもちろん、産業人も、セールスマンも、ジャーナリストも、家庭の主婦も、みんなが科学を知らなければ、時代の流れに逆らうことになるでしょう。

ブルーバックス発刊の意義と必然性はそこにあります。このシリーズは、読む人に科学的に物を考える習慣と、科学的に物を見る目を養っていただくことを最大の目標にしています。そのためには、単に原理や法則の解説に終始するのではなくて、政治や経済など、社会科学や人文科学にも関連させて、広い視野から問題を追究していきます。科学はむずかしいという先入観を改める表現と構成、それも類書にないブルーバックスの特色であると信じます。

N.D.C.140　336p　18cm

ブルーバックス　B-1302

心《こころ》の謎《なぞ》を解《と》く150のキーワード
現代人の心の不思議がわかる！

2000年 9 月20日　第 1 刷発行

著者　小林《こばやし》　司《つかさ》
発行者　野間佐和子
発行所　株式会社講談社
〒112-8001 東京都文京区音羽2-12-21
電話　出版部　03-5395-3524
販売部　03-5395-3626
製作部　03-5395-3615
印刷所　（本文印刷）豊国印刷株式会社
（カバー表紙印刷）双美印刷株式会社
製本所　有限会社中澤製本所

定価はカバーに表示してあります。
©小林　司　2000, Printed in Japan
落丁本・乱丁本は、小社書籍製作部宛にお送りください。送料小社負担にてお取替えします。なお、この本についてのお問い合わせは、科学図書出版部宛にお願いいたします。
Ⓡ〈日本複写権センター委託出版物〉本書の無断複写（コピー）は著作権法上での例外を除き、禁じられています。複写を希望される場合は、日本複写権センター（03-3401-2382）にご連絡ください。

ISBN4-06-257302-4（科）

さくいん

<あ行>

愛　**12**, 14, 142
アイゼンク　231
愛着　**14**, **16**, **18**, 142, 211, 250
アイデンティティ（自己同一性）　**20**, **22**, 62, 194, 210, 228
アイデンティティ障害　84
あいまい型うつ状態　138
赤ちゃん返り　202
アサーション　152
阿闍世コンプレックス　259
アセタゾールアマイド　237
アダリン　290
アダルト・チルドレン　**24**, 38, 42, 83, 203
圧縮　154, 292, 294
アトピー性皮膚炎　159
アドラー　197, 293
アトロピン　247
アニマ　297
アニムス　297
アパシー・シドローム　117
アミトリプチリン　165, 183
アミロイド　31
新井康允　58
アルコール依存（症）　24, **26**, **28**, 82, 137, 205
アルコール症　**26**, 187, 285
アルコール性幻覚　27
アルコール性痴呆　27
アルコール乱用　26, 29
アルツハイマー病　**30**, 110, 170, 241
アルドステロン　93
アルファ・フルペンチキソール　191
アルプラゾラム　71
アレキサンダー　150
アレルギー性鼻炎　159
アンドロジェン　58, 179, 195, 225
アンフェタミン　66, 134, 215, 254, 260, 291

[い]

言い間違い　185
胃かいよう　26, 158
生きがい　**34**, 80, 125, 139, 223, 312
生きがい療法　76
いじめ　**36**, 100, 129, 271, 298
異性の選択　38
依存症　43, 66, 264, 290
イタール　307
伊丹仁朗　76
イド（エス）　130
移動性盲腸　158
犬恐怖　88
イプセン　114
イミプラミン　47, 135, 165, 169, 205, 237, 249
イメージ療法　76
インシュリン療法　120
陰性ストローク　174
インターロイキン　76
陰性転移　141, 187
インナー・チャイルド　**42**, **44**
インプリンティング　306
インポテンス　27, 236

[う]

ウィーゼル　306
ウィルソン　48
ウィルバー　234
ウェルニッケ脳症　27
ウォーカー　71
失われた週末　27
うつ状態　34, **46**, 50, 57, 70, 84, 93, 102, 106, 115, 119, 137, 158, 165, 177, 205, 208, 236, 239, 247, 248, 254, 267, 276, 303

ウヌス・ムンドゥス　87
右脳　**48**, 57, 179, 200, 311
ウルフ　35
運動障害　51

[え]

エイズ痴呆症　50
エストロジェン　59, 93
エディプス期　258
エディプス・コンプレックス　259
エリクソン　20, 22, 304
エンカウンター・グループ　219
円形脱毛症　159
演劇的パーソナリティ障害　54
エンケファリン　56
塩酸リドカイン　134
遠藤友麗　74
エンドルフィン　**56**, 93

[お]

黄体プロジェステロン　93
大原健士郎　288
岡田式静座法　78
置き換え　44, 185, 271, 292, 294
オプタリドン　290
オルポート　181, 217, 286

[か]

ガース　106
外向性　230, 297
概日リズム(サーカディアン・リズム)　134
ガイスラー　208
海馬　99, 191
解発　45, 96
回避型人格障害　60
かいよう性大腸炎　150
解離性健忘　62
解離性自己同一性障害　62
解離性障害　**62**, 157, 210
解離性遁走　62
カウンセリング　**64**, 113, 159, 166, 205, 272
カウンターカルチャー　229
過換気症候群(過呼吸)　158
覚醒剤　**66**, 134, 260, 291
影　**68**, 235, 297
笠原嘉　282
カズンズ　40, 310
家族療法　159
カタプレクシー　236
学校嫌い　262
過敏性(大)腸症候群　**70**, 150, 158
過敏性膀胱　158
カプラ　234
空の巣症候群　22
カルバマゼピン　47, 205
カルモチン　290
川村則行　40
感覚障害　215, 253
ガン患者の心理　72
関係妄想　67, 188
感受性訓練　219
感情失禁　99, 243
感性　**74**, 81, 139, 223
完全健忘　98
ガンと性格　76
カンナビス　260
ガンマアミノ酪酸　191

[き]

記憶障害　27, 31, 111
気管支ぜんそく　150, 158
奇形児　27, 122, 299
気功　78
器質的脳疾患　97
季節うつ病　47
機能不全家族　24
気分転導法　172
逆説睡眠　165, 238
逆行健忘　99
ギャベイ　160
急性アルコール中毒　27
急速眼球運動期　238

共依存 24,**82**
境界（型）人格障害 25,**84**
恐慌障害 248
共時性 86
共通感覚 223
強迫性障害 157
恐怖症 88
極小化 44
起立性調節障害 158
切り離し 44
ギルマン 56
筋弛緩法 89,173
筋収縮性頭痛 169
キンゼイ 224
緊張性頭痛（筋緊張性頭痛） 158,169
緊張病型 188

［く］

空間恐怖症 28
クーン 229
クシュナー 28
崩れ型 188,280
クライエント中心療法 65,166
クライネ・レビン症候群（眠気） 236,255
クロルディアゼポキサイド 147
クロルプリマジン 120
グリーフ・カウンセリング 91
グリーフ・ワーク 45,**90**,171,269
グレイソン 309
呉秀三 287
グロフ 229
クロルプロマジン 120
クンダリニー体験 309
群発頭痛 169

［け］

月経前症候群 92
ケメニー 41
ケリー 137
権威主義的性格 **94**,129,274
幻覚 27,31,53,67,**96**,118,121,122,188,190
幻覚剤（幻覚発現薬） 229,260
元型（アーキタイプ） 68,154,296
言語連想法 296
幻触 97
幻聴 67,69,97,188,261,291
見当識（障害） 98,110,243
健忘 62,**98**

［こ］

行為障害 **100**,212
抗うつ薬 47,71,103,116,118,120,135,165,169,183,205,209,247,249,256,276
交感神経 41,79,162
甲状腺機能亢進 150
甲状腺機能低下症 **102**,110
甲状腺ホルモン 102
高所恐怖 88,157
抗精神病薬 118
行動主義心理学 133
行動（修正）療法 71,89,**104**,112,149,159,166,205,255,257,281
更年期うつ状態 106
抗ヒスタミン薬 183
抗不安薬 71,93,118,120,157,159,165,169,177,249,260,290
交流分析 42,**108**,174
高齢者痴呆（ボケ） 30,**110**,**112**
ゴースキー 179
ゴールマン 33
コカイン 97,**114**,260,291
五月病 116
刻印付け 306
国分康孝 219
心の教育 12
個性化 **124**,286,297
誇大妄想 188
コデイン 237
5−ハイドロキシインドール酢酸 107
コルサコフ精神病 27

コルチコトロピン 183
コルチゾール 183
ゴルトシュタイン 124
コレシストキニン 191
コンスタン 71
昆虫恐怖 88
コンプレックス 226, 293, 296

［さ］

サイアミン 99
サイクロフォスファアマイド 171, 193
再体験 45
再統合 45, 229
細胞障害性T細胞 73
催眠術 99, **126**, 203, 252, 273, 278
催眠術後性健忘 99, 126
サイロキシン 47
錯誤行動 185
サディズム 95, **128**, 274
サド・マゾヒスト 129, 274
左脳 **48**, 311
サリチル酸 213, 214
サロウェイ 32
三環系抗うつ薬 47, 123, 237
産褥期精神障害 277

［し］

ジアゼパム 169
シェイヴァー 16
ジェイムズ 228, 230
自我 20, 42, 69, 89, 90, 108, **130**, 184, 186, 202, 207, 224, 229, 232, 235, 259, 275, 294, 297
自我防衛 44, 185, 202
子宮摘出手術 92, 106
視空間失認 31
刺激統制法 257
至高体験 **132**, 228
自己実現 34, 65, 69, 124, 133, 186, 196, 228, 286, 288, 297, 312
自己破壊型人格障害 25
時差ボケ **134**, 284
自死 34, 47, 62, 84, **136**, **138**, 277, 285
自死予防 137
視線恐怖 89
失感情症 73
失行症 240, 246
失語症 48, 111, 240, 246
失声症 159
嫉妬妄想 67, 188
シナプス 57, 121, 190
シプロヘプタディン 183, 254
自閉的障害 144, 146, 148
社会恐怖症 28
社会適応スケール 302
ジャクソン 293
斜頸 158
ジャネ 211
シャルコー 126, 252
シャンティ・プロジェクト 91
集合的無意識 154, 235
集団マゾヒズム 274
十二指腸かいよう **150**, 158
自由連想法 185, 186
主張（断行）訓練法 **152**, 172
受動的攻撃性 113
シュライバー 211
シュルツ 286
生涯重大事件 73
松果体 284
条件付きストローク 174
象徴化 **154**, 294
衝動置き換え 271
衝動退行 203
情緒障害 205
正法眼蔵 89, 301
照明治療 47
ジョウンズ 227
職業性頸腕肩症候群 221
徐波睡眠 209, 238, 239
ジョルダン 230
初老期うつ病 107
自律神経失調症 159
心因性健忘 99

人格的知性 32
心気症 168, 276, 288
心筋梗塞 158, 162, 256, 303
神経細胞 51, 178, 190, 244
神経症 85, **156**, 158, 186, 198, 246, 262, 265, 279
神経症性格 169
神経性嘔吐 158
神経性食欲不振症 158
神経性皮膚炎 150
神経ペプチド 191
心身医学 158, 162
心身症 150, **158**
身心脱落 89
振戦せん妄 27
心臓神経症 158
シンナー 260, 265, 291
神秘体験 132, 229
じんましん 159, 214
心理的外傷後のストレス性障害 **164**, 171, 299
心療内科 159
心理療法 71, 73, 85, 104, 127, 149, 157, 159, **166**, 184, 205, 211, 229, 235, 265, 272, 288

[す]

錐体外路症状 123
睡眠薬依存症 290
スターンバーグ 16, 32
頭痛 71, 92, 106, **168**, 243, 276
スティーヴンソン 63, 68, 114
ステファノウスキ 274
ステューデント・アパシー 282
ステロイド 59, 267
ストレス(障害) 63, **170**
ストレス・ホルモン 267
ストローク 45, 109, **174**

[せ]

性格異常 100, 215, 252
性格改造 176
性格類型 230
性差 178
青春期食欲不振症 **182**, 186, 204
精神異常発現物質(幻覚剤) 260
精神神経免疫学 73, 76
精神展開薬 52, 96, 132, 229
精神分析療法 186
精神分裂症 21, 53, 57, 61, 63, 66, 69, 84, 97, 118, 137, **188**, **190**, 241, 261, 265, 280, 284, 291, 299
精神免疫学 192
性的脱常 128, 274
性的二型核 58, 179
性転換手術 194
性同一性(ジェンダー・アイデンティティ)障害 194
生物学的体内時計 134
性分化の臨界期 225
摂食記録 256
セリエ 310
セルフ・イメージ 196
セロトニン 93, 107, 121, 147, 183, 191, 254
セロトニントランスポーター 149
閃輝暗点 168
尖端恐怖 88
全般性不安障害 29, 157, **198**

[そ]

躁うつ 27, 46, 183, 189, 285
早期教育 200
早朝覚醒 264
側性化 48
側頭葉発作 97
ソフト神経症状 212
ソマトスタチン 191
ソラナックス 71
ソロモン 192

[た]

ダーナー 225
大学生無気力症(候群) 20, 117, 282

退却症　282
退行　84, **202**, 271
代償　271
対象置き換え　271
対象退行　203
大食症（ブリーミア）　158, 183, **204**, 236, 256
対人恐怖（症）　37, 157, 177, **206**
耐性上昇　26, 67
体内時計　134, **208**, 285
大脳白質　51
大脳皮質　51, 146, 150, 191, 235, 241, 244, 246
タイプA　163
退薬（禁断）症状　26, 97, 115, 261
多重人格　63, **210**, 299
ダックス　48
多動症候群　67
ダナー　59
単一恐怖症　157
炭酸リチウム　47, 118, 209
胆道ジスキネジー　158
ダンバー　159, 163

［ち］

チック　158
知能指数　32, 146, 149
注意欠如（症）　67, 71, **212**, **214**
中央教育審議会　12
注視妄想　67
中枢性睡眠中無呼吸症候群　236
超感覚　216
朝刊シンドローム　280
超自我　131, 275
腸内ペプチド　191

［つ］

追跡妄想　67
角田忠信　49

［て］

テクノストレス　220, 222
デジプラミン　205
テストステロン　225
テニソン　136
デルガド　272
テレパシー（読心術）　216, 228
てんかん　48, 51, 99, 144, 148, 169, 215, 273, 293
転換　44
転換障害　71, 253
転換性・解離性障害　157
転換ヒステリー　253
電気ショック療法　120

［と］

同一化　259, 271
投影　44, 69, 270
道元　89, 301
同性愛　58, **224**
動物恐怖　157
ドクセピン　71
ドッペルゲンガー　97
ドパミン　57, 93, 121, 149, 183, 190, 240, 247, 254
トラウマ（心理的外傷）　24, 38, 43, 44, 62, 64, 99, 164, 166, 203, 210, **226**, 285
トランス状態　126
トランスパーソナル心理学**228**, 235
トリアゾラム　99
トリプトファン　107, 254
トリヘキシフェニディール　247

［な］

内観療法　159
内向性　**230**, 297
中村古峡　210
中村雄二郎　74
ナチュラル・キラー（NK）細胞　41, 73, 170, 193
ナルコレプシー　236
ナルシシズム　232
ナルトレキソン　145

ナロキソン 145

[に]

ニーチェ 139
日本人の脳 49
ニュー・サイエンス 229, **234**
ニューロン 190
人間性心理学 132, 229
認知障害 191, 215, 247

[ね]

ネオテニー(幼形成熟) 178
眠気 **236**, 255

[の]

脳室 51, 59, 191
脳卒中 48, 179, **242**, 256
脳内セロトニン 93
乗り物恐怖 157
ノルエピネフリン(ノルアドレナリン) 121, 183, 191, 249, 254
ノンレム睡眠 238, 293

[は]

パーキンソン病 110, 240, **246**, 247
パールズ 286
バーン 108
排尿訓練 105
パイブン 146
ハイミナール 290
白内障 221, 285
橋本策 102
橋本病 102
バセドウ病 102
パッシヴィズム 274
パニック障害(恐慌障害) 63, 157, **248**
パラ心理学 217, 228
パラ睡眠(逆説睡眠) 165, 209, 238, 264, 285, 293
パラノイア型 188
ハリス 308
バルネス 16
ハロペリドール 149
反社会性人格障害 100
半側盲 168
ハンチントン舞踏病 110
反復強迫 44

[ひ]

悲哀感 **250**, 303
ピアジェ 200
ビーアス 287
ビーチャム 210
ヒーリング 40
被害妄想 27, 67, 92, 188, 291
光照射 209
ヒステリー 54, 71, 106, 126, 157, 186, **252**, 278
ヒステリー研究 186, 278
否認 44, 72, 270
ビネー 211
皮膚掻痒症 159
肥満 76, 158, 167, 182, 243, **254**, **256**
ヒュージ 56
ヒューベル 306
ヒューマン・ポテンシャル運動 229
病気恐怖 157
ピリドキシン 93
広場恐怖 88, 157
ヒロポン 66, 190, 215, 260, 291
敏感期 306

[ふ]

ファインゴールド 214
不安定パーソナリティ障害 84
ファントム・リム(幻の四肢) 96
フィオリナール 147
ブイコフ 150
ブーバー 218, 223
フェニトイン 205
フェネルジン 165, 205
フェノバルビタール 215
フェミニズム 229

フェンサイクリディン 260
不快感情 109
副交感神経（系） 41,70,79,151
不潔恐怖症 88
不思議の国のアリス症候群 96
父性原理 258
物質依存 260
不定愁訴 118
不登校 37,101,**262**
不眠 19,25,27,47,71,92,106,115,116,118,122,138,165,199,236,239,243,261,268,273,276,280,284,291
不眠症 236,**264**
プラシーボ効果 235
プラス思考 57,266
フラッシュ・バック 97
ブラディ 151
フランクル 35,139,286
フランソア 128
フリードマン 163
プリンス 210
フルオキセチン 249
ブレイド 126
プレマリン 225
ブロイアー 186
フロイト 42,44,90,108,114,127,136,140,157,184,186,198,203,250,252,270,275,278,292,296
ブロード 222
プロスタグランディン 93
プロトリプチリン 237
フロム 13,222,286
ブロモクリプティン 93,247
プロラクチン 93
分割脳（スプリット・ブレイン） 48
分析心理学 68,125,296

［へ］

閉所恐怖 88,157
閉塞性睡眠中無呼吸症候群 236
ベイトソン 234
ヘス 272
ペッティンゲイル 73
ペット・ロス・クライシス 268
ペニシリン 147
ペネベイカー 41
ペプチド 56
ペモリン 237
ヘル神父 126
偏頭痛 96,168,214
ベンゾジアゼピン 93,165,249
ベンデクティン 147

［ほ］

防衛機制 270
ホーソン研究 281
ホーナイ 197,279,301
ボーモント 150
ホスピス 72,76,80
発作性上室性頻脈 158
ホフマン 52,96,279
ホモバニリン 190
ホリスティック・ヘルス（全人的健康） 229,234
ボルフ 150
本態性高血圧 150
本態性低血圧症 158

［ま］

マーティン 106
マイトジェン 193
マインド・コントロール 272
マスロー 132,228,286,300
マゾッホ 274
マゾヒズム 95,128,**274**
マタニティー・ブルーズ 276
町沢静夫 85
マッカラフ効果 221
マリウァナ 114,132
マルセル 207

［み］

ミオクローヌス発作 237
ミッチャーリヒ 181

ミラー 45

[む]

無意識(的) 48,64,68,87,108,125,127,140,154,156,166,184,186,202,207,226,235,253,270,**278**,292,294,296
無気力 116,262,**280**,282
無気力症候群 282
無条件ストローク 174

[め]

瞑想 229
命令幻聴 97
メサクアロン(ハイナミール) 290
メスアンフェタミン(ヒロポン) 66,190,261,291
メスカリン 53,97,132
メスマー 126,278
メチルフェニデイト(リタリン) 67,215,237,291
メニエル症候群 158
メラトニン 284
メランコリー型 47
メランコリー親和型性格 138
免疫グロブリン 31
メンタル・ヘルス 286

[も]

モチット 23
モノアミン酸化酵素阻害薬 123
物語化 294
モラトリアム症状 20,117
モリス 18,160
森田正馬 288
森田療法 167,177,**288**
モルヒネ 56,235,260
モンタギュー 178
モンテッソーリ 200

[や]

夜間せん妄 118
薬物療法 47,120,157,310
野生児 307
夜尿症 158

[ゆ]

夢の解釈 185,**292**,295
夢の仕事 294
夢判断 69,278,292
ユング 43,68,86,125,154,228,230,235,279,286,293,295,296
ユング心理学 296

[よ]

幼形成熟 178
幼児虐待 298
陽性ストローク 174
陽性転移 140,187
ヨーヨー症状群 256
抑圧 44,226,270
抑うつ状態 157
欲望 300
欲求の五段階層説 300

[ら]

ラーエ 302
ライヒ 275
ライフ・イベンツ 302
ライフ・サイクル 180,**304**
ラカン 275
ラケット 109
ランク 227

[り]

離人症障害 62
リタリン 67,291
リビドー(性的衝動) 275
離別不安 19
リューマチ性関節炎 150
臨界期 306
リング 309
臨死体験 308

[る]

ルルドの泉　40,234

[れ]

レセルピン　120,190
レボドーパ　247
レム睡眠　238

[ろ]

ローゼンマン　163
ロール・プレイ　149
ローレンツ　306
ロジャーズ　65,166,286,301
ロス　72
ロベリン　237
ロボトミー　241,273
論理の非論理　44
論理療法　166,172

[わ]

ワーカホリック　25,83
ワード　126
ワイル　73,234
ワトソン　86,234
笑い　310
ワンダー・チャイルド　43

[B]

B細胞　192

[C]

CT（コンピュータ断層撮影法）　51,191
CTL（細胞障害性T細胞）　73

[D]

D_2受容器　191
DSM－Ⅳ　55,61,85,100,128

[E]

EQ（情動指数）　32
ESP　216,228

[G]

GHB　237

[L]

Lトリヨードサイロニン　47
LSD-25　**52**,96,132,272,279

[M]

MPTP　246
MRI（磁気共鳴画像装置）　51,146,195

[N]

NK細胞　41,73,170,193

[P]

PTSD　24,164,171,227,299

[Q]

QOL（生活の質）　80

[S]

SSRI（選択的セロトニン再取り込み阻害薬）　249

[T]

Tグループ　219
T細胞　57,73,192

[V]

VDT（画像表示端末）　220,222

[その他]

αエンドルフィン　56
βエンドルフィン　57
βアドレナリン　249

参考文献リスト

本書の執筆の参考にしたというよりも、本書を手掛かりとして読者がさらに詳しく心のことを調べようとするときに、役立ちそうな文献を選んだ。選択の基準は、拙著以外は大体過去15年間に出版されたもので、なるべく手軽に読める新書判ないし文庫判の本を中心とした（その後に類書が出なかったものや、名著はそれ以前の出版でも採録した）。高校や大学のリポートや、心理系の国家試験にも役立ちそうなものを選んである。内容は専門書ではない一般大衆向けの本に限った。なお、深く研究する専門家のために辞書をいくつか挙げておいた。もっと詳しい文献リストを見たいかたは、小林司編『カウンセリング事典』（改定第2版、新曜社、近刊）を参照されたい。これには心理学関係の辞書だけでも洋書で95冊、和書127冊が収録されている。※は現在絶版もしくは入手困難なもの。特に説明のない場合は頁数は各資料の総頁数を表す

[辞典類]

氏原寛ほか共編 『心理臨床大事典』（培風館） 1362頁　1992年

小林司編 『カウンセリング事典』（新曜社） 432頁　1993年

小林司・徳田良仁編 『精神医学・行動科学辞典』（医学書院） 888頁　1992年

加藤正明ほか編 『精神医学事典』（改訂増補第2版）（弘文堂） 1152頁　1993年

中島義明ほか編 『心理学辞典』（有斐閣） 1086頁　1999年

宮城音弥編 『岩波心理学小辞典』（岩波書店） 345頁　1979年※

瞑想情報センター編 『瞑想と精神世界辞典』（自由国民社） 256頁　1988年

Cambel, R.: Psychiatric Dictionary.(7th edition), Oxford University Press (Oxford), 799p., 1996

Bloch, H.et al.(ed.): Grand Dictionnaire de la Psychologie. Larousse(Paris), 862p., 1991

Corsini, R.J.(ed.): Encyclopedia of Psychology. 4 vol. John & Wiley (New York) 1934p., 1984

Dorsch, F.: Psychologisches Wörterbuch (11 Auflage), Richard Meiner(Hamburg), 907p., 1987

Reber, A.: The Penguin Dictionary of Psychology.(2nd edition), Penguin Books (Harmondsworth), 880p., 1995

Wolman, B.B.(ed.): The Encyclopedia of Psychiatry, Psychology and Psychoanalysis. Henry Holt (New York), 649p., 1996

次の2冊は辞書ではないが、ほとんど事典として使われる。

Kaplan, Harold I. and Sadock, Benjamin J.(ed.):Comprehensive Psychiatry. (6th edition), 2 vol. William & Wilkins (Baltimore) 2804+122p., 1995

Task Force on DSM-IV(ed.):Diagnosis and Statistical Manual of Mental Disorders. (4th edition), American Psychiatric Association (Washigton, D.C.), 886p., 1994

[書籍]

アードラー, G. 著、氏原寛・多田健治訳 『生きている象徴』 上・下（人文書院） 上302頁、下262頁　1979年

アードラー, G. 著、野田倬訳 『魂の発見——深層心理学入門』（人文書院） 179頁 1979年

上里一郎・飯田真・内山喜久雄・小林重雄・筒井末春監修 『メンタルヘルス・ハンドブック』（同朋舎出版） 839頁　1989年

秋山さと子 『夢で自分がわかる本——眠りのなかの自分探し』（PHP文庫） 202頁 1992年

秋山さと子 『ユングの心理学』（講談社現代新書） 214頁　1982年

朝日新聞社編 『多重人格とは何か』（朝日文庫） 278頁　1997年

安倍北夫 『パニックの心理——群衆の恐怖と狂気』（講談社現代新書） 200頁 1974年

新井康允 『男と女の脳をさぐる——脳にも性差がある』（東京図書） 200頁 1986年

有吉佐和子 『恍惚の人』（新潮文庫） 312頁　1982年

アレン, クリフォード著、小林司訳 『異常心理の発見』（角川選書） 369頁　1983年

飯田真・岩井寛・吉松和哉編 『対人恐怖——人づきあいが苦手なあなたに』（有斐閣選書） 305頁　1979年

飯田真・風祭元編 『分裂病——引き裂かれた自己の克服』（有斐閣選書） 314頁 1982年

生田哲 『脳と心をあやつる物質——微量物質のはたらきをさぐる』（講談社ブルーバックス） 189頁　1999年

池田由子 『児童虐待——ゆがんだ親子関係』（中公新書） 228頁　1987年

生月誠 『プラス暗示の心理学』（講談社現代新書） 192頁　1995年

池見酉次郎・杉田峰康 『セルフ・コントロール——交流分析の実際』（創元新書） 241頁　1974年

池見酉次郎・永田勝太郎編 『死の臨床——わが国の末期患者ケアの実際』（誠信書房） 286頁　1982年

石田春夫 『自己不安の構造』（講談社現代新書） 206頁　1981年

磯貝芳郎・福島脩美 『自己抑制と自己実現——がまんの心理学』（講談社現代新書） 211頁　1987年※

伊丹仁朗 『生きがい療法でガンに克つ——論理療法入門』（講談社） 318頁 1988年※

伊藤順康『自己変革の心理学——論理療法入門』（講談社現代新書）198頁　1990年
稲村博『心の絆療法』（誠信書房）366頁　1981年
稲村博『自殺のサインをみのがすな』（農山漁村文化協会・健康双書）230頁　1983年
井深大『胎児から——母性が決める「知」と「心」』（徳間文庫）310頁　1998年
岩井寛『歪められた鏡像——日本人の対人恐怖』（朝日出版社・叢書プシケ）240頁　1982年
岩井寛『森田療法』（講談社現代新書）204頁　1986年
ウィルソン, コリン著、由良君美・四方田犬彦訳『至高体験』（河出文庫）452頁　1998年
ウィルソン, コリン著、安田一郎訳『ユング——地下の大王』（河出書房新社）232頁　1985年
上田吉一『自己実現の心理』（誠信書房）228頁　1976年
上田吉一『人間の完成——マスロー心理学研究』（誠信書房）316頁　1988年
宇治芳雄『洗脳の時代』（汐文社・同時代叢書）247頁　1981年
内山喜久雄『ストレス・コントロール』（講談社現代新書）228頁　1985年
宇津木保ほか著『フロイト——著作と思想』（有斐閣新書）230頁　1978年
宇津木保・鑢幹八郎・佐藤紀子・大橋秀夫・大橋一恵・福島章『フロイト著作と思想』（有斐閣新書）224頁　1978年
ウルフ, W.B.著、周郷博訳『どうしたら幸福になれるか（上）・（下）』（岩波新書）237頁　1961年※
エヴァンズ, R.I.著、岡堂哲雄・中園正身訳『エリクソンは語る——アイデンティティの心理学』（新曜社）190頁　1981年
エメット, スティーブン・ワイリー編、篠木満・根岸鋼訳『神経性食思不振症と過食症』（星和書店）487頁　1986年
エリクソン, E.H.著、村瀬孝雄、近藤邦夫訳『ライフサイクル、その完結』（みすず書房）161頁　1989年
エリクソン, E.H.著、岩瀬庸理訳『アイデンティティ——青年と危機』（金沢文庫）486頁　1973年
エリクソン, E.H.著、小此木啓吾訳編『自我同一性——アイデンティティとライフサイクル』（誠信書房）294頁　1973年
大木幸介『脳内麻薬と頭の健康——気分よければ頭もまたよし』（講談社ブルーバックス）194頁　1988年
大木幸介監修、クォーク編集部編『「気」を科学する——心のパワーの秘密がよくわかる本』（講談社＋α文庫）311頁　1998年
大熊輝雄『人間を変える——洗脳のメカニズム』（筑摩書房・グリーンベルトシリーズ）226頁　1966年
岡野守也『トランスパーソナル心理学』（青土社）262頁　1990年
小川捷之『性格分析』（講談社現代新書）240頁　1983年

小此木啓吾 『自己愛人間——現代ナルシシズム論』（ちくま学芸文庫） 358頁 1992年
小此木啓吾 『対象喪失——悲しむということ』（中公新書） 227頁 1979年
小此木啓吾 『日本人の阿闍世コンプレックス』（中公文庫） 231頁 1982年
小此木啓吾 『フロイト——その自我の軌跡』（NHKブックス） 253頁 1973年
小此木啓吾 『メンタルヘルスのすすめ』（新潮文庫） 218頁 1988年
小此木啓吾・河合隼雄 『フロイトとユング』（思索社） 219頁 1987年
小此木啓吾・馬場謙一編『フロイト精神分析入門』（有斐閣新書） 226頁 1977年
織田尚生 『深層心理の世界』（レグルス文庫・第三文明社） 210頁 1992年
カイリー, ダン著、小此木啓吾訳 『ピーターパン・シンドローム——なぜ、彼らは大人になれないのか』（祥伝社） 309頁 1984年
笠原嘉 『アパシー・シンドローム——高学歴社会の青年心理』（岩波書店） 314頁 1984年
笠原嘉 『青年期——精神病理学から』（中公新書） 233頁 1977年
笠原嘉 『朝刊シンドローム——サラリーマンのうつ病操縦法』（弘文堂） 206頁 1985年
笠原 嘉 『不安の病理』（岩波新書） 216頁 1981年
笠原嘉・山田和夫編 『キャンパスの症状群——現代学生の不安と葛藤』（弘文堂） 306頁 1981年
片岡徳雄 『子どもの感性を育む』（NHKブックス） 222頁 1990年
風祭元編 『心の病に効く薬——向精神薬入門』（有斐閣選書） 248頁 1980年
桂戴作 『自分発見テスト——エゴグラム診断法』（講談社文庫） 200頁 1986年※
金子勇・松本洸編著 『クオリティ・オブ・ライフ——現代社会を知る』（福村出版） 216頁 1986年
河合隼雄 『影の現象学』（講談社学術文庫） 316頁 1987年
河合隼雄 『コンプレックス』（岩波新書） 221頁 1971年
河合隼雄 『日本人と心理療法——心理療法の本（下）』（講談社+α文庫） 279頁 1999年
河合隼雄 『日本人とアイデンティティ——心理療法家の着想』（講談社+α文庫） 430頁 1995年
河合隼雄 『人の心はどこまでわかるか』（講談社+α新書） 217頁 2000年
河合隼雄 『母性社会日本の病理』（講談社+α文庫） 362頁 1997年
河合隼雄 『無意識の構造』（中公新書） 191頁 1977年
河合隼雄 『ユング心理学入門』（培風館） 318頁 1967年
河合隼雄・谷川俊太郎 『魂にメスはいらない——ユング心理学講義』（講談社+α文庫） 346頁 1993年
川上正澄 『男の脳と女の脳』（紀伊國屋書店） 182頁 1982年
岸本英夫 『死を見つめる心——ガンとたたかった十年間』（講談社文庫） 226頁 1973年
木村敏 『心の病理を考える』（岩波新書） 208頁 1994年

キャノン, W.B.著、舘鄰・舘澄江訳 『からだの知恵――この不思議なはたらき』（講談社学術文庫） 354頁 1981年
久世敏雄・加藤隆勝・五味義夫・江見佳俊・鈴木康平・斎藤耕二 『青年心理学入門』（有斐閣新書） 194頁 1987年
クリアンスキー, J.著、木村奈保子訳 『恋愛セラピィ』（フローラル出版） 333頁 1992年
栗原雅直 『最新 お酒の健康医学』（双葉社・ふたばらいふ新書） 255頁 1999年
クレックレー, H.M.、セグペン, C.H.著、川口正吉訳 『私という他人――多重人格の精神病理』（講談社＋α文庫） 487頁 1996年
黒澤尚 『捨てるな！ 命――自殺予防への対話と握手』（弘文堂） 204頁 1987年
黒田洋一郎 『ボケの原因を探る』（岩波新書） 224頁 1992年
ゴールマン, ダニエル著、土屋京子訳 『ＥＱ――こころの知能指数』（講談社＋α文庫） 455頁 1998年
国分康孝『エンカウンター――心とこころのふれあい』（誠信書房）272頁 1981年
国分康孝 『〈自立〉の心理学』（講談社現代新書） 199頁 1982年
小杉正太郎編著 『改訂新版 精神衛生――心の健康とライフ・サイクル』（川島書店） 264頁 1988年
コナーズ, C.キース著、中川八郎・村松京子訳 『子供の脳の栄養学――頭の良い子の育て方』（講談社ブルーバックス） 234頁 1991年※
小林司 『愛とは何か』（NHKブックス） 277頁 1997年
小林司 『「生きがい」とは何か――自己実現のみち』（NHKブックス） 238頁 1989年
小林司 『新版心にはたらく薬たち――精神世界を拡げるために』（人文書院） 232頁 1993年
小林司 『心の健康学入門――ストレスからの脱出』（国土社） 222頁 1987年
小林司 『サラリーマンの心の病――仕事と遊びとノイローゼ〈改訂版〉』（日本労働協会） 271頁 1986年
小林司 『性格を変えたいと思ったとき読む本――「新しい自分」への17章』（PHP研究所） 234頁 1988年
小林司 『出会いについて――精神科医のノートから』（NHKブックス） 258頁 1983年
小林司 『悩んだら読む本――メンタル・ヘルス111のQ ＆ A』（PHP研究所） 238頁 1989年
小林司 『なりたい自分になれる本――奇跡の行動療法』（光文社・カッパ・ブックス） 238頁 1986年
小林司 『脳を育てる脳を守る』（NHKブックス） 241頁 1987年
小林司・桜井俊子 『患者の心を開く――看護とカウンセリング』（メヂカルフレンド社） 215頁 1988年
小林司・徳田良仁編 『人間の心と性科学Ｉ』（星和書店） 453頁 1977年
小林敏明 『精神病理からみる現代思想』（講談社現代新書） 212頁 1991年

近藤裕 『愛のストローク療法―ふれあいがすべてを癒す』（三笠書房・知的生きかた文庫） 269頁　1996年
サーガント著、佐藤俊男訳 『人間改造の生理』（みすず書房） 269頁　1961年
サイズモア, クリス・コストナー、ピティロ, エレン・S著、川口正吉訳 『私は多重人格だった』（講談社） 331頁　1978年
斎藤学 『アダルト・チルドレンと家族――心のなかの子どもを癒す』（学陽文庫） 237頁　1998年
斎藤学 『家族依存症』（新潮文庫） 251頁　1999年
斎藤学 『魂の家族を求めて――私のセルフヘルプ・グループ論』（小学館文庫） 313頁　1998年
佐々木孝次 『父親とは何か――その意味とあり方』（講談社現代新書） 211頁 1982年
佐治守夫・飯長喜一郎編 『ロジャーズ クライエント中心療法』（有斐閣新書） 218頁　1983年
佐治守夫監修、岡村達也・加藤美智子・八巻甲一編 『思春期の心理臨床――学校現場に学ぶ　「居場所」つくり』（日本評論社） 238頁　1995年
信濃毎日新聞社編 『漂流家族――子育て虐待の深層』（河出書房新社） 204頁 2000年
シュール, マックス著、安田一郎・岸田秀訳 『フロイト 生と死〈上〉』（誠信フロイト選書） 311頁　1978年
シュール, マックス著、安田一郎・岸田秀訳 『フロイト 生と死〈下〉』（誠信フロイト選書） 331頁　1979年
シュナイドマン, E.S.著、白井徳満・白井幸子訳 『死の声――遺書、刑死者の手記、末期癌患者との対話より』（誠信書房） 288頁　1983年
新宮一成 『夢分析』（岩波新書） 247頁　2000年
関計夫 『コンプレックス――あなたの知らないあなた』（金子書房） 258頁 1985年
高須俊明 『頭痛』（岩波新書） 224頁　1983年※
詫摩武俊・石井富美子・田村雅幸・勝俣暎史・滝本孝雄・村武精一 『思春期の心理』（有斐閣新書） 195頁　1978年
立花隆 『臨死体験』（文春文庫）（上）526頁（下）490頁　2000年
田中冨久子 『女の脳・男の脳』（NHKブックス） 236頁　1998年
ツヴァイク, S.著、高橋義夫・中山誠・佐々木斐夫訳 『ツヴァイク全集10　精神による治療』（みすず書房） 411頁　1963年
角田忠信 『日本人の脳――脳の働きと東西の文化』（大修館書店） 388頁　1978年
都留重人・佐藤滋編 『クオリティ・オブ・ライフ』（弘文堂） 393頁　1983年
デーケン, アルフォンスほか著 『いのちの終末――死の準備と希望・医療と宗教を考える叢書』（同朋舎出版） 240頁　1988年
土居健郎監修 『燃えつき症候群』（金剛出版） 208頁　1988年
時実利彦 『脳の話』（岩波新書） 227頁　1962年

中井久夫『分裂病と人類』（東京大学出版会・ＵＰ選書） 252頁　1982年
長倉功『老人ボケがなおる——世話をする家族へのアドバイス』（社会保険出版社） 504頁　1986年
成田善弘『心身症』（講談社現代新書） 234頁　1993年
成瀬悟策『自己コントロール——能力開発の心理学』（講談社現代新書） 240頁 1969年※
バーン, エリック著、南博訳『人生ゲーム入門——人間関係の心理学』（河出書房新社） 305頁　1976年
波多野誼余夫・稲垣佳世子『無気力の心理学——やりがいの条件』（中公新書） 173頁　1981年
パッカード, ヴァンス著、中村保男訳『人間操作の時代』（プレジデント社） 600頁　1978年
浜川祥枝・生松敬三・馬場謙一・飯田真編『フロイト精神分析物語——フロイト思想の実像を描く』（有斐閣ブックス） 305頁　1978年
林道義『父権の復権』（中公新書） 235頁　1996年
林道義『無意識への扉をひらく——ユング心理学入門Ｉ』（PHP新書） 236頁 2000年
原野広太郎『セルフコントロール——心身の健康はリラクゼイションから』（講談社現代新書） 198頁　1984年※
春原千秋・梶谷哲男『精神医学からみた現代作家』（毎日新聞社） 308頁　1979年
春原千秋・梶谷哲男『精神医学からみた西欧作家』（毎日新聞社） 292頁　1979年
平木典子『アサーション・トレーニング——さわやかな〈自己表現〉のために』（日本・精神技術研究所） 186頁　1993年
平木典子『カウンセリングの話』（朝日選書） 202頁　1989年
平木典子『自己カウンセリングとアサーションのすすめ』（金子書房） 169頁 2000年
ヒルマン, ジェイムズ著、河合俊雄訳『元型的心理学』（青土社） 245頁　1993年
ブーバー, マルティン著、植田重雄訳『我と汝・対話』（岩波文庫） 274頁　1979年
福島章『甘えと反抗の心理』（講談社学術文庫） 257頁　1988年
福島章『現代人の攻撃性——なぜ人は攻撃するのか』（太陽出版・ロゴス選書） 280頁　1974年
福島章『精神分析で何がわかるか——無意識の世界を探る』（講談社ブルーバックス） 240頁　1986年
福島章『青年期の心——精神医学から見た若者』（講談社現代新書） 262頁 1992年
ブザンジャン, R.デュラン・ド著、内薗耕二訳『ストレスからの解放——弛緩療法の理論と実際』（白水社・文庫クセジュ） 148頁　1962年
フランクル, V.E.著、中村友太郎訳『生きがい喪失の悩み——現代の精神療法』（エンデルレ書店） 197頁　1982年

フランクル, V.E.著、大沢博訳『意味への意志――ロゴセラピイの基礎と適用』（ブレーン出版・ぶれーん・ぶっくす） 204頁　1981年
フランクル, V.E.著『フランクル著作集2　死と愛』（みすず書房） 284頁　1961年
フランクル, V.E.著、霜山徳爾訳『夜と霧』（みすず書房） 287頁　1967年（1985年新装版）
フロイト, A.著、外林大作訳『自我と防衛』（誠信書房） 236頁　1958年
フロイト, S.著、安田徳太郎・安田一郎訳『改訳・精神分析入門』（角川文庫） 596頁　1970年※
フロイト, S.著、竹田青嗣編、中山元訳『自我論集』（ちくま学芸文庫） 360頁　1996年
フロイト, S.著『フロイド選集　第10巻　悲哀とメランコリー』（日本教文社） 146頁　1955年
フロイト, S.著、懸田克躬・高橋義孝訳『フロイト著作集1 精神分析入門』（人文書院） 546頁　1971年
フロイト, S.著、懸田克躬・高橋義孝訳『フロイト著作集2　夢判断』（人文書院） 535頁　1968年
フロイト, S.著、生松敬三・懸田克躬訳『フロイト著作集4　日常生活の精神病理学』（人文書院） 488頁　1970年
フロイト, S.著、高橋義孝訳『夢判断』（新潮文庫） 上巻400頁、下巻398頁　1969年
ブロード, C.著、池央耿・高見浩訳『テクノストレス』（新潮社） 309頁　1984年
フロム, エーリッヒ著、佐野哲郎訳『生きるということ』（紀伊國屋書店） 284頁　1977年
フロム, エーリッヒ著、鈴木晶訳『愛するということ』（紀伊國屋書店） 214頁　1991年
ボウルビィ, J.著、作田勉監訳『ボウルビィ母子関係入門』（星和書店） 243頁　1981年
ホーナイ, カレン著、對馬忠監修『自己実現の闘い――神経症と人間的成長』（アカデミア出版会） 380頁　1986年
ホール, ジェームズ・A.著、氏原寛・片岡康訳『ユング心理学選書9・ユング派の夢解釈――理論と実際』（創元社） 203頁　1985年
星野命ほか著『オルポート　パーソナリティーの心理学』（有斐閣新書） 198頁　1982年
マイケンバウム, ドナルド著、根建金男・市井雅哉訳『ストレス対処法』（講談社現代新書） 202頁　1994年
マクギーガン, F.J.著、三谷恵一・森昭胤訳『リラックスの科学――毎日のストレスを効果的に解放する』（講談社ブルーバックス） 220頁　1988年
マスロー, アブラハム・H.著、上田吉一訳『完全なる人間――魂のめざすもの』（誠信書房） 317頁　1964年

マスロー, アブラハム・H.著、佐藤三郎・佐藤全弘訳 『創造的人間――宗教 価値・至高経験』（誠信書房） 230頁 1972年
マスロー, アブラハム・H.著、小口忠彦訳 『人間性の心理学――モチベーション＆パーソナリティ』（改訂新版）（産業能率大学出版部） 506頁 1987年
町沢静夫 『「こころ」を癒す心理学』（三笠書房・知的生き方文庫） 221頁 1999年
町沢静夫 『ボーダーライン――青少年の心の病』（丸善ライブラリー） 245頁 1997年
ミアーズ, A.著、池見酉次郎・鶴見孝子訳 『自律訓練法――不安と痛みの自己コントロール』（創元社） 193頁 1972年
宮田加久子 『無気力のメカニズム――その予防と克服のために』（誠信書房） 222頁 1991年
宮本健作 『母と子との絆――その出発点をさぐる』（中公新書） 226頁 1990年
ムーディJr, レイモンド・A.著、中山善之訳 『かいまみた死後の世界』（評論社） 225頁 1977年
メイ, ロロ著、伊東博・伊東順子訳 『存在の発見 ロロ・メイ著作集』（誠信書房） 286頁 1986年
森崇 『青春期内科診療ノート』（講談社現代新書） 196頁 1987年※
諸富祥彦 『生きていくことの意味――トランスパーソナル心理学・9つのヒント』（PHP新書） 244頁 2000年
山田和夫 『家という病巣――ファミリー・アイデンティティー』（朝日出版社・叢書プシケ） 212頁 1982年
山田和夫 『成熟拒否――おとなになれない青年たち』（新曜社） 235頁 1983年
吉田寿三郎 『高齢化社会』（講談社現代新書） 212頁 1981年
リフトン, ロバート・J.著、小野泰博訳 『思想改造の心理――中国における洗脳の研究』（誠信書房・人間科学叢書） 532頁 1978年
ローゼン, P.著、岸田秀・富田達彦共訳 『フロイトと後継者たち〈上〉』（誠信書房・誠信フロイト選書） 517頁 1986年
ローゼン, P.著、岸田秀・高橋健次共訳 『フロイトと後継者たち〈下〉』（誠信書房・誠信フロイト選書） 432頁 1988年
ロス, E.キューブラー著、川口正吉訳 『死ぬ瞬間――死にゆく人々との対話』（読売新聞社） 410頁 1987年
ロック, S.、コリガン, D.著、池見酉次郎監修、田中彰・堀雅明・井上哲彰・浦尾弥須子・上野圭一訳 『内なる治癒力――こころと免疫をめぐる新しい医学』（創元社） 322頁 1990年
ワイル, アンドルー 『癒す心、治る力』（角川文庫） 464頁 1998年
渡辺照宏 『死後の世界』（岩波新書） 201頁 1959年※
渡辺俊男 『ビジネスマンのためのリラクセーション――さよならストレス』（生産性出版） 236頁 1988年
和田英樹 『多重人格』（講談社現代新書） 266頁 1998年

［雑誌］

◎『現代のエスプリ』（至文堂）

No.16　大原健士郎編 『自殺』 264頁　1965年
No.27　詫摩武俊編 『性格』 174頁　1967年
No.30　加賀乙彦編 『異常心理』 283頁　1968年
No.37　大原健士郎編 『不安』 261頁　1969年
No.40　土居健郎・小此木啓吾編 『精神分析』 376頁　1969年
No.41　大原健士郎編 『フラストレーション』 263頁　1970年
No.59　大原健士郎編 『こころ』 218頁　1972年
No.61　相場均編 『異常性欲』 211頁　1972年
No.67　大原健士郎編 『夢』 206頁　1973年
No.89　福島章編 『現代人の攻撃性』 224頁　1974年
No.00　岩井寛・中野久大編 『人格は変わるか』 190頁　1975年
No.120　山中康裕編 『自閉症』 208頁　1977年
No.127　小川捷之編 『対人恐怖』 212頁　1978年
No.134　河合隼雄・樋口和彦編 『ユング心理学』 228頁　1978年
No.139　佐治守夫・神保信一編 『登校拒否』 216頁　1979年
No.144　宮里勝政編 『アルコール症』 208頁　1979年
No.151　大原健士郎編 『現代の自殺』 218頁　1980年
No.168　石井完一郎・笠原嘉編 『ステューデントアパシー』 232頁　1981年
No.186　筒井末春編 『心身症』 208頁　1983年
No.189　柏木哲夫編 『ホスピスと末期ケア』 216頁　1983年
No.192　岡堂哲雄編集・解説 『熟年の危機』 196頁　1983年
No.206　池田由子編 『被虐待児症候群』 224頁　1984年
No.224　長谷川和夫編 『ぼけとは何か』 188頁　1986年
No.225　岡堂哲雄編 『男性のストレス』 196頁　1986年
No.226　岡堂哲雄編 『女性のストレス』 196頁　1986年
No.227　岡堂哲雄編 『子どものストレス』 200頁　1986年
No.232　馬場謙一編 『思春期の拒食症と過食症』 252頁　1986年
No.250　神保信一・山崎久美子編 『学校に行けない子どもたち』 240頁　1988年
No.255　斎藤学編 『アルコホリクスの物語』 256頁　1988年
No.259　小泉英二・稲村博編 『学校のメンタルヘルス』 216頁　1989年
No.266　山崎久美子編 『大学生のメンタルヘルス』 184頁　1989年
No.274　長谷川浩編 『ホスピスケアの展望』 184頁　1990年
No.279　山上敏子編 『行動療法』 196頁　1990年
No.281　小林司編 『現代の生きがい』 208頁　1990年
No.311　平井久・廣田昭久編 『リラクセイション』 198頁　1993年
No.316　武田敏・松岡弘 『エイズと教育』 225頁　1993年
No.318　亀口憲治編 『愛と癒し』 206頁　1994年
No.320　大渕憲一編 『暴力の行動科学』 206頁　1994年

No. 323　武藤清栄編『教師のメンタルヘルス』173頁　1994年
No. 329　稲村博『出勤拒否』176頁　1994年
No. 330　馬場謙一編『学校臨床』186頁　1995年
No. 333　東洋編『意欲』204頁　1995年
No. 336　諸澤英道編『犯罪被害者』244頁　1995年
No. 337　山崎勝之『タイプAからみた世界』198頁　1995年
No. 345　本間昭・新名理恵編『痴呆性老人の介護』205頁　1996年
No. 346　福西勇夫編『パニック・ディスオーダー』182頁　1996年
No. 349　杉下守弘編『脳の知られざる世界』190頁　1996年
No. 351　斎藤友紀雄編『危機カウンセリング』223頁　1996年
No. 353　平木典子編『親密さの心理』206頁　1996年
No. 367　岡上和雄編『「精神障害」を生きる』200頁　1998年
No. 368　松井豊編『恋愛の心理』224頁　1998年
No. 369　安藤清志・西田公昭『マインドコントロールと心理学』209頁　1998年
No. 371　福西勇夫・岡田宏基編『先端医療と心のケア』224頁　1998年
No. 372　佐藤達哉編『性格のための心理学』227頁　1998年
No. 374　田端治編『クライエント中心療法』208頁　1998年
No. 375　倉戸ヨシヤ編『ゲシュタルト療法』199頁　1998年
No. 376　久木田純・渡辺文夫編『エンパワーメント』194頁　1998年
No. 378　河野友信編『ターミナルケアの周辺』207頁　1999年
No. 379　宗像恒次編『ヘルスカウンセリング』212頁　1999年
No. 380　安田美弥子編『在宅ケア』200頁　1993年
No. 381　峰島旭雄編『こころの時代としての21世紀』196頁　1999年
No. 382　村山正治編『フォーカシング』228頁　1999年
No. 383　岡堂哲雄·関井友子編『ファミリー・バイオレンス』204頁　1999年
No. 384　岡隆・佐藤達也・池上知子編『偏見とステレオタイプの心理学』228頁　1999年
No. 385　野島一彦編『グループ・アプローチ』212頁　1999年
No. 386　森谷寛之・杉浦京子編『コラージュ療法』228頁　1999年
No. 387　藤原勝紀編『イメージ療法』212頁　1999年
No. 388　倉本英彦·斎藤友紀夫編『思春期挫折とその克服』212頁　1999年
No. 389　弘中正美編『遊戯療法』212頁　1999年
No. 390　福西勇夫・菊池道子編『心の病の治療と描画法』204頁　2000年
No. 391　川浦康至編『日記コミュニケーション』204頁　2000年
No. 392　丹野義彦編『認知行動アプローチ』228頁　2000年
No. 393　畠中宗一編『臨床社会学の展開』212頁　2000年
No. 394　鈴木康明編『生と死から学ぶいのちの教育』212頁　2000年
No. 395　深沢道子·江幡玲子編『スーパービジョン・コンサルテーション実践のすすめ』212頁　2000年
No. 396　笠井仁・佐々木雄二編『自律訓練法』212頁　2000年

◎『現代のエスプリ別冊』（至文堂）
岡堂哲雄編 『マリッジ・カウンセリング』 271頁　1992年
岡堂哲雄編 『精神病理の研究（臨床心理テスト・シリーズ）』 240頁　1994年
大原健士郎・岡堂哲雄編 『現代人の異常性・性と愛の異常』 238頁　1976年
大原健士郎編 『自殺学・自殺の精神病理』 242頁　1974年
大原健士郎編 『自殺学・自殺の心理学、精神医学』 226頁　1975年
大原健士郎編 『自殺学・自殺の防止』 263頁　1975年

◎『こころの科学』（日本評論社）　注　掲載ページ数は特集記事の総頁
No.1　山下格編 『神経症』 75頁　1985年
No.7　風祭元編 『うつ病』 75頁　1986年
No.10　宮本忠雄・山下格・風祭元編 『精神分裂病』 139頁　1986年
No.13　小此木啓吾編 『現代の精神分析』 152頁　1987年
No.15　筒井末春編 『心身症』 117頁　1987年
No.19　増野肇編 『こころの危機への援助』 128頁　1988年
No.20　詫摩武俊編 『性格』 136頁　1988年
No.23　斎藤学編 『こころのセルフヘルプ』 128頁　1988年
No.24　小田晋・佐藤光源編 『薬物依存』 128頁　1989年
No.25　熊本悦明編 『性とこころ』 124頁　1989年
No.26　丸野廣編 『ストレスとつきあう』 61頁　1989年
No.27　河合隼雄 『無意識の世界』 128頁　1989年
No.28　西園昌久編 『パーソナリティの障害』 124頁　1989年
No.30　小嶋秀夫・大日向雅美 『母性』 77頁　1990年
No.35　河野博臣編 『死を生きる』 90頁　1991年
No.36　河合隼雄・成田善弘編 『境界例』 82頁　1991年
No.37　中根晃編 『自閉症』 82頁　1991年
No.40　高橋徹編 『不安』 65頁　1991年
No.42　上野一彦編 『学習障害』 80頁 1992年
No.50　風祭元編 『現代の抑うつ』 66頁　1993年
No.51　山崎晃資編 『不登校』 79頁　1993年
No.52　野上芳美編 『摂食障害』 59頁　1993年
No.53　鑪幹八郎・山下格編 『アイデンティティ』 68頁　1994年
No.54　大熊輝雄・宮本忠雄編 『睡眠障害』 54頁　1994年
No.57　風祭元編 『こころの病気と薬』 67頁　1994年
No.59　斎藤学編 『依存と虐待』 71頁　1995年
No.60　宮本忠雄・山下格・風祭元編 『分裂病の現在』 101頁　1995年
No.63　高橋祥友編 『自殺』 99頁　1995年
No.65　河野博臣編 『大震災とこころのケア』 74頁　1996年
No.66　渡辺久子編 『母子臨床』 60頁　1996年
No.70　河合隼雄編 『いじめ』 114頁　1996年

No. 71　大塚俊男編『高齢者を介護する』88頁　1997年
No. 76　山下格編『神経症の現在』70頁　1997年
No. 82　牛島定信編『自己の心理学』84頁　1998年
No. 84　富岡等編『心療内科』84頁　1999年
No. 85　鈴木浩二編『現代の家族』66頁　1999年
No. 86　松下正明編『精神医学の100年』89頁　1999年
No. 87　鍋田恭孝編『学校不適応とひきこもり』68頁　1999年
No. 88　安西信雄・高橋一編『精神保健福祉士』81頁　1999年
No. 89　北西憲二編『現代人の悩みと森田療法』84頁　2000年
No. 90　岡崎祐士編『分裂病治療の現在』110頁　2000年
No. 91　榎本稔編『アルコール依存症』89頁　2000年
No. 92　飯森眞喜雄編『芸術療法』88頁　2000年

◎『からだの科学』（日本評論社）
No. 132　万年徹編『脳と老化』140頁　1987年
No. 134　吉利和・小林登編『ストレスと健康』112頁　1987年
No. 139　藤沢洌編『アルコール症』120頁　1988年
No. 149　豊倉康夫編『老年痴呆とパーキンソン病』112頁　1989年

◎『現代思想』（青土社）
『総特集・ユング』348頁　1979年4月号
『総特集・フロイト』326頁　1977年別冊

[その他]
厚生省　日本医師会雑誌97巻7号『エイズ診療の手引き』1987年
『科学朝日』1980年6月号　小林司『知能を決める三歳までの栄養』掲載頁
127〜132頁